| Ż | Y | C | I | O | R | Y | S | T | A |

Ż	Y	C	I	O	R	Y	S	T	A

A	B	L	E	**J**	P	E	T	R	A
Ł	E	M	U	**A**	D	O	L	F	D
O	**R**	**U**	**D**	**N**	**I**	**C**	**K**	**I**	A
S	T	T	G	**U**	G	E	O	R	G
Z	A	W	D	**S**	F	H	J	W	E
E	R	A	T	**Z**	I	N	G	E	R

Copyright © by Janusz Rudnicki, MMXIV
Wydanie I
Warszawa

W STRONĘ BIOGRAFII

Diabelskie nasienie

Richard Wagner, *Mein Leben*

Joachim Köhler *Der letzte der Titanen. Richard Wagners Leben und Werk*
Claassen Verlag, Monachium 2001

...bajka będzie długa. Był raz sobie Richard Wagner, co miał sieczkę w mózgu. Ale o nieszczęsnym tym człowieku potem, naprzód skoczymy sobie na plecy jego matce. Opłaca się, już chociażby ze względu na burzliwe dzieje jej żądnego przygód łona. Naprzód metresa, potem żona, potem żona niewierna, a potem wdowa od siedmiu boleści i znowu żona.

Oficjalnie Johanna Rosine Bertz urodziła się w roku 1778 niedaleko Lipska. Trzy informacje, prawdziwa jedna. Nazywała się bardziej prząśnie, Pärtz, a lat odjęła sobie cztery. Stoi również, że jej rodzice mieli być właścicielami młyna, ciepło, ciepło, ale nie gorąco, byli sobie piekarzami. Tak zamotała życiorys swój, tak po sobie pozamiatała, że do dziś (na przykład na geniusmothers.com) figuruje jako córka księcia Constantina. A to było tak...

Ma lat piętnaście, kiedy umiera jej matka, pan piekarz zaraz przyprowadza sobie do domu świeżą bagietkę, Rosine wytrzymuje z macochą rok, po czym z domu się wyprowadza, znika wszystkim z oczu, na kilka dobrych lat. Za sprawą pewnego księcia i oficera o nazwisku Constantin von Sachsen-Weimar, o którym Goethe powiedział, że na defiladę wojskową wyciągnie go tylko dziwka, a o którym my dzisiaj powiemy, że słowo "ruch" chodziło dla niego w parze tylko i wyłącznie ze słowem "frykcyjny". Rozejrzał się więc był książę z wysokości majestatycznego konia swego po okolicy i wzrok mu na szesnaście lat młodszej szesnastolatce dęba stanął. I wyciągnął sobie ją, Rosinę, czyli Rodzynkę, z jej domowego ciasta. Zdaje się, że za przyzwoleniem ojca, któremu rzucił zapewne jakiś grosz za młode i ponętne ciało, w którym nie gościł jeszcze żaden męski organ.

Mógł bąknąć coś o małżeństwie, *pro forma*, żeby pozory jakieś stworzyć, alibi dla niecnego tego związku. Tak, pierwszy zawód, jaki wykonywała matka Wagnera, polegał na transakcji: ciało z opcją na wyłączność = wikt i opierunek. Rosine była metresą, Rosine była nałożnicą, i to był ostatni zawód, jaki wykonywała.

Nie była jedyną, książę Constantin był amatorem ciasta z wieloma rodzynkami, ale tak rozmieszczonymi, że nie wchodziły sobie w tym haremie w drogę. Naszą umieścił był w Lipsku, u pewnej *madame*, która miała nauczyć ją elementarnych form dworskiej etykiety, lecz efektów nie doczekał, ponieważ wziął i nagle umarł. Zostawiwszy rozproszone po okolicy zdezorientowane i bezpańskie sierotki. Oraz cały zastęp anonimowego potomstwa. Rosine miała pecha, nie zaszła, więc nie mogła mieć roszczeń, rada książęca (zasiadał w niej Goethe) przyznała jej nędzną odprawkę i to by było na tyle, *Fräulein*, masz lat dziewiętnaście, radź sobie teraz sama.

I poradziła sobie. Usiadła przed lustrem i z czupryny swojej ludowej, ze sku(n)dlonych włosów swoich uwiązała elegancki kok. Takimi oto dwoma ruchami: izbę, w której mieszkała, zamieniła w „zakład wychowawczy dla młodych arystokratek", kochanka zaś w „księcia weimarskiego". Z którego później uczyniła ojca chrzestnego, awansując tym samym do książęcej córki. Kontakt z rodziną zerwała zupełnie i w ten sposób zatarła ślady na ścieżce, po której dojść można by w jej biografii do miejsca z napisem „Ściśle tajne". Lakier na arystokratycznej fryzurze trzymał długo, podobnie zresztą jak cukier puder na biografii Wagnera. Podtrzymywał on, ten potworny snob, wersję matki, twierdził, że w żyłach jego płynie błękitna krew, że jest arystokratą. W ogóle całą swoją autobiografię, którą zatytułował *Mein Leben*, pociął nożycami autocenzora tak, że na świat wyszła książka o wyglądzie ledwo trzymającej się na nogach strzyżonej owcy. Wydatnie pomagała mu w tym druga jego żona, Cosima, prekursorka wstrzykiwania botoksu przy operacjach biograficznych. Przez długie lata wagnerobojni biografiści utrzymywali ich kanoniczną wersję, pękać zaczęła ona późno, dopiero w drugiej połowie XX wieku. Aż pękła całkowicie pod piórem Joachima Köhlera, w roku 2001 ukazała się w Niemczech cegła pod tytułem *Ostatni z tytanów. Życie i dzieło Richarda Wagnera*.

Książka jak wielka szafa, na temat kompozytora nie brak w niej żadnej półki. Łącznie z tymi najbardziej intymnymi.

Köhler podaje tak wiele pozycji źródłowych, że zadanie mam uproszczone, nie muszę skakać po innych tytułach jak pijany zając po ciemnym lesie. W Polsce ukazała się ona już trzy lata później pod tytułem *Ostatni z tytanów*, w przekładzie Roberta Reszke, ale wychodzę z założenia, że czytała ją tak niewielka grupa czytelników, że wagneryzować mogę się do woli. I co z tego, że styl raz nieco, powiedzmy, że osobliwy, a raz głowę trza zadzierać, bo tak podniosły. I że straciłem pół godziny na ustalenie chronologii wydarzeń, bo zamiast „ośmioletni geniusz", jak w oryginale, pada w polskim „osiemnastoletni". I tak nie będę myrczeć (z czeskiego), ponieważ tłumacz wykonał pracę iście tytaniczną, *Hut ab*!

Rosine ma lat dwadzieścia cztery i wychodzi za mąż, za jurystę z Lipska, Friedricha Wagnera. Friedrich myśli, że poślubia kobietę dwudziestoletnią, o arystokratycznym pochodzeniu, ale okazuje się, że Rosine nie tylko nie odróżnia Goethego od Schillera, ale nawet nie wie, że takowi istnieją. Trudno, Friedrich przełyka tę żabę, jego młoda żona ma inne przymioty, a mianowicie: temperament, którym tryska, urodę, którą urzeka, i prostolinijność, którą bawi.

Para zamieszkuje w Lipsku i wkrótce Rosine powija, rodzi pierwsze dziecko, rodzi drugie dziecko, rodzi trzecie dziecko, rodzi czwarte dziecko, rodzi piąte dziecko, rodzi szóste dziecko, rodzi siódme dziecko, rodzi ósme dziecko, a w roku 1813 rodzi dziewiąte, którym jest Richard. Rosine ma wtedy lat trzydzieści siedem, na portrecie wygląda atrakcyjnie, oczy piękne i duże jak niebo nocą, na którym świecące kurwiki w postaci gwiazdek. Portret ten wykonał Ludwig Geyer (po niemiecku brzmi jak „sęp", a więc coś jak Ludwik Sempoliński), bliski przyjaciel Friedricha, jeszcze bliższy przyjaciel domu i tak bliski przyjaciel Rosine, że do dziś niewyjaśniona jest do końca kwestia ojcostwa Wagnera. Jakoś podejrzanie podobne jest do Ludwiga dziecko numer dziesięć. Friedrich tego kukułczego jaja nie doczekuje, umiera nagle, kiedy Rosine jest w czwartym miesiącu ciąży.

Richard ochrzczony zostaje jako Wagner, w wieku lat pół zostaje półsierotą i nazywa się Richard Geyer, a w wieku lat piętnastu, zgodnie z wolą własną, znowu nazywa się Richard Wagner.

Dzieciństwo ma mały Richard raczej podłe, wychodzi mu ono uszami. Ciągnie mu za nie ojczym lub ojciec. Boi się go, i ma rację. Ten malarz i aktor stosuje specyficzne metody wychowawcze, wobec całego stada dzieci raczej pobłażliwy, na niego jakby się zawziął. Wagner do końca życia pamiętał będzie wielką, żelazną lalkę, którą ten postawił w spiżarni, żeby oduczyć go w niej łasować. Starsze siostry pamiętają jedną scenę, stoją pod drzwiami i płaczą, bo za nimi Ludwig Geyer tłucze swego pasierba lub syna bacikiem, który ten kupił sobie za parę skradzionych ze skarbonki siostry groszy.

Za uszy ciągnie go też matka i jest to jedyny kontakt cielesny, jaki z nią ma. Z tą „oschłą kobietą w czepku", tak ją zapamiętuje. Trzymała go na dystans, jakby był trędowaty. A dziecko chciało tulenia, pieszczenia chciało dziecko, pocałunków, cmoknięć. A tu nic, przerębla, zimna Zośka. I ciągle te wyjazdy, te rozstania, matka i Ludwig rzucają nim po bliższej i dalszej okolicy jak psem. Na przykład kiedy ma lat siedem. Mieszkają w Dreźnie, jest tak trudny i znerwicowany, że wysyłają go na rok pod opiekę pastora, na wieś. Do domu jeździ tylko na ferie, jeździ lub idzie, ktoś mu tam towarzyszy, ma trzy godziny na piechotę. Kiedy musi wracać do pastora, popada w stan odrętwienia, za domem tęskni jak Robinson Crusoe, pierwszy jego i jedyny wtedy przyjaciel, towarzysz w cierpieniu.

We wrześniu 1821 Ludwig Geyer kładzie się do łóżka i już z niego nie wstaje. Umiera, gruźlica, po Richarda wysyłają gońca, matka prosi, aby zagrał coś umierającemu na fortepianie, uczy się dopiero, więc coś tam plumka, a potem śmierć napawa go takim lękiem, że nie umie nawet płakać. Myśli, że teraz wróci do domu, do matki, takiego wała. Już w dzień pogrzebu pastor zabiera go z powrotem na wieś, a stamtąd następnego dnia bierze go do siebie, do miejscowości Eisleben, brat zmarłego, złotnik, na praktykę. Uczy się u kolejnego pastora i terminuje w warsztacie u wujka. Ma terminować, zamiast tego ucieka na ryby, łowi je dla babci. I ćwiczy taniec na linie, zafascynowali go wędrowni akrobaci.

Mija dziewięć miesięcy i Jaś Wędrowniczek rusza w kolejną wędrówkę. Podają go sobie jak cegłę, pozbywają się go jak brzydkiego kaczątka, jak czarnej owieczki. Teraz bierze go do siebie Adolf Wagner, brat zmarłego Friedricha. I już po paru dniach nie wytrzymuje, oddaje go jakiejś tam szwagierce, bo Richard, bojąc się przedmiotów martwych, że ożyją, krzyczy ze strachu w dzień i dręczony koszmarami krzyczy ze strachu w nocy.

Z rodzeństwem nic go nie wiąże, ani w dzieciństwie, ani w młodości, ani potem, ważna jest jedynie Rosalie. Ona pierwsza, najstarsza z całej plejady, on przedostatni. Dzieli ich lat dziesięć, łączy wiele, pomaga mu, opiekuje się nim, a potem, kiedy staje się znaną aktorką, wspiera go w karierze muzyka. Anioł w jego życiu, a potem Gwiazda Wieczorna w jego twórczości, która wskazuje mu drogę wyjścia z otchłani śmierci, ale mnie jego twórczość kompozytorska, jego dramaty muzyczne i ich reżyseria nie obchodzą tu w ogóle. Jego publicystyka również. Z jednym istotnym wyjątkiem, którym będzie tekst spłodzony przez niego pod tytułem *Żydostwo w muzyce*. Mnie obchodzi on sam i jego dzień powszedni, nawet okruchy tego dnia. Za którymi węszę po ośmiuset stronach *Ostatniego tytana* jak szczur.

Nie obchodzi mnie więc, że Wagner w szkicach do *Parsifala* uwodzicielkę wyobraża sobie „w niedbale narzuconej sukni, z włosami w nieładzie", bo taki właśnie rozerotyzowany portret Rosalie pięćdziesiąt lat wcześniej namalował Ludwig Geyer, obchodzi mnie, że ojczym ten adorował ją już ochoczo, zanim ją ochoczo zaadoptował. „Czule miłował ją ojczym, nazywający ją swym «duszkiem»". To właśnie ten styl tłumacza osobliwy, ale nic to, nic to, tu chodzi o rzecz karygodną, tu chodzi, no nie bójmy się słów, o pedofilię, a przynajmniej silną jej sugestię. Komplementował ją już w swojej domorosłej poezji, kiedy miała lat trzynaście, zaraz też zajął się jej wykształceniem, i w wieku lat piętnastu Rosalie stała już na scenie na własnych nogach. Grała potem Ofelię i Małgorzatę, zrobiła karierę, ale najważniejszym był dla niej on, ojczym, a dla niego najważniejsza była ona, pasierbica, którą jakoż wtedy erotycznie sportretował on, a nie, jak później sądzili biografowie, pasierb (lub syn) Wagner. To ją zabierał kochający Ludwig na tournée, a nie żonę, Rosinę (chodziła już w czepku), i to ona była u jego boku, kiedy zaczął chorować... Do czego ja w sumie zmierzam? Ano do tego, żeby zobaczyć sobie całą tę rodzinę z lotu: oto przyjaciel żyje z żoną przyjaciela, pod jedną kołdrą i dachem, żona nie ma nic przeciwko temu, wręcz przeciwnie, zachodzi w dziewiątą ciążę, nie wiedząc z kim, następnie zachodzi w dziesiątą, teraz już wiedząc, że z kochankiem, następnie mąż umiera i głową rodziny staje się kochanek. Czas sobie trochę leci, dzieci rosną, a szczególnie jedno, i pasierb zamienia matkę na córkę. I w tym wszystkim znerwicowany, naprzykrzający się wszystkim *little Richard*, nad którym rodzice łamią sobie głowę, kombinując, jak się go pozbyć... No dobra, teraz zadzieram kiecę i lecę.

Lat dziewięć, powrót do domu, Drezno, szkoła. W szkole ignorowany, bo mały i niewydarzony. Robi wszystko, żeby zwrócić na siebie uwagę. Nienaturalnie głośno mówi na przykład. Wszędzie go pełno na przykład. Efekt: opędzają się od niego jak od muchy. (Tak będzie przez lata, z pierwszymi kompozycjami również, próby i porażki. Z pierwszymi dziewczętami również. Ale on jak wańka-wstańka).

Lat piętnaście, Lipsk, przyjazd do Adolfa Wagnera, wujka. Ten przekazuje mu bibliotekę ojca (lub ojczyma), akt doniosły wielce. Richard decyduje się na zmianę nazwiska, umarł Geyer, niech żyje Wagner! Wuj podwija rękawy i zastępuje mu szkołę, bo w niej kłopoty. Otwiera mu głowę i pakuje w nią pełne łopaty podstaw filologii klasycznej, Szekspira, Goethego i całą tę plejadę, po czym łopatę odkłada, bierze taczkę i ładuje do środka tony niemieckiego idealizmu, czytaj: duch niemiecki to król świata, zatryumfuje on wcześniej czy później nad rachityczną, importowaną i dekadencką ersatzkulturą. Następnie głowę zamyka mu na trzy spusty i klucze wyrzuca do Białej Elstery, żeby utonęły w niej na zawsze, i utonęły, niemiecki duch zatryumfuje nad Wagnerem tak, że już po jego śmierci przeżre się on nawet robakom.

Lat dwadzieścia, Würzburg, pobyt u jednego z braci, już jako znany w miarę autor. Wszystkie wcześniejsze zbliżenia cielesne rodzajem zawracania dupy lub rękodzielnictwa, tu dopiero pierwszy, pełny, strzelisty akt miłosny, z Frederike Galvani, z pochodzenia Włoszką. Z okazji dwóchsetlecia urodzin w maju 2013 w centrum miasta, zaraz pod Szpitalem Mieszczańskim, uroczyste odsłonięcie tablicy pamiątkowej z napisem: *In unseren Stadt hat 1833 Richard Wagner zum erstenmal hineinejakuliert*, czyli: „W naszym mieście w roku 1833 Richard Wagner po raz pierwszy ejakulował do środka".

Lat dwadzieścia jeden i dwa, ze sceny rzuca na niego urok Wilhelmine Planer, aktorka fetowana. Zakochują się w sobie, ale z pamięcią, bo nie będą do siebie pasować. W skrócie, on chciał miłości, ona stateczności, on szerokich wód, ona przystani, on muzy i kochanki, ona dyrygenta i utrzymanka, on boskiego wiatru, ona solidnych żagli. Poza tym on parę lat młodszy, dlatego wkrótce ona przejmie rolę starszej siostry, a później umrze, nawet nie wiadomo gdzie, wiadomo, że w nędzy i w samotności. Ale na razie oni na bani, czytaj: zakochani. Na razie ona, Minna (od Wilhelmina), pomaga mu w karierze muzycznej, ona pomaga mu w odprawianiu wierzycieli, bo on goły i zaciąga długi, gdzie może, ona, uwaga, kiedy zamyka się w pokoju, żeby nikt go nie widział, wchodzi i całuje po matczynemu to słynne, czerwone znamię, które od czasu do czasu wyskakuje mu na twarzy, i ona, to ważne, nie odmawia mu, dzieli z nim łoże, kiedy tylko mu się zachce. Problem w tym, że dzieli też to łoże z innymi, pod warunkiem że hojnymi. Mecenasami teatru lub arystokratami. Wagner nie może jej zapewnić statusu godnego diwy, więc zapewnia go sobie sama, poza tym, no umówmy się, jej Romeo nieciekawej jest aparycji i postury. Wagner smaży się w ogniu zazdrości, okres narzeczeństwa przedłuża się, ona traci cierpliwość, ucieka od niego, do Berlina, on popada w obłęd, pisze, że zabije siebie, potem się rozmyśla, chce zabić ją, potem się rozmyśla, zaklina, żeby wróciła, ona wraca. I ledwo się utrzymują na pełnym morzu namiętności, w dziurawej łódce na wzburzonych falach, z lewej burty zazdrość, z prawej burty wściekłość, pozabijaliby się wiosłami, gdyby je mieli.

Lat dwadzieścia trzy. Zostaje jej mężem, w Królewcu, w dniu ślubu kłócą się, on ingeruje w jej strój, interesują go kobiece fatałaszki, ta informacja jest ważna.

Mieszkają w Magdeburgu, on jest kapelmistrzem, żyją ponad stan. Dla wymagającej Minny wszystko, a on sam też ma wymagania, meble = aksamit, garderoba = jedwab, alkohol = szampan. Spirala długów taka, że muszą opuszczać miasto.

Są w Kłajpedzie, ona, ciągle jeszcze piękna i podziwiana, utrzymuje go, miał rację, kiedy pisał do niej wcześniej: „Jestem potworkiem, zszarzałym i sczerniałym liściem w zielniku Twego życia, nieudacznikiem".

Są znowu w Królewcu, scen małżeńskich ciąg dalszy, on ucieka przed wierzycielami, ona przed nim, z powodów jak wyżej. Minna go zdradza, on szaleje, wyzywa ją po nocach od najgorszych, a potem klęka przed nią i płacze, i przeprasza. Świadkiem tego piekła jest Nathalie, młodsza siostra Minny w wersji oficjalnej, potem okaże się, że to jego pasierbica, bo Minna urodziła dziecko, sama jeszcze dzieckiem będąc. I tak lecą ich noce i dnie, aż jednego z nich Wagner wraca z próby do domu głodny jak świnia, a stół pusty. Rozgląda się, kuchnia też pusta, jeden pokój, drugi, pusto, i mówi po polsku, bo znał parę słów: „Co jest, kurwa?!". I w pościg za nimi, bo uciekły, aż do Drezna, tam się godzą, potem znowu kłócą, aż w końcu Wagner bierze bat i pistolet i pędzi do hotelu, w którym kolejny kochanek, któremu udaje się uciec, no i tak to.

Lat dwadzieścia sześć, Wagner traci kolejną pracę i nie ma szans na spłatę długów. Uciekają z Rygi, kierunek Paryż, miasto bez wierzycieli, podróż niebezpieczna, bo ci rekwirują Wagnerowi paszport. W tajemnicy wyprzedają meble i wyruszają, przez zieloną granicę. Prusy mijają, ale pod Królewcem dyliżans wywraca się i Minna traci ciążę, jak na chodzący bank spermy przystało, nie wiadomo z kim. Jako pasażerowie na czarno, na żaglowcu siedzą jakiś czas pod pokładem, w okolicach zamku Helsingör (Hamlet) sztorm, w kajucie cierpią na przemian, raz na ataki lęku, raz na chorobę morską, statek traci rufę, chronią się na wybrzeżu norweskim, znowu wypływają, znowu szturm, taki, że kapitan traci orientację, statek wypada z kursu, a razem z nim kufer Minny ze srebrną zastawą. Cała podróż trwa miesiąc, miała trwać tydzień.

W Paryżu Wagner kariery muzycznej nie robi, i słusznie, słaby jest jeszcze i wtórny, staje się za to wirtuozem w sztuce wyłudzania i pożyczania pieniędzy. Albo stosuje metodę drogich leków, bez których umrze, albo grozi mu więzienie, albo już w więzieniu siedzi. Kłamie tak zawzięcie, że sam w to zaczyna wierzyć, w autobiografii *Moje życie* pisze o latach nędzy i głodu w Paryżu, gówno prawda.

Poznaje Franciszka Liszta, do swojego paryskiego kółka przyjmuje go Heinrich Heine, udziela mu nawet pożyczki. Bawi go ten mały, gadatliwy człowiek, mówiący spiesznie i bez przerwy, rękami i nogami. Wagner broni go w niemieckiej prasie, zarzuca Niemcom, że skazali na banicję „najświetniejsze nazwisko naszej literatury". W artykułach posługuje się jego pikantnym stylem, z jego tekstów przejmie potem mitologicznych bohaterów (Święty Graal, Parsifal, Tristan, Izolda, Walkirie...) i porozstawia na swojej kosmologicznej scenie. Nawet jego *Latający Holender* to też inspiracja historią, którą opowiedział mu Heine. Wagner, jak na małostkową mendę przystało, wszystkiego się potem wyprze, nie będzie mógł przecież przyznać, że cała jego pangermańska świątynia stoi na żydowskich fundamentach.

Lat trzydzieści pięć, umiera się matce. Wyobraża sobie, że bierze ją do siebie jej książę. Wagnera to nie obchodzi zupełnie, już wcześniej, na jej sześćdziesiąte czwarte urodziny, w liście do jednej z sióstr wyrodny syn napisze, że lepiej trzymać się od niej z daleka, bo jest jak wirus, roznosi złe plotki. Brzydzi się jej „naprawdę potwornym skąpstwem i egoizmem", tak w oryginale, w polskim tłumaczeniu jej „ohydną ambicją", *what the fuck*?!

Lat trzydzieści siedem. Dostaje antysemickiej, patologicznej alergii, opętany niemieckim mesjanizmem z jednej i chyba jednak strachem przed konkurencją w muzyce z drugiej strony pisze opublikowany anonimowo pamflet *Żydzi w muzyce* („Neue Zeitschrift für Musik"). Pomocne mu były pisma Feuerbacha, który zakałę ludzkości, ołowianego człowieka liczbę porównał sobie do „nieposolonej macy żydowskiej". Serwuję z samego tekstu i z tu i tam rozproszonych wypowiedzi.

Żyda wygląd zewnętrzny: odrażający. Jego mowa: głośna, przenikliwa, bucząca. Jego modlitwa: gulgotanie, jodłowanie i paplanie. Jego pieniądze: lepkie od krwi pokoleń, dzięki nim ten potwór zagarnął władzę i przeniknął społeczeństwo niemieckie.

Żyd jest przeklęty, bo zabił miłującego ludzkość bohatera słonecznego i zawłaszczył dziedzictwo światowe. Żydostwo i sztuka to woda i ogień, bo judaizm to religia egoizmu. Żyd powinien mieć zakaz wykonywania zawodu muzyka.

Za cały finansowy syf odpowiedzialna jest arystokracja, urzędnicy i Żyd, ten wijący się węgorz. Zniknie on z powierzchni ziemi, jak Sybilla, dojdzie do „wyzwolenia rodzaju ludzkiego". Te wszystkie głosy więc w obronie Wagnera, jakoby faszyści mieliby dopuścić się nadinterpretacji jego antysemityzmu o dupę roztrząść, ten półobłąkaniec był prekursorem ostatecznego rozwiązania kwestii żydowskiej. On sugeruje zagładę, już wtedy. Jeden z jego późniejszych fanów zapisze w dzienniku po lekturze *Mojego życia*: „Tę książkę musi czytać co roku każdy młody artysta, który chciałby zwątpić w ten świat. To jest źródło odwagi, wytrwałości i siły przetrwania. Dlaczego mielibyśmy zwątpić, gdy w tym rozchwianym czasie akurat nam nie wiedzie się najlepiej, jeśli taki geniusz jak Wagner nie stracił odwagi". Goebbels nie zwątpił.

Na starość, kiedy antysemityzm w Niemczech przekształca się w popularny ruch, dumny jest z tego, że jego teksty dały jemu początek, snuje plany wygnania Żydów z niemieckich ziem, pisze artykuł *Poznaj siebie samego*, w którym sugeruje, że ostateczne rozwiązanie problemu żydowskiego leży w rękach Niemców.

Lat prawie czterdzieści, drgawki konwulsyjne małżeństwa z Minną. Proponuje jej wspaniałomyślnie połowę apanaży, które udało mu się wycyckać od zamężnej, ale zakochanej w nim wielbicielki (Jessie Laussot), którą matrymonialnie wodzi za nos.

Mieszka w Zurychu, sam, na banicji. Była Wiosna Ludów, był po stronie rewolucji, kiedy wróci po amnestii do Niemiec, stanie się powiernikiem i przyjacielem króla Bawarii Ludwika II, zagorzałego konserwatysty, ale to pół biedy, idioty, jakiego w historii tronów ze świecą szukać. Na razie więc w Zurychu sam, ale otaczany coraz większą ilością wielbicieli. Uwielbia luksus, przepych. Jego buduar to szmaragdowa orgia, aksamit i jedwab, a on sam w zielonym kimono, jak rajski ptaszek. Uwięziony w klatce chorującego ciała. System trawienny mu siada, żyje, jak by to powiedzieli w Kędzierzynie, między Scyllą a Charybdą, to jest, między zatwardzeniem a wzdęciem, jakby wszystkie dzisiejsze reklamy w polskiej TV jemu były dedykowane. W brzuchu piekło, na nogach żylaki hemoroidalne, na twarzy róża. Kiedy pojawia się prześladujące go od dzieciństwa znamię na policzku, w które całowała go Minna, puchnie mu nos i wargi. Na wiosnę roku 1851, jak to na wiosnę, róża rozkwita tak bujnie, że rozplenia się po całym ciele, Wagner wygląda jak wyjęty z wazonu. Ratunku przed zakaźną wysypką szuka w wannie, bierze „kąpiele w siarce" i teraz go widzę dokładnie, tego diabła wcielonego, widzę, jak z wanny wystaje mu ogon.

No i nerwy, ruina kompletna, nadwrażliwość, hektyczność, wybuchy złości, bezsenność, tarzanie się w pocie własnym. Pomaga mu szampan, a kiedy przestaje wystarczać, przerzuca się na miksturę na bazie opium (laudanum), którą inspiruje się też Charles Baudelaire. Przyjmować ją będzie do końca, nie rezygnując dalej z szampana i koniaku, oto źródło jego słynnych, chronicznych stanów ekstatycznych. W jednym z listów napisze: „w rzeczy samej czuję się dobrze jedynie wtedy, gdy wychodzę z siebie". Wychodził tak często, że prawie nie wracał, kiedy odwiedził go Liszt, z radości przez kwadrans płakał i śmiał się jednocześnie, a potem kilkadziesiąt razy dziennie rzucał mu się na szyję. A kiedy to nie wystarczało, tarzał się po ziemi. „Cudowne kropelki" przerwały czteroletni okres twórczego kryzysu, osiągał stany somnambuliczne, niesiony na falach opium zapisał szumiące fale Renu, tak zrodził się dramat kosmiczny *Pierścień Nibelunga*. Autor biografii: „To, co następne stulecie miało określić mianem doświadczenia psychodelicznego, już w 1853 roku było katalizatorem kreatywności Richarda Wagnera".

Lat czterdzieści i cztery, mieszka znowu z Minną, ta już poważnie choruje na serce. Mieszka, nie żyje, Minna ma zakaz wstępu do sypialni, do której wstęp wolny ma Mathilde Wesendonck, kochanka i mecenaska. Potem wyjeżdża z nią do Wenecji, mieszka i komponuje w gotyckim gmachu, ściany pokryć każe czerwonymi tapetami, do sypialni wstawić żelazne łoże, do salonu fortepian, o którym mówi „mój łabędź". Sceneria jak z *Twin Peaks*, on w samym środku, tworzy, znowu cierpiąc, woda pitna w Wenecji atakuje mu system trawienny, na nodze robi mu się czyrak, w dzienniku notuje wielkość, jak „moneta dwufrankowa", i głębokość, jak „moneta czterogroszowa". Musiał przymierzać.

Lat czterdzieści siedem, znowu w Paryżu. Wynajmuje dom z ogrodem, płaci z góry za trzy lata. Ściany każe obić różowym jedwabiem, wzdłuż gzymsu jedwabne róże, na suficie girlandy. Jak w burdelu, jeśli dodać wszechobecny zapach olejku różanego. Jego komnata niedostępna dla gości, osłonięta kurtynami z jedwabiu damasceńskiego, znowu różowe girlandy, łóżko dubeltowe z poduszkami z kaczego puchu, na suficie wielkie lustro. I on w tym wszystkim, jak kokota, jak kurtyzana, jak lafirynda, jak primadonna. Jak madame de Pompadour. W fatałaszkach. W liście do służącej, zapowiadając powrót do domu, prosi, aby rozpyliła „flakon najlepszych pachnideł", i pyta, czy „różowe majteczki są już gotowe"? Nie służącej, jego. Maestro podkochiwał się w pantalonach obszytych koronką. Cała jego garderoba, z jedwabiu, pełna była chwościków i różyczek. Sam przygotowywał wykroje, regularnie abonował żurnale paryskie. Wyobrażam sobie jego wdzięczące się pozycje do lustra na suficie, tak już po prostu miała, ta nasza niesforna Rysia. Przebierał się tylko wtedy, kiedy był sam, jeśli złapała go na tym Minna, tłumaczył, że bawi się w szarady. Potem, już w Bayreuth z drugą żoną, na zamówieniach kobiecych strojów łącznie z halkami pisał, że to dla Cosimy.

Minna zdegradowana zostaje do roli gospodyni, seks? Może zapomnieć. Jeszcze długo nie, a potem wcale. Lekarz jej zabronił, za namową podstępnego Wagnera, że względów zdrowotnych. Program obowiązków małżeńskich skurczył się do zera.

Coraz częściej odwiedza go Cosima, przyjmuje ją na parterze, Minna siedzieć musi na piętrze, w Zurychu, z Mathildą, było odwrotnie, nie mogła wchodzić na górę. Cosima jest córką Liszta, Wagner uwielbia Liszta, zrazu. Potem mniej, nie miał ani jednego przyjaciela, wobec którego byłby lojalny. Z całej twórczości autora *Rapsodii Węgierskich* najbardziej podobały mu się jego córki. Zaczął już wcześniej, od piętnastoletniej pasierbicy (Marie von Wittgenstein), ale cholera wie, kiedy dokładnie i w jakim mieście, jest mniej więcej połowa XIX wieku, oni wszyscy skaczą wtedy po Europie jak ping-pongi w bębnie maszyny losującej, a autor biografii nie zawsze kwapi się z lokalizacją. Wokół Marie zataczał coraz węższe kręgi, ale jako podstarzały już trochę karakan nie miał szans, więc odpłynął. I zaraz rozpięte swoje żagle skierował na Liszta córkę następną, naturalną, choć ta już mężatka, ale nic to. Daremne podchody, z przyczyn jak wyżej, aż w końcu osiada na trzeciej z kolei, na Cosimie, z lewego łoża, choć ta już mężatka, ale nic to. I nie ma pojęcia, na jakiej to osiądzie mieliźnie.

Cosima wygląda jak gruszka w occie, cera żółta, nos długi. Potem, z biegiem lat, zamieni się w sam ocet. Na razie Richard odbija ją mężowi, Hansowi von Bülow (dyrygent i pianista). Hans szaleje z zazdrości, a ojciec, Liszt, szaleje z wściekłości, bo sam zaaranżował to małżeństwo córce, ale nic to nie pomaga. Wagner, po dwudziestu dziewięciu latach małżeństwa, rozejdzie się z Minną, następnie Cosima rozejdzie się ze swoim Hansem, a potem (1870) ten pierwszy żeni się z tą drugą, o dwadzieścia cztery lata młodszą i już, takie to proste, że pozazdrościć.

Lat pięćdziesiąt jeden, wprowadza się do okazałej willi w Monachium, jest na utrzymaniu Ludwika II, jego finansowe tarapaty kończą się raz na zawsze. Wysławia go pod niebiosa i deifikuje, nawet wtedy, kiedy ten zniewieściały homoseksualista posiłki spożywa w towarzystwie białego konia i paraduje w kostiumie białego łabędzia. Stosunek między nim a dobroczyńcą jego określa jako „nieznany w historii związek miłosny", chociaż wie, że „Bajkowy Król" to niepoczytalny kretyn (jako taki właśnie słusznie pozbawiony zostanie tronu).

Wagner nurza się więc w polityce, wypiera się swojej przeszłości rewolucyjnej i sympatyzuje z monarchią i klerykalizmem. Swemu słudze każe zwracać się do siebie „Wasza Łaskawość". Na dworze knuje, intryguje ze wszystkimi i przeciwko wszystkim, a kiedy król nie chce zwolnić jakiegoś tam ministra, szantażuje Ludwika (prawdopodobnie ujawnieniem skłonności do sodomii). Ten jednak nie ulega, Wagner dostaje nakaz opuszczenia Bawarii i jego rola uratowania i wskrzeszenia wielkich Niemiec za pomocą niego samego kończy się.

Lat pięćdziesiąt dwa, staje się po raz pierwszy ojcem. Palma wielkości odbija mu już zupełnie, powie Cosimie, że „Duch Święty pragnął, bym otrzymał od ciebie syna". Im człowiek mniejszy, tym mania wielkości większa. To on, Wagner, czuje się jak narzędzie heglowskiego ducha świata, on jest punktem kulminacyjnym całego procesu rozwoju ludzkości, to on, jak Chrystus, rozpięty jest „na krzyżu idei niemieckiej". A kompozytorzy, tacy na przykład jak ta przechrzta Mendelssohn, umierają z zawiści po usłyszeniu jego kompozycji. Tak twierdził na serio ten oszalały, największy fan siebie samego. I to świat, nie on, Wagner, musi przystosować się do niego, Wagnera. Z jednym wyjątkiem, Cosimy. Ta kostyczna, toporna, bigoteryjna, mdła, zaciekła wąskotorowa drezyna i pozorantka ręce swe zamieni na sekator i wytnie z jego biografii, z tego rozbuchanego, chorego na soki własne żywopłotu wszystkie jego na dziko odrastające pędy. Spali dużą część listów, ocenzuruje jego dzienniki, potnie jego wypowiedzi, wszystko po to, żeby został po nim pomnik ze spiżu, dla potomnych.

Wagner zgadzał się na wszystko, wobec niej był spolegliwy jak grób, jest przecież czasami tak, zauważa inteligentnie autor, że górujący nad kobietami mężczyźni podporządkowują się im właśnie dlatego, że nad nimi górują.

Na jednym ze zdjęć ona, zgarbiona nieco, siedzi, on stoi. Jakby się wyprostowała, mógłby ją pocałować w czoło, Cosima jest wyższa piętnaście centymetrów. Ona jak deska do prasowania, on jak żelazko. Któregoś dnia deska powiedziała stop, koniec tego, nie będziesz już po mnie tyle jeździło. Tak, Cosima zażyczyła sobie, że sobie seksu nie życzy. Seks nie licował z jej licem, coraz bardziej pobożnym i bigoteryjnym, więc pożycie seksualne zredukowała do minimum i apostoł miłości cielesnej został na suchym lodzie jej zimnego ciała.

Lat sześćdziesiąt jeden i więcej, przeprowadzają się do Bayreuth, jest królem własnego operowego Olimpu. Jest czczony i uwielbiany, z wyjątkami, na śmierć i życie kłóci się z Nietzschem. O wszystko, Nietzschego rażą jego wielkopańskie maniery, a Wagner podejrzewa Nietzschego o pederastię, czego ten nie może przeżyć. Nie może też znieść Cosimy, jej wpływ na Wagnera uważa za zgubny, przez nią smak Wagnera „zniżył się do poziomu katolickich instynktów". Cosima wykreśla go z dzienników własnych i Wagnera, strąca w niebyt, sugeruje też mężowi, że Nietzsche może być Izraelitą. To dewocyjne babsko z piekła rodem tak zachodzi filozofowi za skórę, że ten już w zakładzie psychiatrycznym w Jenie wyznaje do protokołu, że „sprowadziła mnie tu moja żona, Cosima Wagner".

Lat sześćdziesiąt pięć, Wagner staje się coraz większą górą cierpienia. Kości go bolą (reumatyzm), luzują się jelita, ciąży mu przepuklina, w żołądku szaleje katar lub wzdęcia, w odbycie hemoroidy, skórę zżerają mu czyraki, na twarzy znowu wykwita róża. Dochodzą skurcze mięśnia sercowego, zapowiadane przez sensacje żołądkowe, sinieje wtedy i macha jak opętany rękami. Pomaga sobie „kroplami opiumowymi", ale to one właśnie stają się jego zgubą, zabija swoje ciało na raty.

Pije na umór, rok przed śmiercią na próbie do *Parsifala* jest tak zalany, że omal nie wpada do kanału orkiestrowego.

Męczy się, jeszcze trochę, a uniósłby się w powietrze i pękł jak balon, lecz nie natchniony własną twórczością, ale potężną ilością gazów w żołądku i jelitach. Jego lekarz zaleca mu złą dietę, rezultat jest taki, że sam dostarcza ciału materiału do przyspieszonego procesu fermentacji.

Lat sześćdziesiąt dziewięć, z całą rodziną wyjeżdża do Wenecji, wynajmuje apartament z kilkunastoma pokojami, do dyspozycji ma dwóch gondolierów. W szafie drogocenne płaszcze z brokatu i jedwabiu, każdy ma nazwę od miejsca jego oper. Nosi też płaszcz z zielonego zamszu, wygląda jak Figaro, „jego włosy farbowane na biało w odcieniu srebrzystym mienią się szmaragdowo".

W dzień śmierci mówi: „muszę na siebie uważać". W łóżku Cosima ściąga mu z głowy jego duży, aksamitny beret. Nie chce już żadnych okładów, dochodzi do ruptury prawej komory serca, wypada mu zegarek, mówi: „Mój zegarek!", i to są jego ostatnie słowa.

Wdowa wcześniej uzgadnia z mężem, że umrze wraz z nim, ogranicza się jednak do ścięcia włosów. Następnie, paradując w jego aksamitnym berecie, stopniowo przejmuje wszystkie jego funkcje i wkrótce staje się szefową festiwalu w Bayreuth. Wagnera chowa za domem, tam gdzie pogrzebano ulubione jego psy. I tam zgnił do końca człowiek, który kiedyś miał osiem lat, łowił dla babci ryby, konkretnie rudziki, i tańczył niezdarnie na linie.

Samobójstwo Hannelore Kohl

Heribert Schwan, *Die Frau an seiner Seite.*
Leben und Leiden der Hannelore Kohl
(pol. *Kobieta u jego boku. Życie i cierpienie Hannelore Kohl*)
Heyne, München 2011

To było ponad 10 lat temu, a pamiętam, co pomyślałem, kiedy po jej śmierci zobaczyłem okładkę „Titanica": pomyślałem mianowicie: „o kurwa". Powiedzieć, że „Titanic" to magazyn satyryczny, to mało. To anarchizujący, nierzadko wściekle inteligentny polityczny *performance*. (Niedawno ukazało się w nim zabawne zdanie w liście do redakcji: „Tezie, że łatwiej powiedzieć, niż zrobić, zaprzecza język polski"). Tak więc: na okładce Helmut Kohl jako świeżo upieczony wdowiec, z trochę lubieżnym wyrazem twarzy i podpisem „Singiel roku". Wypadli z koła czy nie? W sensie rzutu młotem lub dyskiem.

Stoję w księgarni, trzymam w ręku nową o niej książkę i myślę, kupić czy nie? Okropna okładka, ta jej fryzura jak fale Dunaju. Ta biżuteria, ta jej głowa wsparta na dłoni, ta ręka łokciem wsparta na fotelu. Jestem damą, szlachetną, mądrą i wyrozumiałą, i piękną jestem. Zdjęcie jak z wystawy zakładu fotograficznego w mieście, które dumne jest z samego tylko faktu, że nim jest. Przerzucam, kartkuję, styl jeszcze gorszy od okładki, jakieś referencje w CV pomieszane z takimi kwiatkami jak „najukochańszy ojciec, ponad wszystko ukochane dzieci...". Co robić z takim fantem? Za dwadzieścia euro?

Kupuję, ze względu na Kohla. Ze względu na jego wylew krwi i życie na wózku inwalidzkim, któremu, ze względu na wagę pasażera, zamontowano dodatkowy akumulator. Kohl ma trudności z mówieniem, lecz jest jeszcze w pełni władz umysłowych.

Za oknem ostatni dzień lata, pogoda w Luksemburgu bajeczna, ponad dwadzieścia stopni, a ja z ołówkiem w ręku ślęczę nad książką. No to jedziemy (z tym koksem).

Püppi, mała Püppi! Loczki, oczki, cudo nie dziecko, płowowłosy aniołek. Püppi to, Püppi tamto, każdy jej samodzielny krok, każdy nowy ząbek skrupulatnie odnotowywany w dzienniku matki. A potem każdy jej postęp w nauce gry na fortepianie, a jakże, matka była pustą jak wydmuszka, zakochaną w pozorach snobką.

Lata trzydzieste, mieszkają w Bremie, a potem, po awansie ojca, w Lipsku, w okazałym, jak na wielkomieszczaństwo przystało, mieszkaniu. Jeden dom, a w tym domu drugi, a w tym drugim trzeci, bo tak, bo Püppi naprzód dostała olbrzymi domek dla lalek, z olbrzymimi lalkami (sztuk sześćdziesiąt), a potem, pod choinkę, domek zabaw, wszystkie dzieci z sąsiedztwa zazdrościły, z mebelkami, doniczkami na kwiaty i drzwiami, do których wchodziła na stojąco, i do domu tego wsadziła domek lalek, dlatego jeden dom, a w tym domu drugi i tak dalej. A rowerek trzykołowy? A wrotki, łyżwy, narty? Wszystko to tata, bo tata, Wilhelm Renner, wzięty inżynier, mało był w domu i na wyrzuty sumienia kładł sobie okłady z prezentów. Jeśli wycieczka, to luksusowym kamperem, który sam zaprojektował, z lodówką w środku już w roku 1938! Trzyosobowa rodzina miała sprzątaczkę, praczkę, prasowaczkę i rozumie się, guwernantkę. Która była dla małej Hannelore jak biegun południowy, ciepła i uczucia pełna. Bo matka, Irene, była jak biegun przeciwległy, oschła, wyniosła i zimna jak stal, z której produkowano amunicję w koncernie zbrojeniowym HASAG. Produkcją tą kierował z powodzeniem Wilhelm. I z powodzeniem piął się do góry, jego kariera rosła proporcjonalnie do ekspansji III Rzeszy na Europę. Na Polskę szczególnie, bo do Polski właśnie dyrektor koncernu wyjeżdżał coraz częściej, firma jego przejęła i rozbudowała trzy fabryki amunicji. Do NSDAP wstąpił już w roku 1933, parę dni po tym, jak stał się ojcem. I jako przekonany i gorliwy nazista wytrwał w swojej partii konsekwentnie do końca. Rodzina po niemiecku jak z papierowej wycinanki, kostyczna, opętana dyscypliną matka i obdarowujący dziecko prezentami ojciec, który zamiast stroju Mikołaja paradował po domu w mundurze SS-mana.

Wczesne dzieciństwo Hannelore było jak z bajki, mała księżniczka w krainie przepychu. Pierwsze co pamięta to sylwester 1939, mogła wtedy zostać dłużej i patrzeć na sztuczne ognie. Schron przeciwlotniczy mieli w domu, frajda, cieszyła się, kiedy przepadały jej lekcje, poza tym mogła bawić się tam, skacząc po dwupiętrowych łóżkach.

Na dziesiąte urodziny dostaje górę prezentów, wielkie przyjęcie dla dzieci z całej ulicy... Wzmiankuję o tych urodzinach tylko dlatego, że wiem, że już za dwa lata stanie się coś strasznego. Mam nad wszystkimi postaciami z książki przewagę, wyświetlam sobie scenę, w której Püppi pędzi w tym dniu na rowerze i krzyczy: „Z drogi, z drogi, dzieci śmieci, tu jedzie Püppi, za dwa lata zgwałcą ją Sowieci!".

Wilhelm Renner co prawda prochu nie wymyślił, ale za to, instruując swoich inżynierów, walnie przyczynił się do powstania broni Pancerfaust. W roku 1944 koncernowi HASAG udało się potroić ich produkcję, stały się one wzorcowym zakładem III Rzeszy. Harowało w nich na trzy zmiany jeszcze pod koniec wojny sześćdziesiąt cztery tysiące niewolników, z tego czterdzieści tysięcy cudzoziemców! Odpowiedzialnym za zapewnienie siły roboczej był „ukochany Pappi", który do Lipska ściągał jeńców z obozów koncentracyjnych, między innymi z Majdanka. Tak długo jak funkcjonowały takie fabryki, tak długo Hitler prowadzić mógł wojnę. Tacy jak Wilhem Renner byli motorem napędowym wojennej maszynerii. Kawałkami puzzli, które składały się na portret Hitlera.

Niemcy pod nalotem dywanowym, palące się bomby fosforowe, tłumy ciągnące ulicami, wagony towarowe na dworcu w Lipsku pełne zamarzniętych ludzi i rannych, umierających żołnierzy, tej apokalipsy nie zapomni. Potem ucieczka z miasta, a potem gwałt, zbiorowy, po którym wyrzucili ją przez okno „jak worek cementu", Trauma podwójna, pamiętać będzie o tym z każdym bólem uszkodzonego wtedy kręgosłupa. Liczbę zgwałconych na terenie Niemiec kobiet i nieletnich dziewcząt szacuje się dzisiaj na 1,9 miliona, jeśli tak, to Armia Czerwona czerwona była również od krwi zgwałconych ofiar.

Po wojnie, bida z nędzą, tułaczka, spanie po kątach. Uczy się zasypiać na plecach, a potem spać bez ruchu, nie obracając się, żeby nie przeszkadzać innym, ta „technika" zostaje jej do końca życia.

Zaszywają się gdzieś na głębokiej prowincji w strefie francuskiej, ojcu się udaje, nie wyciągają go z jego szczurzej nory za fraki i nie stawiają przed sądem, chociaż powinni. Nie sądzę, żeby przez głowę przeszła mu kiedykolwiek myśl o tym, że za gwałt na córce odpowiada w pewnym sensie on sam.

W szkole nazywają ją „Naleśnik" (szerokie kości policzkowe), ma kompleksy, zamyka się w sobie, staje się nieufna. Dobrze się uczy (języki obce), wyjeżdża na parę miesięcy do Paryża jako opiekunka do dziecka, tam odwiedza ją Helmut, znają się już.

Ojciec, zanim umiera, przedwcześnie, na serce, wymyśla tablicę szkolną, której nie trzeba już myć wodą, a wystarczy przetrzeć suchą ścierką. Chodzą słuchy, że nie mogąc przeżyć socjalnego upadku rodziny, popełnił samobójstwo. Renty po ojcu nie ma, zostają z matką bez pieniędzy, przerywa studia, pracuje jako korektorka, zdaje egzaminy ze stenografii (angielski, francuski). Helmut robi karierę w CDU, w roku 1960 biorą ślub, w małżeństwie, podobnie jak w partii, wysuwa się na pozycję niekwestionowanego lidera. Podział ról w małżeństwie klasyczny, baba przy ognisku, chłop na polowaniu (tak już zostanie). Zmieniają mieszkania i domy. Pierwsza ciąża przebiega z komplikacjami (kręgosłup), druga podobnie, mają dwóch synów, wobec których robi to samo, co robiła jej matka, gra rolę nadmatki (o żelaznych skrzydłach). Autorytarna perfekcjonistka.

Sama z dziećmi, prawie zawsze we trójkę, ten czwarty za burtą, na szerokich wodach, domowe ognisko ledwo się tli. Nie lubi kąpieli w tłumie (kręgosłup), nie lubi dziennikarzy, nie pozwala fotografować domu i dzieci. Lubi pływać, jako jedyna korzysta z basenu w domu w Ludwigshafen, przy którym jak zawsze, bez przerwy, na okrągło stoi wóz policyjny. Panicznie boi się zamachu (RAF), dzieciństwo jej synowie spędzają z gorylami, ale nie z tymi w zoo lecz z obstawy, każde ich wyjście z eskortą. Po szkole sami, rodzice innych dzieci, ze strachu przed zamachem, zabraniają ich odwiedzać.

Urlop: co roku w tym samym miejscu, Austria, jezioro Wolfgang. Koszmar, horror, dla niej i dla dzieci. Trzy tygodnie w tym samym miejscu, niby z ojcem, ale on zajęty spotkaniami, konferencjami i telefonami. Prośby, błagania, żeby raz pojechać gdzie indziej, na nic.

Pech: podczas jednej z uroczystości (podawanie ręki sześćset razy) ktoś ściska ją za mocno, szpital, prawa ręka w gipsie, na jakiś czas zrezygnować musi z trzech rzeczy, które lubiła, z prowadzenia samochodu, pływania i sportowego strzelania. Hobby, które ukrywała, nie wypadało. Ukrywała się też z paleniem (mentolowe).

Urlop: Austria, jezioro Wolfgang.

Poniżenia: on, już jako kanclerz, w prasie jako „Gruszka, Jajo, Głupek z prowincji". I rekord karykatur. Ona, już jako First Lady, może ubierać się jak chce, dla prasy jest kobietą bez stylu i smaku, lalką z prowincji.

Życie publiczne: z ciągłym skrywaniem emocji, z nałożonym kagańcem uśmiechu, nieustanna samokontrola, brzemię perfekcjonizmu.

Życie prywatne: Austria, jezioro Wolfgang.

Pech: jeden z kamerzystów trąca ją w kręgosłup, znowu nowe tabletki, których i tak bierze za dużo. W Neapolu wysiada z limuzyny, która jeszcze się toczy, nogę co parę godzin będzie trzeba nacinać, żeby wypłynęła z niej ropa.

Koszmary: wizyta w Moskwie, pobyt z Raisą Gorbaczową na cmentarzu żołnierzy radzieckich w Niemczech, właściwie każdy kontakt z Rosją.

Wypadają jej włosy, zaczyna nosić perukę. Synowie poza domem, za granicą, coraz bardziej sama. Jej jedyny partner to telefon. Przez niego dowiaduje się o upadku muru berlińskiego (ważniejsze będzie dla niej wywalenie żołnierzy rosyjskich z Niemiec).

Tragiczna pomyłka w roku 1993: bierze tabletki, których nie powinna, z penicyliną. Mają wyjeżdżać do Indii, nie może, on jedzie za jej namową, ona zostaje, za dwa dni biorą ją do szpitala, stan katastrofalny, skóra na całym jej ciele staje się ciemnoniebieska. Cztery dni między życiem i śmiercią, traci włosy i paznokcie. Podobno pomylił się lekarz domowy, ale ten zaprzecza. Po latach krążyć zacznie pogłoska, że już wtedy próbowała targnąć się na życie, któraś z jej przyjaciółek miała słyszeć, jak powiedziała, że prędzej się zabije, niż pojedzie do Indii. Przeżyła, z rozpoznaniem: alergia na światło. Hannelore żyć będzie w cieniu wielkich drzew. A potem wychodzić z domu tylko o zmierzchu. Zawsze z ochroną, tym razem w postaci parasola.

Urlop, mimo wszystko: Austria, jezioro Wolfgang.

Leży w klinice, dzień urodzin Helmuta, dzwoni, składa życzenia. Wieczorem słyszy go w telewizji, jak zgłasza raz jeszcze swoją kandydaturę na wybory (1998). Szlag ją trafia, obiecywał, że tym razem się wycofa, że to koniec. I mówi jeszcze, kłamie, że uzgodnił to ze swoją rodziną.

W roku 1998 staje się żoną byłego kanclerza, ale nie robi sobie złudzeń, że od tej pory będą razem. Więc decyduje się na kupno mieszkania w Berlinie, zawsze zresztą chciała. Urządza je, zamienia okna i drzwi na bezpieczniejsze, mania prześladowcza jej nie opuszcza.

Jeden szok po drugim, Merkel dystansuje się od Kohla, mówi, że CDU musi nauczyć się chodzić samodzielnie. I wybucha afera z darowiznami, w której to Kohl umoczony jest po szyję. Jego pomnik wali się w gruzy, jej życie jeszcze bardziej. Choroba postępuje, przestaje jeździć do Berlina, on tam, ona w Ludwigshafen, gdzie od czasu do czasu odwiedzają ją przyjaciółki. Każda pojedynczo, nigdy razem.

Urlop, ostatni: Austria, jezioro Wolfgang. Odwiedza ich tam autor książki. Szyby przyciemnione były już wcześniej, ale teraz wszędzie podwójne firany i jeszcze czarna folia, na drzwiach, oknach, wszędzie. Słabe żarówki, zaciągnięte żaluzje, klimatyzacja nastawiona na niską temperaturę. Ciemne, zimne piekło, Kohl nie wytrzymywał, krążył po domu i wychodził, wracał, znowu wychodził. Ona z kolei wychodziła tylko wieczorem, nie mogła odmówić sobie pływania, do wody zanurzała się w specjalnym kostiumie z neoprenu.

Po raz ostatni występuje publicznie w maju 2000 na uroczystości założonej przez siebie fundacji. W ciągu dnia domu w Ludwigshafen prawie już nie opuszcza, czasami wychodzi na spacery, po ciemku, w grubych słonecznych okularach i mocno uszminkowana. Na tych spacerach właśnie opowiada autorowi książki o swoim życiu, o ewakuacji, gwałcie i o tym, że matka nie była wtedy dla niej podporą, musiała poradzić sobie sama.

Sama. Helmut w Berlinie, synowie za granicą, w domu tylko ona i telefon. I czasami wpadające do niej przyjaciółki. Włosy jej trochę odrastają, ale nie rezygnuje z peruki, to jej ochrona, zbroja. Wychodzą do miasta, patrzą na wystawy sklepowe, wracają. Pewnego dnia odkrywa, że szkodzą jej promienie z telewizora, więc go wyłącza, na zawsze. Dzwoniąc ciągle jeszcze do paru przyjaciółek, nie przedstawia się ani z imienia, ani z nazwiska i prosi je, aby ich nie wymieniały, boi się, że jest podsłuchiwana. W czasie ostatniego pobytu w prywatnej klinice dla prominentów prosi cały personel, łącznie ze sprzątaczkami, żeby nie zdradzały nikomu miejsca jej pobytu, jeśli ktoś z pacjentów lub odwiedzających ją rozpoznaje, mówi, że to tylko przypadkowe podobieństwo. Irytuje przyjaciółki, pytając na końcu każdej rozmowy telefonicznej: „Lubisz mnie jeszcze? Lubisz mnie?".

Odrzuca sugestię psychoterapii, boi się, nie chce, nie wyobraża sobie, jako była First Lady i żona kanclerza, mówić o rzeczach prywatnych i intymnych. Odrzuca diagnozę, którą stawiają inni lekarze, że to nie alergia na światło, a raczej jej obsesja, fobia, mania, połączona z ciężką depresją. Przerywa konsultację i wraca do lekarzy, którzy potwierdzają odpowiadającą jej diagnozę, alergii na światło trzyma się jak brzytwy. Buduje sobie domek z kart i pilnuje, żeby nie runął. Jej, akurat jej, Hannelore Kohl, nie wypadało być psychicznie chorą.

Bała się akt Stasi, że ogłoszą rozmowy telefoniczne Kohla. Na przykład o darowiznach lub kompromitujące go jako wiernego męża...

Czytam, czytam, ale myślami jestem w innym miejscu. Nad jeziorem Wolfgang, w tych pokojach z czarną folią. Wyobrażam sobie, jak Kohl wchodzi jednymi drzwiami i wychodzi drugimi, a ona siedzi pośrodku, na krześle, i świeci zmieniającym się kolorem skóry, raz na czerwono, raz na fioletowo, jak wadliwie działający neon. Całość jak z jednoaktówki Becketta. Lub widzę ją, jak krąży po Ludwigshafen jako postrach okolicy, w nocy, w peruce, w ciemnych okularach i z parasolem w ręce...

Synowie trzymają się od niej z daleka, telefonują raz na jakiś czas. Jeden z nich zaręcza się z Turczynką, ślub w Istambule. Jest na nim po drugiej stronie słuchawki, całą ceremonię słyszy przez telefon drugiego syna. Po dwóch tygodniach połyka sulfat morfiny i tabletki nasenne. Autor książki nie podaje szczegółów, ale myślę, że znaleźli ją leżącą na plecach. Zostawia dwadzieścia listów pożegnalnych, większość o podobnej treści. W tym do męża nie czyni żadnej aluzji do pogłosek, że od dawna już żyje z o wiele młodszą kobietą. „Długo zastanawiałam się nad tym krokiem, wierz mi. Strasznie mi ciężko opuścić ciebie po 41 latach. [...] Dziękuję Ci za życie z Tobą, przy Twoim boku, życie pełne wydarzeń, miłości, szczęścia i zadowolenia. Kocham Cię i podziwiam Twoją siłę. Niechże Cię ona nie opuści. Masz jeszcze dużo do zrobienia. Twój wężyk". (Słowa „wężyk" nie napisała, namalowała go, jak zawsze).

Helmut Kohl oficjalnie przedstawił Maike Richter jako swoją partnerkę życiową w roku 2005. Ożenił się trzy lata temu. Różnica wieku między małżonkami wynosi trzydzieści pięć lat. Maike postrzegana jest jako kobieta bez skrupułów, w telewizji występowała w kostiumach i biżuterii Hannelore, mieszkanie w Berlinie sprzedała bez konsultacji z synami. Kontakt z Kohlem nawiązać można tylko przez nią. Do dzisiaj ojciec komunikuje się z dziećmi tylko przez adwokatów.

Mieszkają w domu w Ludwigshafen. Oprócz podjazdu na wózek inwalidzki nic się nie zmieniło. Na ulicy jak zawsze, bez przerwy, na okrągło stoi wóz policyjny. Basenu nikt nie używa.

Portret artysty bez ram

Geordie Greig, *Breakfast with Lucian: A Portrait of the Artist*
Jonathan Cape (UK), London 2013
Korzystam z wydania niemieckiego:
Frühstück mit Lucian Freud
Verlag Nagel & Kimche AG, Zurich 2014

Lata trzydzieste wieku XX, Anglia, szkoła z internatem, noc, stajnia, konie. Obok nich gdzieś na słomie młody chłopiec, śpi. Noc w noc. Uwielbia konie, nienawidzi lekcji, szczególnie sztuki. Uczniowie skarżą się dyrektorowi, że w klasie śmierdzi jak w stajni, na korytarzu omijają go jak trędowatego. Ten niesforny uczeń stanie się w latach dziewięćdziesiątych najdroższym żyjącym malarzem świata, jeden z jego obrazów (*Benefits Supervisor Sleeping*) Roman Abramowicz kupi za 33,6 miliona dolarów. A te konie do końca życia zostaną końmi. Chociaż i tak im się udało. W sensie, że nie urodził się taki koń jeden z drugim jako żyrafa. Żyrafa, jak twierdzi pisarz polski Ignacy Karpowicz, przejebane ma najbardziej. W sensie ani się porządnie nie napije, bo rozkraczyć się musi, a wtedy często atakuje ją lew, nadgryza jej genitalia, ucieka i chodzi za nią, czekając, aż się wykrwawi. I w sensie ani się nie położy, choćby na chwilę. Sprawdziłem, rzeczywiście, całe życie na nogach, pozycja leżąca powoduje niedokrwienie mózgu.

Życiorys zewnętrzny tego szaleńca ująć się da w formie tabelarycznej, urodzony w Berlinie w 1922, w 1933 z powodów oczywistych emigracja z rodziną do Anglii, do Niemiec nie przyjedzie nigdy, nie będzie też używał tego języka, zrozumiałe. W Anglii parę szkół, internatów, jakiś tam pobyt w wojsku na statku, parę podróży po świecie i już. Reszta to Londyn, atelier i restauracje, no i śmierć.

Życiorysu wewnętrznego ująć się nie da. Przynajmniej nie na tyle, żeby powiedzieć: oto instrukcja obsługi kogoś, kto nazywał się Lucian Freud. Człowiek sejf. Żadnych wywiadów, mało zdjęć, fotografów gonił, fotografować go mogli od czasu do czasu najbliżsi. Żadnych zwierzeń, nic, ani o obrazach, ani o sobie. Domofon bez nazwiska, numer telefonu, znany tylko paru zaufanym osobom, zmienił kiedyś w ciągu jednego roku czterokrotnie. W połowie lat 90. miała wyjść autoryzowana przez niego biografia, przeraził się, kiedy ją przeczytał, wstrzymał publikację, hojnie opłacił autora i książka nie wyszła. Kiedy inny z dziennikarzy składać zaczął szkielet jego życiorysu, nasłał na niego paru gangsterów, aby ci odwiedli go od tego pomysłu, i go rzeczywiście odwiedli. Jego kontakt ze światem przestępczym to nie przypadek, miał z nim jakieś podejrzane konszachty. Awanturnik, furiat, pieniacz, wybuchowy jak trotyl. Potrafił pobić kelnera za jakąś niewinną uwagę i bywał żenującym idiotą. Kiedy w restauracji usiadły gdzieś obok niego dwie żydowskie pary, potrafił, a damy były mocno wyperfumowane, krzyknąć: „Nienawidzę perfum! Kobiety powinny pachnieć, jeśli w ogóle, jak pizda". Trzeba by wynaleźć perfumy o takiej nazwie. Miał antysemickie wybryki, akurat on, wnuk najsłynniejszego Żyda Europy. Imitował też publicznie masturbującego się wieloryba, szkoda, że Georgie Greig, autor jedynej o nim biografii, nie pisze jak, bo autor tego tekstu, czyli ja, nie umie sobie tego wyobrazić. Grał na wyścigach konnych, przegrywał, zaciągał długi, ukrywał się. Malował i sprzedawał po to, żeby dalej grać i przegrywać.

Greig jest jedyną osobą, której udało się nieco go oswoić i uchylić zamknięte na trzy spusty drzwi jego życia prywatnego. *Śniadanie z Lucianem Freudem* wyszło po śmierci Freuda, w roku 2013. Byłby nie umarł, książka by jeszcze nie wyszła i podzieliła los poprzedniej, a ja nie dostałbym honorarium za jej omówienie.

Greig, zafascynowany obrazami Freuda, z maniakalnym uporem szukał z nim kontaktu, pisane przez lata listy nie przynosiły skutku, w końcu się udało. Przez ostatnich dziesięć lat życia zjadł z nim tyle śniadań w jego ulubionej, nobliwej restauracji Clarke's (Notting Hill, stali goście to książę William i Kate, Bryan Ferry, Salman Rushdie, Maggie Smith), że wystarczyło ich na 272 strony. Angielski dziennikarz słuchał, notował i nagrywał, a wasz polski dziennikarz jak pies w pysku przynosi wam teraz streszczenie z komentarzem.

Opętany (seksem)

Przez całe życie trzymał w ręku jedną z dwóch rzeczy, albo pędzel, albo penisa, przeważnie swojego, afer z mężczyznami też miał parę. Libido miał niebotyczne, jeśli każda, z którą był, wyrwałaby mu jeden włos z głowy, byłby łysy jak kolano, choć czuprynę miewał dosyć bujną. I jeśliby zjechały się razem wszystkie jego dzieci, powstałby mały sierociniec. I miałby rację bytu, jego dzieci były w zasadzie półsierotami. Oficjalnie naliczono ich czternaścioro, ale zdaje się, że było ich o wiele więcej. Co za różnica, dziesięć w tę czy w tę, jeśli miał do nich, w przeciwieństwie do kobiet, stosunek przerywany. „Czy jest największym kochankiem wszech czasów?", pytała gazeta „Daily Mirror". Don Juan to przy nim mały pikuś.

Kogoś tam portretuje, pukanie do drzwi, wchodzi młoda kobieta i przechodzi od razu do łazienki. On odkłada pędzel, mówi modelowi, że zaraz wróci, idzie za nią, krótki stosunek, wraca i maluje dalej, jak gdyby nigdy nic. Impuls seksualny przełożony na kładzenie farby, kładzenie farby na impuls seksualny, jednia, jedno i drugie stopione w akt malowania. Jedna z jego modelek rodzi córkę, nie jego, ale kiedy skończy lat siedemnaście, a on miał będzie pięćdziesiąt pięć, wtedy jego zostanie. Inna rodzi syna, nie jego, ale kiedy syn dorośnie i będzie homoseksualistą, parę nocy ze sobą spędzą. Jego adres znajduje przypadkiem młoda kobieta, puka do drzwi, wpuszcza ją i bierze na stojąco, pod ścianą, brutalnie, szczypiąc jej sutki i bijąc po piersiach. A potem maluje. Co w tym takiego? Ano fakt, że ma on wtedy lat osiemdziesiąt cztery.

Kobiety pod i oddawały mu się ochoczo. Był takim otwieraczem do konserw, który zniewalał wszystkie puszki. Po paru chwilach, obojętnie z jak grubej byłyby blachy, wylatywały z nich ochoczo wilgotne sardynki. Trudno im się dziwić, większość z nich życie miała rzeczywiście do bani, a tu nagle szansa, jakiś stop z zasłużonej sławy wybitnego malarza, fortuny pieniędzy i wdzięku. Tak, miał go. Bystry, dowcipny, inteligentny. Szarmancki i zaraz złośliwy, lub na odwrót. Charyzmatyczny. I oczytany, cytatami z Goethego, Elliota lub Yeatsa żonglował o każdej porze dnia i nocy. Planeta, wokół której kręciły się małe gwiazdy świecących do niego oczami kobiet. A jego atelier jak scena obrotowa, kobiety wchodziły na nią, robiły parę obrotów i schodziły, i żadna nie weszła innej w drogę. Boski dyrygent ze sterczącą wiecznie pałeczką, każdy kobiecy instrument posłuszny na każde jej skinienie. Do sypialni ich nie wpuszczał, tam flejtuchem był nieprawdopodobnym, tam piętrzyły się góry brudnej bielizny, wśród nich listy, rachunki, czeki, książki i farby, żył jak kapitan na statku śmieci.

Dwa razy żonaty, dwoje pierwszych dzieci z pierwszą żoną, ewenement, cała reszta stada już nie, każde dziecko z innego brzucha. Nie znosił, kiedy jego kochanki używały środków zapobiegawczych, sam nie używał kondomów, uważał to za ordynarne. Jego asystentka, z którą ma się rozumieć również, wykoncypowała w jakimś tekście, że sprawił to Holokaust, po takiej zagładzie chciał zostawić, zasiać jak najwięcej potomstwa, do dupy taka psychoanalka. Instynkt, zew, chuć, psy nie nakładają sobie prezerwatyw.

W jednym tylko roku urodziło mu się, to znaczy urodziło się, po prostu, troje dzieci z trzech matek, co tłumaczy ich półsieroctwo, człowiek się przecież nie rozerwie. Jedne jakoś tolerował, inne jakoś tam lubił, co nie znaczy, że pojawiał się, usilnie przez nie proszony, na ich ślubach. Niektórych z nich nie widział nigdy, a jakichś tam dzieci ich dzieci (czytaj wnuków) również. Jeżeli ktokolwiek zapytałby go o sumienie, powiedziałby: „zrobili mi wczoraj rentgen, nic takiego nie wykazało", to byłoby w jego stylu.

Czytam o nim i czytam i tak se myślę na boku, czy nie jest tak, że artysta tym większy, im sumienie mniejsze? Może ono rzeczywiście przeszkadza? Hamuje, trzyma w miejscu, jak pułapka zatrzaskowa na wolne, dzikie zwierzę. Którym jest artysta. Każe oglądać się do tyłu, bo przecież tam jest ktoś, z powodu którego ono boli. I każe myśleć o tym, jak ten ktoś sobie z tym radzi i radził będzie. I czy nie lepiej jest, dla artysty, kiedy liczy się tylko teraz? Tu, teraz i ja, artysta. Bo to, co robię, to sztuka lotów wysokich. Moja sztuka, którą wykonuję ja, moja niepowtarzalność. I niech będzie, że jestem zakochanym w sobie egocentrykiem, co z tego, nie mam do tego powodów? Jeśli sztuka moja sprzedaje się za miliony, a ta stara klacz, królowa Elżbietka, prosi mnie o portret jej własny. I miałem *rendez-vous* z Gretą Garbo, tańczyłem z Marleną Dietrich i portretowałem Kate Moss i Harolda Pintera, nie mówiąc już o Baconie. Obraz tego ostatniego, w którym ja, ja oraz ja – *Three studies of Lucian Freud* – okaże się w roku 2013 najdroższym dziełem sztuki sprzedanym kiedykolwiek na aukcji. Poszedł za 142,4 mln dolarów.

Coś w tym jest, może rzeczywiście wyrzuty sumienia przeskakiwać trzeba jak koń poprzeczkę. „Jeśli nie byłbym malarzem, zostałbym dżokejem", powiedział. Dosłownie, bo kochał te konie i jakby jeden z tych, na których jeździł, wstępował w związek małżeński, na ślub przyszedłby na pewno. I metaforycznie, bo dżokej wali konia piętami... Pardon, za dwuznaczne to, miałem na myśli to, że dżokej bez przerwy popędza swego konia. Chce być pierwszym, a on jest, tym pierwszym właśnie, ale mu jedna meta nie wystarczy, chce następne i następne, obojętnie, czy zajeździ tego konia tego swego talentu na śmierć, czy nie.

Luciana Freuda zagrałby najlepiej Klaus Kinski. Ta sama nieobliczalna, dzika i subwersywna bestia. Zbliżone do siebie demony, podobny rodzaj szaleństwa. Kinski też grałby na wyścigach konnych wtedy właśnie, kiedy nie miałby pieniędzy. Pożyczałby też na zastaw swojego domu i ryzykowałby jego stratę jednym jedynym zakładem, to daje kopa. Kinski potrafił strzelać z broni do Herzoga, jeśli ten nie chciał, żeby on grał tak, jak on chciał, Freud, kiedy widział, że nie ma na płótnie tego, co chce jego głowa i ręka, dźgał się z wściekłości pędzlem po nodze tak, że krwawiło mu udo. Dżokej i koń w jednej osobie, sam się popędzał szpicrutą.

Opętany (malowaniem)

Zaczynał od szczegółu, detalu, malował go w całości, od początku do końca. I tak, najczęściej pośrodku płótna, pojawiały się nagle same jądra i penis lub samo kobieco łono, bo najczęściej malował akty. Detal po detalu, jakby układał puzzle. Jeśliby nagrać jego pracę i puścić film w przyśpieszonym tempie, wyglądałoby tak, jak gdyby nie tyle malował, co odsłaniał coś, co istniało już wcześniej. Efekt podobny do epizodu z freskami w *Rzymie* Felliniego, tylko że odwrotnie, tam one zanikały, tu się pojawiają. Freski Freuda to ludzie przeraźliwie, upiornie nadzy, człowiek czuje się spoliczkowany ich najbardziej intymnymi częściami ciała. Jeśli realizm, to zajadły, brutalny i bezwzględny tak, że prosi się o przedrostek „ultra". Te żyły, które oplatają ciało jak kable, jak plastynaty Gunthera von Hagensa. Lub te zwały wiszącego jak do odstrzału tłuszczu. Większość z nich bez uczuć, zastygła, jak wyjęci ze słojów z formaliną. Lub jak prześwietlone rentgenem. Obronną ręką wychodzi na obrazach on sam, w autoportretach, jak na narcyza przystało.

Ciało ludzkie obserwował tak jak badacz nauk przyrodniczych, który w laboratorium pod mikroskopem dokonuje sekcji zwłok zwierzęcia. Nie cierpiał malarstwa abstrakcyjnego, ekspresjonizmu, postmodernizmu, sztuki konceptualnej, cierpiał wyłącznie malarstwo figuratywne. Nie lubił psychoanalizy, lubił obrazy analityczne, nie lubił interpretacji, nigdy nie skomentował żadnego swojego dzieła, lubił, żeby namalowana noga była nogą, zebra zebrą, a szczur szczurem. Ten słynny z obrazu *Naked Man with Rat* leży na udzie portretowanego, blisko genitaliów. Sesja trwała aż dziewięć miesięcy, dlatego wszyscy byli pewni, że albo domalował go na końcu, albo szczur pozuje sobie martwy – nie domalował go, szczur pozował żywy, przestraszonemu modelowi wytłumaczył, że inaczej zmieniłoby to sytuację emocjonalną, bez żywego szczura jego myśli, czytaj twarz wyglądałaby inaczej. Szczur nie był więc martwy, szczur był pijany jak świnia, każdego dnia do miski Freud wlewał mu szampana. Cała sesja modelowi się opłacała, za podarowany mu obraz kupił sobie dom, tylko szczur zaczął widzieć białe myszy i trafił na detoks.

W restauracji nie interesowało go, kto kim jest, nie wiedział, że plecy, kolana twarz, ramiona i uszy należą na przykład do Keiry Knightley. W modelach przebierać mógł jak w ulęgałkach, do niego należał ich wybór, wybrany czuł się jak wybranek losu i znosił pokornie wielogodzinne tortury pozowania, które czasami maratoniły się miesiącami. Malował powoli, był perfekcjonistą do paranoidalnej potęgi, bo kiedy jeden z modeli zmienił koszulę na, wydawało mu się, w takim samym kolorze, dostał ataku szału. Był perfekcjonistą, bo potrafił odkupić obrazy, które sprzedał, uważając, że są zbyt słabe, żeby opuścić jego atelier. Ale zdarzyło się też, że zlecił złodziejom kradzież obrazu, który sprzedał, żeby sprzedać go ponownie, bo przegrał akurat na wyścigach i nie miał kasy.

Sensację wywołały akty jego dorastających dzieci. Pozowały mu nago córki i synowie. Jedna z nich wspomina, że czuła się jak na stole operacyjnym. To pozowanie było w zasadzie jedyną okazją, żeby zobaczyć nareszcie tatusia. Już w roku 1963, a więc jeszcze w świecie gipsowej moralności, namalował pierwsze swoje dziecko, córkę Annę, pozowała mu w wieku lat czternastu. Miał gdzieś obiegowe, mieszczańskie opinie, prawdy nie da się przecież namalować w sukience, tym bardziej, kiedy chodzi o połączenie jeszcze niewinności z już budzącą się seksualnością. Tabu? Coś takiego traktował jak niedopałek papierosa, na ziemię z nim i butem.

Malowanie było dla niego atakiem na zmysły poprzez zintensyfikowanie reprezentacji rzeczywistości. Napisał do jednego z czasopism: „Malarz musi wszystko, co widzi, wyobrazić sobie jako to, co istnieje tylko i wyłącznie dla jego użytku i przyjemności. Artysta, który podporządkowuje się naturze, jest jedynie artystą rzemieślnikiem. Uważał, że sztuka prawdziwa, wysoka powstaje wtedy, kiedy jest zupełnie niezależna od życia, że trzeba ją od niego wyzwolić, zagwarantować jej niezależność, która jest dla niej absolutnie niezbędna – ponieważ jeśli obraz ma do nas trafić naprawdę, nie ma wyłącznie naśladować życia, a zacząć żyć swoim własnym, właśnie po to, by odzwierciedlać to prawdziwe" (*Some Thoughts on Painting*, „Encounter", July 1954).

Matka. No i ten jego dziadek

Nie cierpiał jej, choć był jej ulubionym z trojga synów. Może właśnie dlatego – matka zawsze może zadusić, albo pępowiną, albo miłością. Człapała po nim jak gęś po deptaku, trudno ją było przegonić, nawet kijem. Bo tłusta była, i nielotna. Przychodził do niej rzadziej niż listonosz, który nie przychodził do niej prawie nigdy. Bo rentę dostawała na konto. Frustrowały go jej depresje i próby samobójcze, dopiero po śmierci ojca odwiedzał ją częściej. Może dlatego, że obecna była już tylko ciałem. Są ludzie, którzy nudzą się nawet własnej duszy, i wtedy ona mówi, nie no, dość, kobieto, spieprzam, idę poszukać sobie innego ciała.

Unieśmiertelnił ją w roku 1973, na portrecie *Large Interior W9*. Na drugim planie leży na łóżku z obnażonymi piersiami jedna z jego kochanek, na pierwszym siedzi ona. Greig pisze, „jak archetyp starej, spokojnej kobiety". Za spokojnej, nieobecna jest, jak autystka. A na fotelu siedzi jak u psychoanalityka. Czyli tak, jakby zamówiła sobie wizytę u własnego ojca, koło się zamyka.

Jej ojciec, a Luciana dziadek, znany jest ogółowi z tego, że pod koniec życia powiedział: „Jest jedno istotne pytanie, na które po trzydziestu latach studiów nad duszą płci pięknej nie umiałbym odpowiedzieć: czego właściwie chce kobieta?". I z tego jeszcze: „Kobieta to ciemny kontynent". A w rodzinie znany był z tego, że miał romans z siostrą żony i lubił rozśmieszać wnuki. Mały Lucian pękał ze śmiechu, kiedy dziadek wyjmował sobie nagle sztuczną szczękę i zaczynał nią kłapać, jakby wyfrunęła mu z ust i podjęła własny żywot. I z tego, że palił osiemdziesiąt papierosów dziennie, dostał raka krtani, na łożu śmierci leżał pod siatką, bo miał otwarte rany i odpadała mu twarz, zażądał śmiertelnej dawki morfiny, a ostatnim jego zdaniem przed śmiercią było: „To nie jest sposób na życie". Zdanie to powiedział co prawda nie on, lecz Groucho Marx, ale co to za różnica, skoro też był Żydem.

W roku 2011 Lucian Freud leży i umiera w tym samym mieście. I też na raka. I tak samo pompowany jest morfiną. Ale Lucian Freud leży jak w mauzoleum, chociaż jeszcze żywy. Drzwi się nie zamykają, niekończący się korowód kochanek, dzieci i wnuków, niektóre widzą się po raz pierwszy, okazja.

Nasz prawie już denat dzieciństwo miał raczej pochmurne, z przewagą chmur kłębiasto deszczowych. Na przykład widział raz Hitlera, na paradzie w Berlinie. Podobał mu się, bo był mały, a jego goryle tacy wielcy. Minie parę lat i ten mały człowiek zabije wszystkie cztery jego ciotki, siostry dziadka.

Dwóch swoich braci lubił, ale tylko w dzieciństwie. Raz dali najmłodszemu lusterko, kazali mu podejść do policjanta, zapytać, czy nie widział przypadkiem małpy, i wepchnąć mu to lusterko do ręki, fajnie było. Kiedy dorośli, pokłócili się, bracia sugerowali mu, że nie jest on synem ich ojca, a więc wnukiem ich dziadka, przestał się z nimi widywać, ta zadra siedziała w nim tak głęboko, że z jednym z nich nie rozmawiał przez czterdzieści lat.

Fortuna, którą zostawi powiernikom, to dziewięćdziesiąt sześć milionów funtów, mają się nią rozporządzać zgodnie z jego życzeniem. Wszystko wskazuje na to, że podzielona zostanie między całe jego potomstwo. Jeśli tak, to bycie półsierotą jest losem nad wyraz intratnym.

No już, już kostucha przebiera nogami na progu. Zebrani wokół niego cicho ze sobą rozmawiają, na znak protestu rozrzuca wokół siebie kawałki chleba. Jedną nogą już tam, a nadal nie umie pogodzić się z tym, że nie ma go przez chwilę w centrum uwagi. Od 20 lipca 2011 będzie musiał się do tego przyzwyczaić.

Fabryka przetwórstwa bajkowego „Grimmex"

Steffen Martus, *Die Brüder Grimm*
Rowohlt Verlag, Reinbek 2009

Wilhelm i Jakub Grimm, *Baśnie dla dzieci i dla domu*
przeł. Eliza Pieciul-Kamińska
Media Rodzina, Poznań 2009

Najpierw trochę pojęczę, ale zaraz potem palę wrotki i jadę. Żywot recenzenta nie byłby nawet taki zły, gdyby nie książki. Niektóre ciągną się przez sześćset, siedemset stron jak autostrada w Niemczech Północnych, nic, nic, od czasu do czasu wiatrak. Człowiek czuje się jak lew, ten zamknięty w klatce i ziewający. I czekający na jakiś kawałek mięsa. Lub na to, żeby ktoś przynajmniej kijem po kratach przejechał. Dobrze, nie wszystkie pozycje muszą być porywające, ale niechże mają przynajmniej jakieś rumieńce, mein Gott! A nie dwie okładki, a pomiędzy nimi kilo anemii.

Biografia braci Grimm pod zaskakującym tytułem *Bracia Grimm*, napisana przez Steffena Martusa, należy do dzieł anemicznych. Po części. Dziesiątki następujących po sobie stron o kontekście polityczno-historycznym i ówczesnym systemie szkół i uniwersytetów. Napisane stylem skrupulatnego referatu, jakby było mało. Na szczęście jest w tym ciemnym tomisku parę łąk, polan, są też cytaty z listów braci i fragmenty ich zapisów dziennikowych, i one to ratują mi recenzję. Wyiskałem je i złożyłem w całość, ale zanim o życiu i śmierci braci Grimm, trochę o samych bajkach, ich autorstwie i nowym polskim przekładzie.

Tuba ludu

Pomysł napisania o braciach Grimm wyszedł od redaktora „Książek", Julka Kurkiewicza. Powód: dwieście lat od ukazania się pierwszego wydania *Bajek dla dzieci i domu*. Pomysł wydania *Bajek* wyszedł z kolei nie od braci Grimm, lecz od zaprzyjaźnionego z nimi pisarza Clemensa Brentano. On to właśnie, przygotowując zbiór pieśni ludowych *Czarodziejski róg chłopca*, zwrócił się do braci z prośbą o zbieranie i podsyłanie mu baśni, którą to prośbę bracia wzięli sobie do serca. I w roku 1810 wysłali mu ich zbiór, dla siebie zachowując odpis.

    Brentano, może dlatego, że bez przerwy się pojedynkował (z żoną, na pięści), realizacji pomysłu wydania baśni zaniechał. W 1812 roku wydali je bracia, reszta jest historią sukcesu pod nazwą *Baśnie autorstwa braci Grimm*. Tak się zwykło pisać, szczególnie u nas, ale dlaczego „autorstwa", jeśli sami bracia twierdzą w przedmowie: „Jeśli chodzi o sposób, w jaki zbieraliśmy materiał, to szło nam najpierw o wierność i prawdę. Niczego bowiem nie dodawaliśmy od siebie, nie upiększaliśmy żadnych okoliczności ni żadnej cechy opowieści, lecz przekazywaliśmy ich treść w kształcie, jaki otrzymaliśmy". Autorem więc, co z każdym kolejnym wydaniem energicznie podkreślają, jest lud, oni zaś, wydawcy, jego tubą. I tu pojawiają się kłopoty. No bo dobrze, spisany, uwieczniony na papierze głos ludu, ale jak spisany, wiernie, 1:1? Czy poddawany obróbce? I jak daleko idącej? Bo jeśli daleko, to jaki to głos tego ludu? To raczej dalekie jego echo.

„Baśnie spisane i zebrane przez braci Grimm", tak zwykło się pisać, tu też kłopoty. Spisane od chłopów? Dwóch zamkniętych w swojej wieży apostołów filologii i językoznawstwa, autorów *Słownika niemieckiego*, *Niemieckiej mitologii*, *Niemieckiej gramatyki*, którym szkoda było czasu na jakiekolwiek życie prywatne, ponieważ żyli tylko i wyłącznie dla nauki, wychodzi z niej, z tej wieży, wsiada do dorożki, tłucze się po wsiach i nakłania chłopów do opowiadania im bajek? Ściślej chłopek, chłopi dzieci nie usypiali.

Pięć pracowitych pszczółek

Autor *Braci Grimmów* rozwiewa wszelkie wątpliwości: dużo wygrzebali z bibliotek, reszta przychodziła pocztą. Głównymi dostarczycielkami bajek było pięć mniej lub bardziej zaprzyjaźnionych z Wilhelmem kobiet (wymienione po nazwisku) ze sfer raczej wyższych. Część bajek znały same, część brały od swoich rodzin, część wyciągały od służących i personelu, a że pracowite te pszczółki wykształcone były, oczytane i sprawnego pióra, miód dostarczały przedni do Grimmowego ula.

Ich nazwiska nie znalazły się oczywiście pod bajkami, kłóciłyby się z koncepcją „głosu ludu", dlatego pod tekstami widnieją zagadkowe podpisy w rodzaju „z okolic Bawarii", „z okolic Hesji" itd. Przestało to Grimmom jednak wystarczać, na rynku lepiej schodzą nazwiska, o tym wiedziano już dwieście lat temu. Do kolejnego wydania wymyślili prototyp chłopskiej bajarki, pani Viehmannowej. Dorothea Viehmann dostarczała im co prawda surowca, ale sama nie będąc chłopką, zbierała go od furmanów, którzy zajeżdżali do gospody jej ojca. Była też, co ważniejsze, bardziej Francuzką niż Niemką, a przecież bracia, niezmordowani apologeci niemieckości, uważający język i kulturę niemiecką za najlepszą markę na świecie, już choćby dlatego, że to oni sami ją tworzyli, dumnie podkreślali w przedmowach, że „wszystkie bajki są czysto niemieckie i niezapożyczone". (W późniejszych wydaniach usunęli nawet *Kota w butach* ze względu na jego francuską proweniencję). Bracia połknęli więc tę francuską żabę bez oporów. Nic dziwnego, sam Jacob w prywatnym liście do przyjaciela przyznaje bez ogródek, że zebrane bajki, „w sensie matematycznym", mało mają wspólnego ze zidentyfikowanymi źródłami.

Fabryka przetwórstwa bajkowego „Grimmex" funkcjonowała sprawnie, Jacob doglądał treści produktów, powiedzmy, że jakości szkła, Wilhelm, jak na dobrego wydmuchiwacza przystało, zajmował się produktów tych formowaniem, z każdym kolejnym wydaniem coraz śmielsze wydmuchując kształty. Steffen Martus podaje kolejne wersje pierwszych dwóch zdań *Króla żab*, przytoczę je, po pierwsze dlatego, że warto zobaczyć, jak kiełkuje, rośnie i rozrasta się zasiane przez lud ziarno, po drugie, żebyście docenili mój trud, bo morduję się tu dla was rzeczywiście jak koń pod górę.

Rzucić żabą o ścianę

Pierwsza wersja rękopisu (1810): „Najmłodsza córka króla udała się do lasu i usiadła przy chłodnej studni. Następnie zaczęła bawić się złotą kulą, aż ta nagle wtoczyła się do wody".

Pierwsze wydanie (1812): „Dawno, dawno temu była sobie córka króla, która pewnego razu udała się do lasu i usiadła przy chłodnej studni. Miała złotą kulę, swoją najukochańszą zabawkę, podrzucała ją i łapała w powietrzu, co sprawiało jej radość. Aż jednego razu królewna, wyciągając dłoń z rozchylonymi palcami, na próżno czekała, aby złapać swoją kulę, która poszybowała za wysoko, po czym upadła obok niej na ziemię, toczyła się i toczyła, aż wpadła do wody".

Ostatnie wydanie (1857): „W dawnych czasach, kiedy zaklęcia były jeszcze skuteczne, żył król, którego wszystkie córki były piękne. A najmłodsza tak piękna, że nawet słońce, które przecież wiele widziało, dziwowało się za każdym razem, gdy zaglądało jej do oczu. Niedaleko zamku króla był wielki, ciemny las, a w tym lesie pod starą lipą stała studnia. Gdy dzień był szczególnie gorący, królewna wychodziła do lasu i siadała na brzegu chłodnej studni. A gdy była znudzona, brała złotą kulę, podrzucała ją do góry i łapała, i była to jej najbardziej ulubiona zabawa. Aż pewnego razu stało się tak, że złota kula królewny nie trafiła do jej wyciągniętych w górę rączek, lecz upadła obok na ziemię i potoczyła się prosto do wody".

Pierwsze dwa tłumaczenia zrobiłem sam, trzecie jest autorstwa Elizy Pieciul-Karmińskiej i jej to nowej wersji przyklaskuję. Za to, że postanowiła cisnąć żabą o ścianę, to jest pójść za oryginałem, a nie jak w przypadku wcześniejszych tłumaczeń kazać królewnie całować ją w cholera wie co. Bo dalej, jeśli nie pamiętacie, jest mniej więcej tak: żaba, w zamian za obietnicę (po)życia razem z królewną, nurkuje po kulę, lecz królewna swoją obietnicę i żabę olewa równo, żaba jednak, jak to żaba, nie daje za wygraną i wpieprza jej się do zamku, gdzie ojciec królewny, było nie było król, każe córce dotrzymać słowa, wobec czego córka przemaga się i dotrzymuje, ale kiedy ohyda ta pakuje się jej do łóżka, królewnę wkurza to do zenitu tak, że bierze ją do swej miękkiej rączki i rzuca nią o twardą ścianę, który to rzut wolny uwalnia zaklętego w żabie królewicza. Niezłe tu jaja, królewna nie dość, że traktuje żabę bezceremonialnie („ty stary błotochłapie", „człapie toto"), to jeszcze mamy tu pochwałę łamania danej obietnicy i podeptanie autorytetu ojca! Mało tego, nieposłuszeństwo się opłaca, zostaje nagrodzone, iście subwersywna to przypowiastka.

Dygresja: przeszkadza mi żaba jako „ona", „on" powinien być, jak w niemieckim, ważna tu przecież walka płci. Nie mam do kogo gęby otworzyć w tym Luksemburgu, więc piszę SMS-a do Bralczyka, bośmy się zwąchali ostatnio: „Jak jest żaba w wydaniu męskim, też, kurwa, żaba?". Odpowiedź: „Niestety. Ewentualnie Pan Żaba".

*

Uwaga! Upraszam wszystkich o wyłączenie telefonów komórkowych.

Ciemność i cisza, dłuższą chwilę, żebyście wyszli ze skorupy obojętnego widza i wystawili chociaż rogi.
Teraz jęk kobiety. Cichy. Głośny, coraz bardziej głośny. Krzyk. I teraz widać: jej rozrzucone uda, spomiędzy których wychodzi pierwsze dziecko. Które od razu ląduje w wózku, przy czym wózek to trumna. Trumna opuszcza scenę, kobieta rodzi następne, następne to Jacob (1785). Po roku następne, to Wilhelm, potem kolejne, sześć razy, łącznie dziewięć, z czego jeszcze dwoje umiera, w wieku niemowlęcym. Trzy zgony na dziewięć to wynik wtedy wcale niezły, pod koniec XVIII wieku wskaźnik umieralności niemowląt ma się wyśmienicie. Jedyna siostra będzie żyć, żyć i umrze, jeden z braci również, pozostali dwaj coś tam w prostej linii między datą urodzin i śmierci postawią w poprzek. Ludwig jako malarz, obrazy, Ferdinand, nieznany brat znanych braci, trzy zbiory sag. Których wydanie Wielcy Bracia zignorują, nie w smak im była konkurencja, i to pod samym nosem. Umarł, jak żył w nędzy. Bracia stracili cierpliwość do tego nieżyciowego artysty, wyrzucili go z domu, przestali mu pomagać, mieszkał w jakieś zimnej budzie, w ubraniach Jacoba, co dziesięć minut przytykał zgrabiałe palce do lampy, żeby móc pisać.

Mieszkanie

W rodzinnym Hanau, pokój dziecięcy, z tyłu jedno łóżko. Matka na krześle przy oknie, szyje lub szydełkuje, obok duże, stojące lustro, w którym odbija się uliczka za oknem (świat zewnętrzny reflektuje w wewnętrznym). Słychać jednostajny szum krosien tkackich. Na ziemi obok niej mały Wilhelm, bawi się kulkami wełny (Hanau staje się eksporterem tekstyliów). Gdzieś dalej Jacob, lat około sześciu, czyta, przewraca kartki. Jacob wstaje, opuszcza scenę na chwilę, wraca z grzebieniem w ręku, podchodzi do matki, klęka, matka odkłada robótkę, Jacob kładzie je głowę na udach, matka czesze go i iska, w jej palcach pękają jeden po drugim chitynowe pancerzyki wszy (wspólnotę uczuć iskanych i iskających zastąpiła dziś folia bąbelkowa, daje ten sam odgłos). Jacob wstaje, opuszcza scenę, wraca zaraz, już bez grzebienia, siada do książki. Cała ta sekwencja (ruch na uliczce w lustrze, szum krosien, Wilhelm jak mały kot, Jacob przy książce, wychodzący po grzebień i na kolanach matki) powtarza się jak płyta. Czas jej trwania: mniej więcej tyle, ile trwa wczesne dzieciństwo. Wersja skrócona: około roku.

To samo mieszkanie

Ten sam pokój, z tyłu jedno łóżko. Do środka wpada Jacob (lat około jedenastu) z tornistrem na plecach, drzwi zostawia otwarte. Wszystkie czynności wykonuje energicznie, zdejmuje tornister, siada przy stole, otwiera go, wyjmuje książki, zeszyty. Teraz dopiero wchodzi Wilhelm, też z tornistrem. Wszystkie czynności wykonuje wolniej, zamyka za sobą drzwi, siada przy stole naprzeciwko Jacoba, zdejmuje tornister, wyciąga książki, zeszyty. Jacob czyta jak głodny, który dorwał się do talerza, strony połyka kęs za kęsem, prawie bez przeżuwania. Wilhelm jakby jadł deser, na łyżeczkę nabiera po parę zdań, smakuje, delektuje się. Tak zostanie do końca ich dni.

Mijają godziny, jedyne, co zmienia się na scenie, to światło, robi się ciemno. Kładą się do łóżek, zasypiają.

Na drugim planie w tle sceny widać dwa ruchome cienie, słychać przytłumione głosy, które budzą Jacoba, ten siada na łóżku. Jeden cień nachyla się nad łóżkiem, na którym ktoś leży, w rękach krawiecki metr, mierzy długość ciała i podaje drugiemu, ten zapisuje. Jacob łapie się za głowę, która po śmierci ojca stanie się wkrótce głową rodziny.

Liceum w Kassel

Bracia przechodzą z klasy do klasy, jakby skakali przez płotki, Wilhelm o jedną przeszkodę za Jacobem. Scena zatrzymuje się, klasa, nauczyciel, uczniowie, wśród nich Jacob. Nauczyciel zwraca się do wszystkich per pan, do Jacoba per on.

(Niedostatecznie wysoko urodzony, poza tym z prowincji. Nauczyciel ogłasza, który uczeń wyróżniony zostaje stypendium za wyniki w nauce, najlepszy stypendium nie dostaje, niedostatecznie wysoko urodzony, poza tym z prowincji).

Pokój

Leżą w jednym łóżku, wieczór, potem noc. Nie śpią, zbierają owoce bezustannej nauki i życia w jej dybach. Jacob cierpi na bóle głowy (przejdą mu). Wilhelm na szkarlatynę, zaburzenia w oddychaniu, bóle w klatce piersiowej (nie przejdą, rozwiną się).

(Wilhelm o chorobie: „Noce, podczas których darmo oczekujemy snu, godziny, w których nie możemy robić nic poza rozmyślaniem o sobie samym, prowadzą szybciej do rozpoznania naszej natury niż wtedy, kiedy cieszylibyśmy się pełnym zdrowiem").

Las

Drzewa z książek, zwierzęta z książek, grzyby z książek i z książek pajęczyny, wszystko z książek. Dwóch myśliwych w nim, z workami na plecach, polujących wściekle na każdą z nich, i każdej im mało. Obojętnie jakiej, tandetna, sentymentalna saga rodzinna, zardzewiała od zbroi powieść historyczna, połykają je jak czapla ryby. Książki w szkole, książki po szkole. Każdy antykwariat, każdy handlarz, każda aukcja, wszędzie oni. Nie było ich stać na jakąkolwiek z nich, robili z niej wypisy. Książkopaci. Książkoholicy.

Podły pokój w Marburgu

Jacob, student prawa, w łóżku, sam. Czyta list. I sam przy stole, czyta list. Pierwsza rozłąka, Wilhelm jeszcze w Kassel. Chodzi do teatru, pisze dowcipne minirecenzje ze spektakli, żyje na zewnątrz (w lustrze). Jacob odpisuje: „Schody tak ciemne, że dziesięć słońc by nie wystarczyło, żeby je oświetlić. Z każdym krokiem chwieje się cały pokój i brzęczą szyby w oknach". Słychać pukanie do drzwi, Jacob otwiera, na zewnątrz jeden ze studentów (tylko głos) namawia go na spacer. Jacob: „Na spacer? To strata czasu, ja spaceruję po literaturze". Zamyka drzwi, chodzi wokół stołu, ręce na plecach, pokój chwieje się. Każdy jego krok staje się coraz bardziej taneczny, przypomina walca.

(Skoki w bok od czytania i pisania, na palcach jednej ręki można je policzyć, to na jego usprawiedliwienie. Autor biografii: „Tańczył chętnie, ponieważ taniec nie wymagał tego, co wymagało bycie w towarzystwie, w tańcu nie trzeba wymieniać wielu słów, partnerzy są równi, a socjalne bariery łatwe do przezwyciężenia").

Pokój w Kassel

Wilhelm sam przy stole, czyta list od Jacoba z Paryża (pierwsza jego praca, w bibliotece, podróż dorożką łącznie sto sześćdziesiąt godzin, czas posłusznie wlecze się jeszcze razem z przestrzenią). Czyta więc, Jacob pisze o braterskim przymierzu, o wspólnym zbieraniu książek i pisaniu, i o tym, że nigdy już się nie rozstaną.

Wilhelm siedzi na scenie sam, parę miesięcy, do momentu, w którym wchodzi na nią Jacob. Siada przy stole naprzeciwko Wilhelma, wyjmuje książki i pracuje, jakby wyszedł na chwilę do toalety i wrócił. Siedzą więc i pracują, podczas gdy miasto, dotychczas z zaropiałymi od snu pod „okupacją" francuską oczami, budzi się do życia.

Jak spod ziemi wyrastają kawiarnie, powiedzmy, że na lewej ścianie sceny, teatry i sale koncertowe – na prawej, bale i przyjęcia – na tylnej, środkowej. Bawi się na nich cała elita miasta, oprócz osób w liczbie dwóch, siedzących przy stole pośrodku sceny. Początek każdego dnia, otwarcie książki, koniec dnia jej zamknięcie. I pierwsze teksty w czasopismach. Pierwsze kobiety? Fałszywy adres, liczy się tylko matka, dwie ciotki i siostra. A od 27 maja 1808 roku dwie ciotki i siostra. Formalnie zostają sierotami. W rzeczywistości, patos jest tu na miejscu, ich rodzina to tysiące dokumentów, zapisów myśli ludzkiej, raczej obszernych, w postaci publikacji wielostronicowych o określonej liczbie stron i charakterze trwałym.

Klinika w Halle

Pośrodku sceny kadź z wodą, w środku Wilhelm. (Nocą napady strachu, koszmary, zaburzenia rytmu serca. „Jakby od czasu do czasu płonąca strzała przeszywała mi serce"). Wstaje, wychodzi, siada na stole (ze szklanymi nogami), obok którego wielka jak smok maszyna.

Lekarz przypina go pasami i przez Wilhelma płynie prąd. Medycyna w epoce romantyzmu traktowała ciało jako organizm, który sam się stabilizuje. Lekarz to tylko ten, który przywraca wolę i energię życia, resztę załatwi natura. Lekarz więc to już nie mechanik, który otwiera maskę ciała, nachyla się nad nim i ingeruje łapami, lecz ktoś, kto czarodziejską różdżką śle impulsy (prąd, fale magnetyczne), aby te zmusiły ciało do samoregulacji jego funkcji.

Obrót sceny. Kassel

„Jacob, jako prywatny bibliotekarz króla Westfalii, Hieronima Bonaparte, przenosi książki, z półki na półkę, lub układa je w stos, lub ze stosu ściąga, obojętnie, widać, że się nudzi. Niech zresztą robi w tej bibliotece, co chce, najważniejsza jest tu scena obrotowa. Ma ona mianowicie unaoczniać fakt, że obaj bracia są dwoma stronami tego samego medalu (na wstążce coraz większej w miarę upływu czasu próżności)".

Strona Jacoba: małomówność, posępność, arbitralność sądów aż do grubiaństwa, upór i zaciekłość urągająca czasami regułom przyzwoitości, mizantropia, fazy depresji.

Strona Wilhelma: elastyczność, giętkość, przystępność, zdolność przyjmowania innych punktów widzenia, fazy towarzyskości (orator, dusza towarzystwa). Janusowe oblicze tej samej głowy, później bracia nazwą swoje przymierze „wewnętrzną zgodnością przeciwieństw".

Obrót sceny. Pożar w bibliotece

Jacob z narażeniem życia wynosi książki. Rzuca je do jakichś tam prześcieradeł, wiąże końce i ciągnie po ziemi, aż na dziedziniec, gdzie leżą już ich pozostałe stosy.

Obrót sceny. Mieszkanie w Kassel

Wilhelm uczy się parodiować Goethego, chodzi po pokoju z rękami założonymi do tyłu, przedrzeźnia jego heski dialekt. Boże Narodzenie, rok 1810.

Jacob przy stole, pracuje. Non stop, bez przerwy (*Gramatyka niemiecka*). Wilhelm do przyjaciela: „Ma wytrzymałość, której Bóg mi skąpił. Dzień po dniu, od rana do nocy potrafi siedzieć bez ruchu. Dwa dni wytrzymuje bez pożywienia, podczas gdy ja o głodzie pracować nie mogę".

Obrót sceny. Wykopaliska w pobliżu Kassel

Wilhelm zbiera kamienie. W roku 1821 opublikuje ponadtrzystustronicowe, pierwsze w Niemczech studium naukowe *O niemieckich runach*, które obowiązywać będzie przez cały wiek XIX. Szczęście, że nadszedł wiek XX, bazgroły, które dzielny, acz naiwny Wilhelm brał za prastare zapisy runiczne, okazały się śladami po robakach.

Obrót sceny. Ślub

Wilhelm z kobietą (Dorothea Wild, znajomość jeszcze z piaskownicy), Jacob, po latach zażyłości, ze swoją pracą. Mieszkają we trójkę, dwóch krasnoludków pracuje w pokoju, Królewna Śnieżka w kuchni. I potem, dla urozmaicenia, przy dzieciach.

Obrót sceny. Getynga

Bracia wykładają na uniwersytecie. Wilhelm pisze swoje opus magnum, *Niemiecką sagę o bohaterach*, która rośnie szybciej niż dzieci. Ze wspomnień najstarszego syna, Hermanna: „Pamiętam, jak cicho przechodziłem między pokojami. Słychać było tylko skrzyp piór, od czasu do czasu kaszel wujka Jacoba. Nad kartką pochylał się nisko, pisał szybko, gorliwie, ojciec zaś pisał wolniej, z namysłem. Lekko i nieznacznie zmieniały się rysy ich twarzy, unosili lub opuszczali brwi, czasami patrzyli w pustą przestrzeń. Czasami jeden lub drugi podnosił się z miejsca, brał książkę z półki, otwierał i kartkował. Nie wyobrażałem sobie, żeby ktokolwiek zdobył się na to, aby przerwać tę świętą ciszę".

Antrakt. Rok 1830

Przed scenę wychodzi Jacob i mówi: „Życzę Polsce oswobodzenia". Koniec antraktu.

Obrót sceny. Wilhelm w łóżku

Bliski śmierci. Ma urojenia, boi się, że podmienili mu brata i żonę. Żeby się upewnić, że nie, zadaje im szczegółowe pytania, takie, na które odpowiedź znać mogą tylko oni.

Obrót sceny. Mieszkanie w Getyndze

Chaos, pakowanie, opuszczanie mieszkania. Relegowani z uniwersytetu (i pięciu innych kolegów, tak zwana afera „Siódemki z Getyngi") za podpisanie protestu przeciwko zniesieniu liberalnej konstytucji przez króla Hanoweru Ernsta Augusta.

Obrót sceny. Berlin

Wykłady na uniwersytecie. Idole studentów, przepełnione sale. Willa przy placu Poczdamskim, trzysta metrów kwadratowych, służące, pokojówki, kucharki. Pod ich balkonem w każde urodziny tłumy młodzieży, skandujące ich nazwisko (na fali „Siódemki"). Odznaczani, powoływani, hołubieni, zapraszani wszędzie, cała ówczesna elita u ich stóp, z zagranicy również, łącznie z delegacją cesarską z Japonii.

W tle miasto Berlin ekspanduje, pod każdym względem, czas nie wlecze się już z przestrzenią, do Poczdamu jechało się kolejką cały dzień, teraz czterdzieści minut. Później popularność ich znacznie opadnie, nie będą dostatecznie postępowi, oskarżać się ich będzie o zdradę ideałów „Siódemki" i o brak solidarności z poetą Augustem von Fallersleben. Ten poeta wyklęty wart jest osobnej rozprawki, prześladowany i ścigany przez policję za polityczną wywrotowość wierszy, pozbawiony profesury, obywatelstwa i wydalany z Prus trzydzieści dziewięć razy, włóczył się po Niemczech jak bezdomny tułacz. Zrehabilitowany po amnestii (1848), wrócił do Prus, ale Niemcy nie były już dla niego „ponad wszystko", tak, tak, ten banita napisał, o ironio losu, hymn Niemiec.

Obrót sceny. Mieszkanie w Berlinie

Obydwaj przy stole. Piszą słownik języka niemieckiego, Jacob opracowuje hasła na litery A, B, C, E oraz część F. Wilhelm, wolniejszy w pisaniu, litery D i F.

Równocześnie Jacob kontynuuje *Historię języka niemieckiego*, praca ponad siły, ale nie dla tego tytana. Jego zapis z tego czasu: „Tak jak śnieg pada, całymi dniami, całymi dużymi płatkami, i pokrywa całą okolicę białą masą, tak na mnie padają ze wszystkich stron i miejsc słowa, które mnie zasypują tak, że czasami najchętniej podniósłbym się z miejsca i otrzepał z nich". Żona Wilhelma nie wytrzymuje: „Ci dwaj są cali «zasłowniczeni», muszą wyjść na zewnątrz, inaczej zapleśnieją!".

Obrót sceny, Tiergarten

Ostatni spacer. Jacob idzie szybko, jak zwykle, Wilhelm jak zwykle ciągnie się za nim. Jacob przystaje, czeka na niego, Wilhelm dochodzi, idą obok siebie. Jak zwykle w ciszy. Dyszą.

Obrót sceny, przedostatni

Mieszkanie w Berlinie, pokoje do pracy (cztery i pół tysiąca książek, nawet nie połowa tego, co w całym domu), pokój braci: pośrodku dwa biurka (nie jedno). Wokół regały, w kątach stosy nieprzeczytanych książek.

Wilhelm siedzi na stronie, z której widzi pomiędzy dwoma oknami lustro (Hanau). Jacob irytuje się, nie może znaleźć książek, które odstawia na półki Wilhelm, przenosi się z biurkiem do innego pokoju.

Dwa biurka w dwóch pokojach (nie dwa w jednym). Jacob traci słuch, ale słuch dla niego nieistotny, oczy ważne, i Wilhelm. Który milknie, gorzknieje, zapada się w sobie. Na plecach rośnie mu wrzód, interweniują lekarze, pomaga, na dziesięć dni.

Przed śmiercią opowiada w austriackim dialekcie jedną ze swoich ulubionych historyjek, śmieje się z niej, jako jedyny, wokół nikt. Majaczy, ale rozpoznaje wszystkich zebranych. Następnego dnia Jacob pisze list do wydawcy słownika: „Wczoraj o godzinie 15.00 umarła połowa mnie samego". I dodaje: „Cudownie, że Wilhelm zdążył skończyć literę D".

Obrót sceny, ostatni

Mieszkanie w Berlinie. Jacob sam, jako stara sowa, siedzi na jednym z regałów z książkami. Rozgoryczony, jego dziełom nie poświęca się uwagi. Huczy: „To, co do mnie należało, zrobiłem i ciągle jeszcze robię. Wydaję zeszyt po zeszycie i żaden kogut nad tym nie zapieje".

Schodzi, drepcze między regałami, gubi się, nie wie, gdzie jest. Kaszle, jest przeziębiony po wycieczce do Harzu, infekcja atakuje wątrobę, lekarz próbuje leczyć go pijawkami, pomaga, wraca mu apetyt, robi notatki i parę kroków, siada przy oknie i rozmawia z siostrzenicą, milknie, opiera głowę na jej ramieniu i nie rusza się, dostaje udaru. W łóżku dusi się, stojący wokół widzą jego strach przed śmiercią. Charczy, miota się przez parę godzin. Kiedy następuje zgon, zebrani czują ulgę. Siostrzenica: „jego książki stały wokół niego jak sieroty".

Jeszcze tylko z góry białe płatki, na pokój i na niego. Rośnie biały grobowiec, nie ze śniegu, tylko z białych strzępów papieru, z których się już nie otrzepie.

Urodzona w czepku (służącej)

Danuta Wałęsa, *Marzenia i tajemnice*
Wydawnictwo Literackie, Kraków 2011

Z tą książką mam poważny kłopot. Nie mieści się do kieszeni płaszcza. A bagaż mogę mieć tylko jeden, podręczny. Wciskam ją więc do kieszeni na siłę, rozrywam, nie wchodzi. Trudno, rozpinam pasek i wsuwam ją za spodnie, z przodu. I tak paraduję z nią sobie po lotnisku. I słyszę nagle, to pan, panie Rudnicki? Potęga telewizji śniadaniowej. I zamiast na mnie, to jest na to, co mam nad szyją, kobieta, mówiąc coś tam o moich książkach, patrzy na to, co mam daleko niżej, mój brzuch, a ten wiadomo jaki, więc wyjaśniam jej ściszonym głosem, że mam nadwagę, i jeszcze bardziej ściszonym, że bagażu, nie ciała, i jak ekshibicjonista, rozchylam płaszcz i marynarkę, i pokazuję jej twarz Danuty w kapeluszu, i ona patrzy na mnie wzrokiem przerażonej pielęgniarki i odchodzi, a ja, przemytnik wagi niedozwolonej, wchodzę do sklepu i kupuję piwo w puszkach i butelkach, które dostaję w siatce Baltony.

I o to chodzi, towar w siatce Baltony nie liczy się jako drugi bagaż, jakie to proste. Wyjmuję książkę zza pazuchy i wsadzam ją do siatki, wpycham jeszcze szalik i pastę jajeczną z tuńczykiem, która cholera wie skąd w kieszeni płaszcza, i tak suchą stopą przechodzę przez ostatnią bramkę na pokład. I czytam, słowo po słowie, zdanie po zdaniu, strona po stronie.

No więc mamy to ciasto, które nam zgotowała. Wyrób co prawda nie jej, zrozumiałe, ale jej składniki. I teraz ja, recenzent, krążę wokół niego jak wilk. Z wywieszonym jęzorem i pochylonym łbem. Zataczając coraz to węższe kręgi. I patrzę, ślepię, gdzie drapnąć łapą, gdzie polizać, a gdzie wbić kły.

Ale wiem, tu nie, tu akurat nie. Nie wypada. Mógłbym się poznęcać nad samym tytułem wyjętym z wenezuelskiego serialu. Nad średniowiecznymi zabobonami w wieku XXI, w rodzaju że wypadek motocyklowy syna miał miejsce w pierwszy piątek miesiąca, a w pierwszy piątek miesiąca jest dodatkowa msza o godzinie dziewiętnastej i na nią jakieś tam intencje. Mógłbym napisać, na przykład, że za dużo w tej biografii „odkrywczych" porzekadeł w rodzaju: wiem, w życiu nie można mieć wszystkiego, ale trzeba być pozytywnie nastawionym.

Mógłbym, ale nie, nie będę, *Marzenia i tajemnice* to doniosły przecież fakt. To historia przez dziurkę w kalesonach Wałęsy. To droga do wolności Polaków i Polski w lustrze jej koronnego świadka. W lustrze z rysami i pęknięciami dnia powszedniego. To opowieść kobiety odstawionej przez męża, i po trosze i dzieci, na boczny tor, do zajezdni, w której tłumy zaniedbywanych i lekceważonych żon i matek (mężów i ojców również). Która to kobieta ma jednak jeszcze nadzieję, że Wałęsa wróci, jako mąż i ojciec. I nie żałuje niczego. I niczego by nie zmieniła, jakby cofnąć można było czas, wyszłaby za Wałęsę raz jeszcze. Chociaż...

No właśnie, to „chociaż" zajmuje w książce o wiele więcej miejsca niż końcowe „a jednak". To jej osobista książka skarg i zażaleń, które zaczynają się już na stronie czterdziestej dziewiątej i ciągną jak smutny, ciemny welon, aż do końca.

Motto: Nigdy nie myślałam o sobie, żyłam jedynie dla męża i dla dzieci. A on, zaślepiony sobą samym, tego nie doceniał, i nie docenia. Nie byłam zauważana jako kobieta, jako partnerka. Niewidzialna. Jeśli urodzona w czepku, to tym służącej. Służyć więc, innym, a nie być, sobą. Dzieci i dzieci, bez końca, no i on i on, też bez końca. Mężczyzna jak zamknięty sejf, niedostępny, nieprzystępny i milczący. Kiedy z nią, bo kiedy w towarzystwie, to dusza towarzystwa. Władczy tak, że dech zapiera. Dobra, o tym, że o jego kandydaturze na prezydenta dowiaduje się nie od niego, można przełknąć. Podobnie jak to, że jechać ma po odbiór Nagrody Nobla – słyszy o tym od jakiegoś dziennikarza lub kogoś z biura – to w sumie zabawny numer. Ale to, że imię pierwszego syna wybiera on sam, dosłownie sam, nie pytając jej o zdanie, to już hucpa. Otóż po konsultacjach z sobą samym Lech idzie do urzędu i rejestruje dziecko pod imieniem Bogdan.

Do Sierpnia wiedli w miarę spokojne życie małżeńskie, po Sierpniu naród się podniósł, małżeństwo upadło. Wałęsę z domu wywiało, z ich życia rodzinnego po nim zostały kapcie. W jednej rodzinie dwa światy. On liczy się tylko z papieżem, z nią liczył się do pewnego czasu, teraz już się nie liczy. Nawet do ich drugiego domu, do kościoła, chodzą osobno, a jeśli zdarzy się, że razem, siedzenie obok niego sprawia jej cierpienie. On nie ma prawdziwych przyjaciół, nawet nie wie, czy mąż rozumie, kim jest przyjaciel. Pyta go, czy ona, żona, nie może tym przyjacielem być, mówi, żona jest własnością męża, który powinien trzymać ją w kieszeni, ażeby świat jej nie widział. Burka na głowę i gotowe, co nie, panie prezydencie? A ten cały, panie, Ruch Kobiet, czy jak tam, to lubię, panie, wtedy, jak jest no..., aha, rytmiczny!

Nawiedza ją tylko raz, zjawia się w ogrodzie i pomaga w podlewaniu. Sytuację tę opuszczona żona uważa za tak niebywałą, że opisuje ją ze szczegółami. A poza tym to nic, dzień powszedni, dziurawy kran z kroplami monotonii. I z jedną zaskakującą propozycją, rozmawiania ze sobą przez skype, z piętra na piętro. Tragikomiczne, ale jeśli to miała być z jego strony próba ożywienia wieloletniego małżeństwa, to tu go akurat rozumiem.

Na stronie dwieście czterdziestej trzeciej stoją obok siebie na zdjęciu. Na lotnisku, przed jej wyjazdem do Sztokholmu i suwerennym tam wystąpieniem. Patrzą na siebie tak, jakby skoczyć mieli sobie zaraz do oczu, to portret wewnętrzny tych dwojga przegranych „związkowców". To wtedy, a dziś? Parę dni temu widziałem, jak witali się przy odsłonięciu pomnika Reagana w Warszawie, ten ich pośpieszny, zakłopotany pocałunek, to muśnięcie się policzkami... Jedno i drugie zupełnie gdzie indziej, a tu trzeba grać przed sobą, rytuały odhaczać, jakieś tańce obrzędowe zaliczać...

Wyrzuty i wyrzuty.

Do siebie samej za to, że z pięciu małżeństw jej dzieci przetrwało tylko jedno. Bo nalegała na szybki ślub. Do niego, wiadomo za co. Niepotrzebnie, nie jest przecież tak, że rozwodzą się ci, którzy w dzieciństwie nie mieli obojga rodziców. Przeciwnie, ci akurat mało wiedzą o codziennej udręce stałego związku...

Danuta Wałęsa ma godność. Nie biadoli, że PRL to jedna wielka, ciemna piwnica ze szczurami. Nie głodowali, wystarczy. Koniec z końcem wiązali. Wystarczyło, jakoś się żyło. Bez histerii *à la* Walentynowicz. Dyktatura? No niby tak, ale mogła przecież bez konsekwencji, kiedy znowu brali Wałęsę, zdjąć drewniaka z nogi i walić nim w esbeckie auto.

I ma perfekcyjnie rozwinięty mechanizm samoobrony. Wałęsę aresztują, no to aresztują, trudno, co zrobić, spływa to po niej jak po kaczce. Nie wróci na noc, to przyjdzie jutro. Wiem, można powiedzieć, że Wałęsowa jest trochę nienormalna... No można, rzeczywiście. Co robi 14 grudnia roku pamiętnego? Jedzie po świniaka, w jedną stronę dwieście pięćdziesiąt kilometrów, do brata Wałęsy, ten wsadza go jej do bagażnika i Danuta wraca. Zatrzymywana po drodze przez patrole milicyjne, krzyczy: „Mam dzieci nakarmić suchym chlebem?!". Polska przewrócona do góry nogami, a w jej środku jeden pojedynczy, bo nie można było jeździć, prywatny samochód, z żoną szefa Solidarności ze świniakiem w bagażniku.

Po Polsce stanu wojennego jeździ nie tylko ze świniakiem, przemyca też mocz Wałęsy, z miejsca jego internowania (Arłamów) do Gdańska. Były podejrzenia, że faszerują go hormonami, Francuzi podjęli się więc zbadać jego mocz, więc przewiozła go, w butelce dla niemowlęcia. Podróż moczu Wałęsy przez Europę trwała jednak za długo, zanim trafił on z Gdańska do Francji, uległ rozkładowi.

Jestem na ziemi, Frankfurt. Otwieram szafkę bagażową na górze, wyciągam torbę i płaszcz, płaszcz podejrzanie mokry, i śmierdzący, piwem. Otwieram siatkę, wszystko mokre, jedna puszka prawie pusta. Książka też mokra, i szalik, który dostałem na urodziny. Na lotnisku idę do toalety, przy zlewie jakiś Muzułmanin, myje się, a ja wyciągam po kolei wszystkie rzeczy z siatki. I myję, płuczę, dwie puszki i flaszkę, pastę jajeczną i ją, Danutę, wycieram delikatnie papierem, a Muzułmanin w tym czasie czesze sobie brodę, a ja płuczę to, co powyżej, i otwieram walizkę, wyjmuję perfum, który też dostałem na urodziny, i psikam nim płaszcz, wściekle, bo to płaszcz mój ulubiony, a Muzułmanin jak gdyby nigdy nic dalej czesze brodę. I w pewnym momencie, patrząc dłużej na okładkę książki, pyta, czy to książka o Lady Di, bo przecież na okładce ona w tym kapeluszu...

Nie, nie, panie Muzułmanin, nasza Lady Da chodziła do sławojki za stodołę, żeby załatwić podstawowe potrzeby. A wykształcenie to ma też podstawowe. A rodzeństwa sztuk osiem, spali jak koty, po kilku w łóżku. A wodę to nosiła w wiadrze, ze studni. Ojciec naszej Lady popijał i przegrywał w karty, raz przegrał świniaka. Do kościoła chodziła pięć kilometrów w jedną, do szkoły sześć, też w jedną. Deszcz, śnieg, obojętnie, szła, szła i szła. Aż kiedyś, czarna owca rodziny, „doszła" do Gdańska, w płaszczu koloru ceglastego, który był wszystkim, co miała. I już nie wróciła. Pracowała w kwiaciarni „Orchidea", na Długiej, i sprzedawała w kiosku. W którym pojawił się pewien książę i odmienił los dziewczyny z zapałkami (po ślubie wygrał w totolotka i kupili luksusową pralkę „Frania").

Już po Noblu odwiedza ją w domu dwóch Japończyków, czekają na nią, na audiencję, i ona wchodzi, w szalu w postaci zrolowanego dywanu i z berłem w ręce, w postaci trzepaczki.

Czytam i jakoś nie mogę się do niej dorwać. Bo schowana. Za krągłymi, poprawnie napisanymi zdaniami. I nagle ją mam, koniec zabawy w chowanego! Mam ją w stenogramie z taśmy kasetowej, kiedy przychodzą znowu po Wałęsę i oficjalnie nagrywają najście. Litery małe, rozmazane, więc pytam stewardesę, czy mają lupę. Mają! I z lupą, w trzęsącym się coraz bardziej samolocie, bo dziury powietrzne, czytam. Co za ulga, jakby ktoś okno otworzył i świeżym powietrzem w książce powiało:

„...no poczekaj, uważaj, gdzie się pan tak tłoczysz... jak cham się pan zachowujesz, jak typowy cham... niech pan to se w nos włączy... (magnetofon)... co za chamstwo zwykłe... będziesz przedstawiał mnie gnoju pod nos w moim domu... lata jak jakiś osioł... milicja blada ze strachu, aż się spodnie trzęsą... czterech byków przyszło, a pan jest cham... o, o..., ten wygląda normalnie jak pietruszka, wyjmij pan pistolet i strzelaj... żeby ubecja rządziła w kraju... zachowują się tak jakby bogami, panami byli i taśmami się rządzą, świnie i ludożercy... no i on nagrywa, jakbym cię tak strzeliła tą popielniczką, to szlag by cię gnoju trafił, bydlaku, po jaką cholerę nagrywasz... (Oficer: Bo takie jest moje polecenie). Polecenie, bośta żłoby, chceta człowieka opluć, wy chamy, zakute łby, ścierwa... mnie to gówno obchodzi, funkcjonariusz dla mnie jest władza w mundurze, a nie jakiś kmiotek w cywilu...".

Dobra jest. Tymi „ludożercami" trafiła jak Wilhelm Tell w jabłko. Pani Twardowska. I jak tu takim Polkom pochylić można było kark. Nie można. Diabeł by uciekł. A Wałęsa na księżycu. Według niej samej i legend do dzisiaj.

Córka, Magda, dostała od jednego z esbeków cukierek: „Gdy weszłam do mieszkania, tata wziął mnie na poważną rozmowę. Od tych panów nic!".

Obstawa, naprzód ta peerelowska, potem Rzeczpospolitej. Dłużej z nimi niż z mężem. Coś jak druga rodzina. Samo życie w latach 80.: a były to czasy, gdy taksówek nie było ot tak, na zawołanie. Ania płacze, łokieć puchnie. W pewnym momencie podjechali oni, proponując, że zawiozą ją do szpitala... Były oficer SB: „Stoi, czeka na taksówkę, która nie wiadomo kiedy przyjedzie, a dziecko płacze. To co? Nie podwieziesz?".

Życie ze stałą obstawą zwięźle ujął Mirosław Chojecki. Śledzili go na zmianę, dyżur przejęła młoda kobieta, podszedł do niej i zapytał: to co, dokąd dzisiaj idziemy? Odpowiedziała: nie wiem, to pan prowadzi. Tańcowała igła z nitką, opozycja pięknie, bezpieka brzydko.

Sceny groteskowe ze stanu wojennego

Pierwsza: 13 grudnia, przychodzą po Wałęsę, Fiszbach i wojewoda gdański, obaj skąpani w nerwach. Fiszbach blady jak płótno, Kołodziejski w dwóch różnych butach na nogach.

Druga: zebrania działaczy Solidarności w domu u Wałęsów, na Zaspie. Syn Bogdan, wtedy jeszcze dziecko, pamięta, jak siedzieli wszyscy przy stole i rozmawiali ze sobą przez rury. Żeby wykiwać podsłuch. Plastikowe, elastyczne, podobne do węży do odkurzacza. Sprzedawali je dla dzieci, na Jarmarku Dominikańskim. Długość około półtora metra. Buczały przy kręceniu nimi. Dźwięk podobny do wuwuzeli. Opozycja solidarnościowa jak słonie przy wodopoju...

Trzecia: coś jak *Pawi krzyk lub ballada o żołnierzu polskim*, już w RP, Wałęsa prezydentem, Wachowski cholera wie czym: w Belwederze ogród, w ogrodzie te słynne pawie. Głośne, w nocy też, szczególnie na widok człowieka. Noc więc, jeden z żołnierzy pełni służbę. Nudno, spać się chce, co tu robić, kiedy i tak nie można nic? Nawet pawie, te głupie ni to kury, ni ptaki, cicho. I żołnierz wydobywa z siebie dźwięk, może wbrew sobie, jakimś atawizmem wiedziony, a może po prostu z nudów, naśladować zaczyna ich głos, tych pawi. Przechodząc akurat pod oknami Wachowskiego. Który budzi się wściekły, patrzy przez okno i widzi co? Wydaje mu się zrazu, że to paw w przebraniu żołnierza, ale otrząsa się, dochodzi do siebie, no i każe żołnierza zwolnić ze służby.

No i jak tu nie być dumnym z bycia Polakiem.

Ogród, jej ostatnia i jedyna pasja. Sama w tym ogrodzie, z psem. Dzień jak co dzień. Jesień, liść ostatni już spadł... On na górze albo w biurze. Dzieci czasami zadzwonią, a czasami nie. Pyta się siebie samą, po co budowaliśmy ten dom? Słyszy głosy i odgłosy życia, które kiedyś go zapełniały? Krzyki, śmiech i płacz dzieci? Wiwatujących tłumów, zajeżdżających limuzyn z głowami tego świata? Może nuci pod nosem, czasami, była sobie raz Danusia, miała chatkę z masła... A ten płaszcz, ten koloru ceglastego, wisi gdzieś jeszcze w jakiejś starej, zapomnianej szafie?

PS Dostałem (też na urodziny) SMS-a od syna, z Hamburga: „Tata, ja tobie życzę dużo Polski!".

Jestem grzecznym chłopcem

Marcel Reich-Ranicki, *Moje życie*
Ossolineum, Wrocław 1996

Gerhard Gnauck *Marcel Reich-Ranicki. Polskie lata*
Wydawnictwo W.A.B. Warszawa 2009

Kurtyna na boki i oto co widać: duży przestronny balkon. Jest rok 1999, miesiąc marzec. Jest słoneczne niedzielne popołudnie. Późne, zachód słońca już. Na balkon wchodzi starszy mężczyzna. Z głową żółwia, który założył okulary, jeśli pozwolić sobie na małą złośliwość.

Skończył właśnie kolejną książkę, rozgląda się wokół, patrzy na słońce i człapie zaraz z powrotem do środka. Teraz jesteśmy w jego skorupie, w pokoju, wielkim i przestronnym. Tu, na czarnej wersalce, jak zawsze w tym miejscu, siedzi starsza pani, jakże do niego podobna, jakby wycięto ich z tej samej tektury. W ręku trzyma książkę.

Na balkonie mężczyzna myślał o tym, że balkon ten o wiele za duży i że zachód słońca jak zwykle piękny, z tym że za piękny. Tak piękny jak uroczyste przedstawienie.

I że mieszka tu od lat dwudziestu czterech, a zachód słońca z własnego balkonu widzi po raz pierwszy. I że nie jest tak, że natury nie lubi, ona nudzi go tylko, tak jak niektórzy niemieccy pisarze. A kobieta na wersalce? Nie myśli o niczym, cała zatopiona jest w wierszach Tuwima. To miejsce to Frankfurt nad Menem, a książka, którą jej mąż skończył to jego autobiografia, *Moje życie*. Jej nakład, ponad milion egzemplarzy, przejdzie w Niemczech najśmielsze oczekiwania, a jej autor do historii. Zostanie przetłumaczona na dziewiętnaście języków, w tym chiński i koreański, a sam autor po swojemu będzie triumfował: „Powiem skromnie, że żadna z powieści takiego Martina Walsera lub Güntera Grassa opublikowana w ciągu ostatnich dziesięciu lat nie osiągnęła nawet w przybliżeniu takiego nakładu. Cieszy mnie to, ponieważ panowie ci powtarzali mi często, że nie jestem kreatywny, że, jako krytyk, wtedy dopiero mogę coś napisać, jeśli oni cokolwiek wcześniej wyprodukowali".

Pierwsza runda, Polska 1920–1929

Włocławek w połowie lat 20. ma niecałe czterdzieści tysięcy mieszkańców, w tym ośmiuset Niemców i dziewięć tysięcy Żydów. Wśród nich mały Marceli. Widzę go przez lupę, jak wychodzi na podwórko w bluzce z napisem „Jestem grzecznym chłopcem". Mama mu wyhaftowała. Mama taki napis widziała w Berlinie, w domu towarowym w dziale z garderobą dziecięcą i wyhaftowała mu to po polsku. Mama, Helena, kocha Marcelego, jest najmłodszy. Kocha też córkę Gerdę, drugiego syna Herberta, męża Dawida i kocha Niemcy. I wszyscy oni kochają Helenę, z wyjątkiem Niemiec. Pójdzie do gazu, wyciągną ją z komory za nogi, ale *langsam*, *langsam*, Rudnicki, nie uprzedzaj faktów, niech sobie niewiasta jeszcze pożyje.

Marceli wychodzi na podwórko. Śmieją się z niego wszystkie dzieci, że taki grzeczny, bije się z nimi, żeby udowodnić, że jest inaczej. Dawid też walczy, na polu interesów, ale jako niedorajda nie ma do nich nosa. (A niby Żyd, co nie?). Helena ubolewa, skarży się, powtarza, że gdyby wziął się do robienia trumien, ludzie przestaliby umierać. Kłócą się, a kiedy się kłócą, to po niemiecku, żeby dzieci nie rozumiały.

W roku 1929 musieli po niemiecku mówić codziennie, chociaż dzieci już rozumiały, ale nie mogły pojąć. Kryzys gospodarczy na świecie, katastrofa finansowa w domu, mała fabryka materiałów budowlanych ojca zbankrutowała. Decyzja: wyjazd do Berlina, do jednego z bogatych braci Heleny. Marceli pojedzie do wujka pierwszy, spędzi tam wakacje, oni dojadą. Na drogę dostał zdanie nauczycielki, Niemki: „Jedziesz, mój synu, do kraju kultury".

Druga runda, Niemcy 1929–1939

Pierwsza kolacja w kraju kultury: dom ciotki, przy olbrzymim stole w salonie tylko on i ona, przyjechał późno, reszta rodziny dojedzie jeszcze później. Je jajko na miękko, kończy, łyżeczką nie wybiera go do końca, ciotka sięga po skorupkę i mówi: „Tak się nie je jajek w Niemczech".

Pierwsze dni w szkole podstawowej. W klasie nauczyciel każe pochylić się uczniowi i bije go trzcinką. Nikt nie jest zdziwiony, tylko on, „albowiem czegoś takiego nigdy w Polsce nie widziałem". W szkole jest jak „Ten obcy". Inaczej ubrany, inaczej mówi, uczniowie mu dokuczają, izolują go.

Pierwszy dzień w gimnazjum. Każdy z uczniów wstaje i podaje datę i miejsce urodzenia. Kiedy mówi „Włocławek", nauczyciel próbuje powtórzyć, *Lutzlawiek, Wutzlawatzek*? Klasa pęka ze śmiechu w szwach, on na stojąco zapada się pod ziemię.

Pierwsza miłość: literatura niemiecka. Dozgonna. Zdradzać będzie siebie samego i żonę, ją nigdy.

Bóg & Co. Czyta aforyzm Lichtenberga, to człowiek stworzył Boga, na podobieństwo swoje. Oświeca go to, do końca pozostanie ateistą, Boga uważał będzie za „niespecjalnie udaną figurę literacką". A judaizm z jego bezsensownymi nakazami i zakazami wisieć mu będzie ciężkim soplem, na czele z szabatem.

Nie zapomni dwóch uczniów z pobożnych żydowskich rodzin ze szkoły w Polsce. Mogli przyjść w sobotę do szkoły, ale nie mogli pisać ani przynieść ze sobą tornistrów, bo w sobotę nie wolno im było nic nosić, nawet w kieszeniach. Nie mogli też przyjechać do szkoły tramwajem czy na rowerze, musieli iść pieszo. Nie zapomni dziadka, który w sobotę wołał go ze swego pokoju i nie mogąc poprosić o zapalenie światła, bo to grzech, mówił: *Tutaj jest ciemno*.

Nauczyciel historii mierzy uczniom czaszki. W pełni aryjską ma tylko jeden, Żyd. Pyta, czy wśród jego przodków byli jacyś Aryjczycy. Uczeń odpowiada, że nie, sami Żydzi. Nauczyciel jest zakłopotany, klasa się śmieje, za oknem widać czarne chmury, ze swastyk. Uczniowie żydowscy są obwinięci, taśmą izolacyjną, parcianą, to ta tańsza, szmatława, ale Żydzi, rodzina Reich również, ciągle jeszcze wierzą, że chmury te są przejściowe, że rozgoni, przepędzi je wiatr.

Marcel jest celującym uczniem, nauczyciel niemieckiego wróży mu karierę literacką. Kiedy się spotykają, na ulicy, a subordynowany Marcel pozdrawia go zgodnie z regulaminem „Heil Hitler!", nauczyciel odpowiada zakłopotany: „Dzień dobry".

Niedziela, ósma rano, stoi w kolejce po bilet do teatru na Gendarmenmarkt. Przedsprzedaż od dziesiątej, ale żeby zdobyć tanie bilety, trzeba przyjść wcześniej. Miejsce stojące na galerii kosztuje jedną markę, stoi. Schiller podpala lont, od którego wybucha miłością do teatru, uczeń Marcel zakochuje się w *Wilhelmie Tellu*.

Literatura i teatr, szczególnie ten na Gendarmenmarkt, stają się dla niego, „żydowskiego wyrostka", wieżą z kości słoniowej. Szkoła, książki, teatr, żaden sport, łamaga. Do różańca nie, wiadomo, do tańca też nie, nie nauczył się, będzie żałował. Zanurzony po głowę w lekturach o radościach i smutkach dnia codziennego, sam nie będzie w nich uczestniczył. Umknie mu „życie w jego uwodzicielskiej banalności", żył będzie pomiędzy okładkami, nie zazna „rozkoszy zwyczajności", tej „pięknej, zielonej łąki", która roztacza się poza literaturą. To cytaty z *Tonio Krögera*. Tomasz Mann był jego mistrzem z Niemiec, nie śmierć.

Pierwszy seks. W jej mieszkaniu, w pokoju przy kominku stoi ona, młoda aktorka, nie pamięta nawet jej nazwiska. Zgasiła górne światło, przysuwa do siebie stojącą lampę, zaraz będzie recytować, na jego prośbę. Recytuje Hofmannsthala, padają słowa „cicha rozkosz". W korytarzu, kiedy ma wychodzić, otwiera mu drzwi, ale nie wyjściowe, lecz do bocznego pokoju, w którym tapczan i nocna lampka. Wychodzi od niej, pustymi ulicami wraca do domu. W głowie ma jeden jedyny wers: „Tego istota nie wymyśli żywa". Za dwa miesiące będzie zdawał maturę.

Idzie pierwszy, za nim policjant, jest rok 1938. Jesień, jeszcze ciemno, świt, otwierają się pierwsze sklepy, ludzie idą do pracy, dzwonią tramwaje, dzień powszedni w Berlinie. Nie dla niego, w kieszeni ma pięć marek i jedną aktówkę, tyle mu można było zabrać, nie wiedział, co do niej włożyć, wziął jedną książkę, Balzaka, wszystko co miał, zostawić musiał w mieszkaniu.

Policjant przyszedł do niego z nakazem opuszczenia Niemiec, miał polski paszport, był obcokrajowcem. Myślał, idiota, że jako takiego przyjmą go na berliński uniwersytet. Nie przyjęli. Zatrudnił się w jakiejś firmie eksportowej i snuł się po mieście. Rodzice wrócili już wcześniej do Polski.

Snuł się jak duch, przystawał pod kawiarniami z napisem „Żydom wstęp wzbroniony", a jak chciał usiąść na ławce w parku, musiał siadać na żółtej, która w samym kącie, z napisem „Tylko dla Żydów". Za żadną cenę nie chciał wracać, uciekać, siedział w Berlinie jak brud za jego paznokciem.

Tego dnia deportowano z Niemiec do Polski osiemnaście tysięcy Żydów z polskim paszportem. Wagony nie były ogrzewane, było zimno, ale każdy miał miejsce siedzące, luksus. Na granicy Niemcy zapędzili ich do polskiego pociągu, jak bydło, zaplombowali i pociąg ruszył.

Balzak w jednej z teczek, ale nie on siedział właścicielowi w głowie. Marcel, to jest, zaraz znowu Marceli, patrzył na mroczne lasy za oknem i myślał, że takie same są, jak jego przyszłość, w Polsce. „Co też miałbym porabiać w tym kraju, który był mi całkiem obcy, którego język rozumiałem

wprawdzie, choć nie tak, bym mógł się nim posługiwać?"
I tak to wrócił do ojczyzny, jako deportowany.

Trzecia runda, Polska 1938–1945

Warszawa, łóżko polowe u brata dentysty i rodziców. Studia *keine Chance*. Ani języka, ani pieniędzy, w zasadzie nie robi nic, do teatru trochę chodzi i na koncerty, i idzie na handel wymienny, jak na Żyda przystało, uczy kogoś po niemiecku, a ten ktoś zapoznaje go z literaturą polską, podoba mu się, język „melodyjny i uwodzicielski" w poezji. Tuwim przede wszystkim.

Niemcy przyszli, deportowali tyle tysięcy i za nimi do Polski przyszli, stęsknili się. Wielu z nich zobaczyło ortodoksyjnych Żydów po raz pierwszy, z brodami, pejsami, kaftanami do ziemi. Nareszcie mogli ich odróżnić gołym okiem, w domu, w Niemczech, mieli z tym kłopoty. Zaczęły się obławy, rewidowano ich, pod pretekstem szukania broni. Wiadomo, bogobojny Żyd zawsze nosi pod kaftanem co najmniej pęk granatów, zabierano im więc pierścionki, portfele, zegarki...

...i brody, nie o sam rabunek chodziło, ale o to, żeby ukarać, poniżyć. Więc niemieckie patrole chodziły po ulicach z długimi nożycami, a Żydzi kryli się po kątach, z tych jednak wyłapywały ich ochoczo polskie jamniki, które – jak wiadomo – należą do czołówki psów myśliwskich. Mendy wszelkiego rodzaju, chuligani i nierzadko wyrostki, jak tylko złapali jakiego, zaraz, wrzeszcząc, doprowadzali go do swoich nowych panów i merdali ogonem, czy aby jakiś grosik nie wpadnie im do mordy. A panowie cięli, to były siupy nie z tej ziemi, jak broda na ziemię leciała, tym parchom, to były żniwa, a gawiedź wyła z radości i biła brawo. A już najlepiej, jak przed obcięciem Niemcy przypalali im brody gazetą, no to jak ognie świętojańskie i latarni w nocy nie trzeba, tak jasno, jak się idzie ulicami pięknej stolicy.

No dobrze, to ci pobożni, co ich widać, ale co z tymi, co też Żydki, a nie widać, że Żydki? Spodnie, spodnie na dół i już, widać, obrzezane toto czy nie. A co z kobietami? Też majtki w dół i szmata z nich, Niemcy sami mieli sobie sprzątać gmachy? Łapanka na ulicy i do gmachu, podłogi myć. Te ładniejsze, bo przecież nie maszkary, swoimi majtkami musiały ją myć, z sukienkami nad tyłkiem.

Biorą go raz z mieszkania, dołącza do dużej kolumny, idą na plac Narutowicza, gdzie nowy akademik, a teraz nowe, niemiecki koszary, ich podziemie trzeba posprzątać, po drodze muszą tarzać się w kałużach i śpiewać, w jidysz, i wykrzykiwać: „Jesteśmy żydowskie świnie. Jesteśmy brudni Żydzi. Jesteśmy podludźmi". Później, kiedy nie pozdrowi Niemca „Heil Hitler", zostanie przez niego pobity, a kiedy pozdrowi, pobity zostanie również. „A ty co, kolega, że mnie pozdrawiasz?!".

Hej, opisz swoją pierwszą randkę! Rozlosujemy nagrody! On poznał ją w styczniu roku 1940. Było tak, że powiesił się ich sąsiad. Miał córkę i matka powiedziała, idź zatroszcz się o dziewczynę. Piękna, stała oparta o ścianę w przedpokoju, w pokoju rozpaczała jej matka, a w drugim pokoju wisiała sobie spokojnie na pasku od spodni sina głowa rodziny.

Ona, córka, Teofila, Tosia, próbowała wcześniej przeciąć nożem pasek, ale nie dała rady, nie dał też rady z życiem swoim jej ojciec, wywłaszczony z własnej fabryki, wyrzucony z niej z zakazem wstępu i zaraz na drugi dzień spoliczkowany na ulicy przez młodego niemieckiego żołnierza. Tak sobie, dla wprawy, powiesił się, i ona stała w przedpokoju i płakała, a Marceli gładził jej włosy i całował łzy. Ale ona nawet tego nie zauważyła, i taka była pierwsza ich randka.

Willkommen im Getto! Marceli idzie do pracy, ma lat dwadzieścia i jest szefem „Biura tłumaczeń i korespondencji" w Judenracie. Tosia też pracuje w getcie, wykonuje jakieś tam drobne prace, przeważnie graficzne, po wojnie okaże się, że rysowała i malowała akwarele.

Idzie i czyta nagłówki gazet, które leżą na ulicy i przykrywają wychudzone zwłoki. Taki pejzaż, w jednym z domów krzyczy oszalała z głodu kobieta, zaraz spróbuje zjeść pośladek, który wycięła ze zwłok dwunastoletniego syna. W innym domu niemieccy dokumentaliści kręcą film, dla dorosłych. Z pistoletem w ręku zmuszają młodych mężczyzn do kopulowania ze starszymi kobietami, a młode kobiety z mężczyznami starymi.

Ale życie, jak to ono, toczyć się musi, Marceli tłumaczy dla Niemców, ustawy, rozporządzenia i korespondencje. Ma skromną pensję i pomaga rodzicom, do „Gazety Żydowskiej" pisze recenzje z koncertów orkiestry symfonicznej w getcie, ich wyniosłego tonu będzie się później wstydził, w budynku Judenratu sam organizuje występy solistów i muzyki kameralnej.

Dla dzieci otworzony zostaje plac zabaw, zieleniec, podczas inauguracji gra kapela, dzieci tańczą, szef Judenratu, Adam Czerniaków, wygłasza uroczyste przemówienie. Ubrany w biały garnitur i rękawiczki, z kapeluszem słomkowym na głowie wygląda jak rajski ptak, który przyfrunął do getta. Wkrótce jednak plac zabaw dostanie konkurencję, Umschlagplatz usunie go w cień, a prezes Judenratu siedział będzie przy biurku i nie odbierał telefonów. Do posprzątania zostawi po sobie pustą fiolkę po cyjanku.

Marceli Reich jako protokolant zapisuje na maszynie to, co mówi szef ekipy likwidacyjnej getta, Hermann Höffle. 22 lipca 1942 wydany zostaje rozkaz o „przesiedleniu Żydów", to początek Endlösung (ostatecznego rozwiązania). Przesiedlać się ich będzie nie aż tak daleko, do Treblinki. Z akcji wyłączeni są „Żydzi użyteczni", na przykład pracownicy Judenratu i ich współmałżonkowie.

Jeszcze tego samego dnia Teofila zmienia stan cywilny, błyskawicznego ślubu udziela im teolog w getcie, z wykształcenia, nie z powołania, w sumie ściema, lecz psu jednak na budę cały ten manewr, uzbrojone po zęby oddziały w mundurach SS zgarniają na Umschlagplatz wszystko, co się rusza. Żaden z „Niemców" nie rozumie po niemiecku, najbardziej krwawe i brutalne ramię SS to Łotysze, Litwini i Ukraińcy. Dokument, że ktoś jest czyjąś żoną, wisi im koło cyngla.

W miesiącu miodowym ze strachu nie wychodzą z biura w Judenracie, no chyba że Niemcy ogłoszą eliminacje do „X Factor". Wtedy trzeba wyjść, ustawić się w kolumnie i przejść koło młodego esesmana z pejczem w ręku, który to pejcz wskazuje uczestnikom kierunek, w prawo czy w lewo, do finału. Kto brudny, ubrany w łachmany lub nieogolony, do komory. Reich-Ranicki golił się będzie do końca życia dwa razy dziennie.

Pierwsza z rodziny do komory trafia matka Tosi, bingo, lecz nie wygrywa, kto wytrzyma tam dłużej niż pół godziny, zostanie dobity, oto nagroda główna. Rodzicom Marcela też przechodzi ona koło nosa. Wcześniej człowiek z pejczem zakwalifikował ich na stronę lewą, jeszcze wcześniej ojciec popatrzył na Marcela bezradnie, matka ze spokojem, jeszcze wcześniej matka powiedziała do Tosi, dbaj o Marcela, a jeszcze wcześniej Marcel miał dbać o nią.

A teraz podchodzą do człowieka z pejczem i Marcel widzi ich po raz ostatni, nieprzydatnych, za starych na getto. Widzi matkę w ładnym, kupionym w Berlinie trenczu i ojca, który nie wie, co robić, bo zawsze był safandułą. I teraz pejcz wskazuje stronę lewą, esesman niecierpliwi się, kolumna porusza się za wolno, więc szef jury chce zrobić z pejcza użytek, unosi go, i ojciec, i matka zbierają ostatnie siły i zaczynają biec, tak szybko jak mogą, bieg to zdrowie.

A potem komendant żydowskiej milicji mówi Marcelowi, że dał im bochenek chleba i pomógł wejść do wagonu, więcej zrobić nie mógł. A potem już normalka, ojciec z matką rozbierają się z tych brudnych szmat do naga i wchodzą do „szlaucha", na ścieżkę, która prowadzi do komory gazowej. A w niej jak w łaźni, na suficie rury, tylko że gaz z nich leci, nie woda, gaz wytwarzany przez niezawodny silnik Diesla. I stoją tam sobie wszyscy w kupie, nadzy jak ich Pan Bóg. I strach jest taki, że nikt nie panuje nad odbytem i pęcherzem, i jak się teraz czujesz, polski antysemito, jeśli to czytasz, błąka ci się po twarzy głupawy uśmiech?

Nie ma Tosi, któregoś dnia ktoś mówi Marcelowi, że jest na Umschlagplatzu. Pędzi tam i przekonuje komendanta, tego od chleba, żeby ją zwolnił, udaje się, nie ma SS-manów. Ale ona już nie wie, jak się na placu znalazła, widziała pociąg do komory, nie pamiętać będzie, jak się z placu wydostała. Od tego czasu zaczyna się u niej schizofrenia, będą okresy, że będzie musiała przebywać na oddziale zamkniętym.

Na czym choroba polegała? Jakie były objawy? Wiem, że w sumie interesować mnie to nie powinno, ale interesuje. Piszę do Hanny Krall, odpisuje, że pisała o tym w *To ty jesteś Daniel*. I że „Rudnicki, ignorancie jeden, zajmij się lepiej jej obrazkami!". Oglądam je w googlach, podobają mi się, takie baśniowe, piszę do Gerharda Gnaucka, odpisuje, „O chorobie pani Teofili niewiele wiem. Mój ostatni kontakt z panem Marcelim to było jakieś pół roku przed jego śmiercią. A z nią... Cóż, zawsze była w cieniu męża. Ktoś z przyjaciół rodziny mówił mi, że to ona najbardziej tęskniła za Polską. To ona czytała mu z paryskiej «Kultury», którą prenumerowała przez polską księgarnię w Kolonii. PS Ostatnio mieli gosposię z Polski. Może ją znajdziemy?".

Nie zdążę, nie ma czasu, deadline, poza tym mam znowu za dużo znaków, powinienem zbliżać się powoli do końca, a jestem jeszcze w getcie. Marceli oblicza, że szansa na przeżycie wynosi procent zero, poza gettem jeden. Decydują się na ucieczkę i teraz nastąpi przyczynek do lekcji historii o II wojnie światowej.

Dają łapówkę żydowskiemu milicjantowi, wysoką, ponieważ ten mówi, że podzielić się musi z policjantem polskim i niemieckim żandarmem, międzynarodówka, mundurowi wszystkich krajów, łączcie się. Żydowski milicjant wymierzy jednak dziejową sprawiedliwość i zgarnie całą sumę sam, uciekają.

Poza gettem obława, obława, na wszystkich Żydów obława, najlepsi myśliwi to młode polskie wilki, młodzież przyszłością narodu, Żydów wyłapuje nieomylnie, to jej zawód i namiętność, jeśli nie miał Żyd lub Żydówka żadnych oznak zewnętrznych, szmalcownicy poznawali ich po smutnych oczach. Denuncjowali i rabowali, ze wszystkiego. Nie było nic, to żakiet lub płaszcz.

Ukrywają się w jednym z mieszkań, szantażuje i ograbia ich sąsiad, i tenże sam, Polacy są nieobliczalni, proponuje im kryjówkę pod Warszawą, u brata. Tosia zostaje, dojedzie później, Marceli przejeżdża przez miasto przebrany za kolejarza. Twarz brudzą mu sadzą, golą go na łyso i jedzie sobie tramwajem, jako Polak wśród Polaków, do chłopskiej rodziny. Żyć tam będą z Tosią od czerwca 1943, raz jako krety, bo w dziurze pod ziemią, raz jako nietoperze, bo na strychu, a raz jako króliki, bo głód taki, że marchewka to rarytas. Nie mówiąc już o tym, że lepiej być kretem, nietoperzem lub królikiem niż Żydem.

Bolek, gospodarz, kwiat ludu polskiego, codziennie podlewany wódką, ludu tego ratuje honor. Wygłasza zdanie, które cytować będą po ukazaniu się biografii wszystkie niemieckie gazety: „Najpotężniejszy człowiek w Europie, Adolf Hitler, postanowił, że tych dwoje ma umrzeć. A ja, skromny zecer z Warszawy, postanowiłem, że mają żyć. No i przekonamy się, kto wygra".

Nocami kręcą papierosy, na sprzedaż, Tosia sprawnie, Marcelowi jakoś nie idzie. Woli odrabiać za dzieci zadania domowe z prywatnych kompletów, oficjalnie robi to Bolek, dostaje za to wódkę i na osiedlu rośnie jego prestiż. Opowiada też gospodarzom historie, streszcza im sztuki teatralne, im bardziej rozrywkowo to robi, tym hojniej go nagradzają (chleb i marchewka). Królowi Learowi współczują, dylematy Hamleta nie obchodzą ich nic.

We wrześniu 1944 roku słyszą łomot do drzwi i pytanie: *Njemcow niet*? Przez piętnaście miesięcy bali się momentu, w którym usłyszą, Żydów tu nie ma? To, co mówi Bolek na pożegnanie, staje kością w gardle. „Bardzo was proszę, nie mówcie nikomu, że byliście u nas. Ja znam ten naród. Nigdy by nam nie wybaczyli, że uratowaliśmy dwoje Żydów".

Czwarta runda, Polska 1945–1958

Kierunek Lublin, bo tam prowizoryczna stolica wyzwolonej części Polski. Po drodze pytają rosyjskiego kierowcę o jedzenie, ten daje im pajdę chleba i mówi: „Chwilowo wielki Związek Radziecki nie może wam zaoferować więcej". W Lublinie zgłaszają się na ochotnika do służby wojskowej w polskiej armii, czyli w zasadzie sowieckiej. Nie przeszkadza im to, chcą wziąć udział w ostatniej bitwie z Niemcami, poza tym w wojsku dostaje się mundur i jedzenie. Trafiają do szefa jednostki do spraw propagandowych, który mówi tylko i wyłącznie o swoich wierszach i aforyzmach, a na czyjąś uwagę odpowiada: „Znasz lepszy temat?". A potem, już w Warszawie, kiedy Stanisław Jerzy Lec się reflektuje, mówi: „Tak dalej być nie może. Mówimy wciąż tylko o mnie. Teraz pomówmy o panu. Proszę powiedzieć, jak panu podobała się moja ostatnia książka?".

Pracują w cenzurze wojskowej. Potem on organizuje cenzurę w wyzwolonych Katowicach, potem kieruje cenzurą zagraniczną w urzędzie pocztowym w Warszawie, potem przyjmuje propozycję w służbie wywiadowczej PRL-u w dziale zagranicznym i tu zaczyna się zjazd Marcelego po równi pochyłej, choć on do końca twierdzić będzie, że jeśliby wtedy odmówił, wtedy, kiedy trwała jeszcze wojna z Niemcami, byłaby to plama na jego biografii, nie mówiąc już o tym, że zaproponowano mu właśnie Berlin.

Potem jest koniec wojny, kapitulacja Niemiec w Berlinie, on na placu Zamkowym w Warszawie, żołnierze strzelają na wiwat, on też, jeden raz. Pisze, że jest to pierwszy i ostatni strzał, jaki oddał w czasie II wojny, i ostatni w życiu. I jest to nieprawda, strzałów tych odda jeszcze dużo i wszystkie będą poniżej pasa.

W Berlinie jest już w styczniu 1946, stoi przed swoim zniszczonym teatrem na Gendarmenmarkt. Nie ma nikogo, tylko deszcz, mgła i on, płacze, opłakuje młodość. A w pracy, w Polskiej Misji Wojskowej, pisze raporty, donosi na kolegów pod pseudonimem „Platon", tak sugeruje skrupulatny i bezlitosny, lecz sprawiedliwy w sumie Gnauck. Potem awansuje, w 1948 wyjeżdża do Londynu w służbie podwójnej, jest wicekonsulem i agentem służby wywiadowczej. Inwigiluje polskie środowisko emigranckie. Wcześniej zmienia nazwisko, na Ranicki, bo Reich za niemieckie, i wstępuje do Polskiej Partii Robotniczej, idea komunizmu wydaje mu się atrakcyjna, poza tym nie zapomina, że życie swoje i Tosi zawdzięcza Armii Czerwonej.

W ciągu dwóch lat w Londynie powodzi im się znakomicie, awansuje, w wieku dwudziestu ośmiu lat staje się najmłodszym konsulem w Londynie. Rodzi im się syn, mają obszerne mieszkanie i wielkie amerykańskie auto, chodzą do teatru i opery, poznają trochę Europy.

W *Moim życiu* bagatelizuje pracę jako agenta, pisze na przykład: „Co do mnie nigdy nie miałem kontaktu z polskimi emigrantami". Miał, i to ze Stanisławem Catem-Mackiewiczem. Próbował namówić go na powrót do kraju i do współpracy. A wcześniej do bycia konfidentem w polskim środowisku londyńskim, oferował mu stałe pobory i pomoc dla żony i córek w Polsce.

I nagle konsul i tajny agent bezpieki komunistycznej Polski popada w niełaskę. Nastaje stalinizm, do władzy dochodzi Bierut, on, jak twierdzi, postrzegany jako element niepewny, kosmopolita i wolnomyśliciel, zostaje odwołany ze stanowiska, wrócić musi do kraju i zaraz, już jako członek PZPR-u, zostaje wykluczony z partii. Mało tego, trafia do więzienia, na krótko, ale na długo pozostaje „obcy ideologicznie". I towarzysko, znajomi omijają go z daleka, a Tosi sugerują w rozmowach poufnych, żeby się go wyrzekła i wniosła o rozwód. Które to sugestie odrzuca, ale popada w tak skrajną depresję, że na parę tygodni trafia na oddział zamknięty.

Usunięty z partii pisze podania o ponowne przyjęcie, gorliwiec. Skamle, chce służyć jedynie słusznej idei na baczność i na spocznij, dwadzieścia cztery godziny na dobę. Tymczasem powody amputacji jego jako członka są konkretne, a nie, jak podaje, niejasne i tajemnicze. Ministerstwo Bezpieczeństwa Publicznego, po dochodzeniu, znajduje u niego trzy „plamy". Podał, że przed wojną należał do Komunistycznej Partii, a nie należał. W czasie okupacji pełnił funkcję tłumacza i korespondenta w Judenracie, a więc funkcję co najmniej dwuznaczną i cokolwiek by powiedzieć, do Żydowskiej Organizacji Bojowej było mu daleko. I jako konsul wystawił wizę wjazdową do Polski swemu szwagrowi, o czym nie powiadomił MSZ-etu.

Tosia pracuje w radiu, on pisuje od czasu do czasu o literaturze niemieckiej do pism literackich („Nowa Kultura"), czasami pod pseudonimem, i ma audycję w radiu, więc jakoś tam się utrzymują. Poznaje Bertolta Brechta i pewną redaktorkę. Ten pierwszy nie interesuje się ani Polską, ani jej stolicą. W hotelu Bristol, ubrany w plebejską kurtkę uszytą z najlepszego angielskiego materiału, przyjmuje dziennikarzy. Interesuje go wyłącznie on sam i inscenizacja jego dzieł po polsku. Ta druga, lektorka, cenzurując tekst Marcelego, interesuje się nim samym, mają przelotny romans.

Na fali odwilży przyjmują go z powrotem do partii i cofają zakaz publikacji. Ale państwo Raniccy chcą do innego państwa, do Niemiec. Zanim wyjadą, a raczej ucieknąą, pozna Güntera Grassa, też w hotelu Bristol. Też mało będzie interesował się Warszawą, a dużo sobą i wódką, którą przed spotkaniem wypije sam, pół litra. I plótł będzie coś o książce, którą pisze, o kimś, kto nie dość, że karzeł, to jeszcze garbaty i siedzi w domu wariatów.

Polski żałował nie będzie, do końca miał do niej stosunek przerywany, w przeciwieństwie do paroletniego stosunku do pewnej młodej psycholożki, kochał ją, ale miłości tej zaniechał, podpalił i sycząc z bólu, bo piekły palce, wrzucił do muszli i spuścił wodę. Małżeństwo z Tosią było nienaruszalne jak nowe granice Polski Zachodniej. Mało tego, z przyczyn formalnych, bo nie mogą udowodnić prawnego małżeństwa, a chcą jechać do ZSRR w delegacji Związku Literatów Polskich, biorą ślub po raz drugi.

W roku 1958 dla niepoznaki Tosia wyjeżdża z synem do Londynu, Marceli do Niemiec, z ograniczoną wizą. Spotykają się we Frankfurcie nad Menem i osiadają w kraju, który wygrał pokój, bo Polacy, wtedy, wygrali tylko wojnę.

Gong. Niemcy 1958–2013

Marcel, bo już nie Marceli, przyjmuje podwójne nazwisko, do pseudonimu „Ranicki" dodaje swoje prawdziwe, „Reich", i koło się zamyka. Koniec tego polsko-niemieckiego ping-ponga, nie będzie już piłeczką, którą raz uderza paleta polska, a raz niemiecka.

Będzie sobą, będzie pisał i zrobi oszałamiającą karierę, także dzięki telewizji. „Kwartetem literackim" udowodni, że „gadające głowy" mogą być fascynującym programem o książkach. Stanie się jednym z najbardziej niezależnych, ostrych i radykalnych krytyków w dziejach literatury niemieckiej. Akurat on, człowiek z korka, którego nie zmiotła żadna historyczna fala, trochę go nie było widać i zaraz wypływał. Pies na smyczy Urzędu Bezpieczeństwa? Tak. Aportował każde rzucone mu polecenie? Tak. Agent, szpicel, donosiciel, karierowicz? Tak, udowadnia to Gnauck, dokumenty, które wyjawia, czytam jednak z zakłopotaniem, jak go potępić po tym wszystkim co w getcie?

Ze swoimi odczytami pojedzie nawet do Chin, będzie tam atrakcją, wzbudzi sensację. W zoo w Nankinie, gdzie biały człowiek należał do rzadkości, Chińczycy zignorują wszystkie małpy, tygrysy i nosorożce i chodzić będą za nim, dzieci trzymając w górze, taki zrobi się wokół niego tłum. I to nie dlatego, że szmalcownicy, i wcale nie z powodu semickich rysów.

Do Polski nie przyjedzie nigdy, chociaż zapraszał go będzie prezydent Kwaśniewski, a Michnik będzie chciał, żeby został jurorem Nike. Pytałem go o to w Hamburgu, dlaczego nie chce przyjechać. Tosia chciała przyjechać na pewno, ale on żachnął się, nie chciał o tym rozmawiać. Myślę, że się bał zagorzałych lustratorów, i może miał ku temu powody.

Kurtyna opada, Marcel Reich-Ranicki skończył pisać autobiografię, a Teofila czytać wiersze Tuwima. Jej stałe miejsce na wersalce, a potem na wózku inwalidzkim zwolni się w roku 2011. Marcel nic na to nie poradzi, z tego pociągu, który prosto do tunelu jedzie, już jej nie wyciągnie. Wsiądzie do niego i dojedzie do niej dwa lata później, obowiązkowo w koszulce z napisem „Jestem grzecznym chłopcem".

Życie jako spis treści

Robert Walser, *Mikrogramy*
przeł. Małgorzata Łukasiewicz, Łukasz Musiał,
Arkadiusz Żychliński
Korporacja Ha!art, Kraków 2012

Cytaty w tekście pochodzą z utworów literackich
Walsera zawartych w tomach *Dziwne miasto*,
Mały krajobraz ze śniegiem w przekładzie Małgorzaty
Łukasiewicz. Cytaty zaczerpnięte z listów i biografii
Walsera autorstwa Catherine Sauvat i wspomnieniowej
książki Carla Seeliga.

Historia choroby wykazuje, że Robert Walser cierpi na psychozę schizofreniczną według ICD-10. U chorego występuje charakterystyczna konstelacja symptomów, która prowadzi do diagnozy katatonii schizofatyczno--manierycznej według klasyfikacji Leonharda. Psychotyczna choroba pacjenta charakteryzuje się zespołem przewlekłych i jasno opisanych symptomów będących połączeniem zesztywnienia mimiki, manieryzmu i stereotypii

ruchowej oraz automatyzacji nawyków (komponenty manieryczne), jak również zmniejszenia napędu psychoruchowego, autystycznego wycofania oraz trwałych halucynacji (komponenty schizofatyczne).
„Der Nervenarzt", Volume 2011. Springer-Verlag, Berlin–Heidelberg

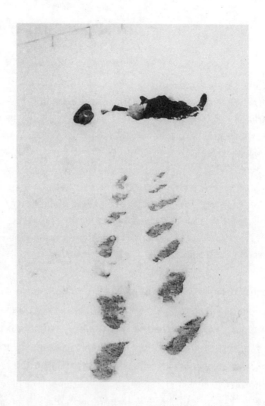

Kto to, kto to nam tu leży? Na białym śniegu w czarnej odzieży? To on, widać czarno na białym. Ślady butów prowadzą wyraźnie do niego i na nim się kończą. No więc my sobie nimi pójdziemy. Dalekim spacerem do tyłu, aż tam, skąd wyruszył ten wieczny tułacz. Wagabunda, pielgrzym, poeta, pieniacz, prozaik, pięknoduch i awanturnik, dramaturg, fetyszysta, impotent i schizofrenik.

No i Szwajcar, urodzony w Biel, w roku 1878. Miasto jak duży, piękny ogród, z jeziorem i górami wokół. Pod nosem francuska granica, dorastał dwujęzycznie. Do Paryża nie pojechał nigdy.

Matka. Z rodziny chłopów i kowali, ojciec z pastorów i lekarzy. W Biel prowadzą sklep z artykułami piśmienniczymi i zabawkami, ich najważniejszymi klientami są dzieci własne w liczbie ośmiu. Ojciec jest osobowości słabszej, uległy wobec matki, która osobowość ma wyrazistszą. I to jest właśnie problem. Na początku majestatyczna, dumna i wyniosła, potem melancholijna i coraz bardziej z siebie niezadowolona, wreszcie neurasteniczna. Albo napady panicznego strachu, albo złości, bywało tak, że w powietrzu latały nie tylko pojedyncze muchy, ale też widelce i noże. Z winy ojca, naturalnie. Wszystko przez niego, nieudacznika: plajtujący sklep, jej choroba i całe jej nieudane z nim życie.

Ma lat sześć, bawi się w pokoju zabawkami, matka patrzy na niego z piorunami w oczach, ponieważ na łóżku umiera jego najstarszy brat, na suchoty. Drugi z braci wpada do studni z depresją, nie może się z niej wydostać i popełnia samobójstwo. Inny, po wypadku konnym, ma coś z głową, zdarza mu się założyć dwa różne buty, fakt nie byłby wart wzmianki, gdyby jeden nie był lakierkiem, a drugi ciężkim butem z cholewą. Zamykają go w zakładzie, nie wie, dlaczego się w nim znajduje, czuje się prześladowany, drze przynajmniej trzy koszule w tygodniu, drapie się do krwi i stuka w głowę. Pewnego dnia przewraca się, potyka o własne nogi, upadek jest tak ciężki, że powoduje zgon. Do tego samego zakładu (Waldau) trafi trzydzieści lat później Robert.

Liza. Cztery lata starsza, dla Roberta jego wielka siostra, matka, przyjaciółka, kobieta i ukochana w jednym. W *Rodzeństwie Tanner* jako siostra Hedwig jest uosobieniem marzenia, łagodności i smutku, bo oddzielona od swojego życia cienką, niewidzialną ścianą, bo tak obarczona obowiązkami (matkowanie matce), że grająca w nim rolę statystki, nie aktorki. W *Jakobie von Gunten* jako Benjamenta, niedotykalna i piękna tak, że boli.

Karl. Jego wielki brat, choć o rok tylko starszy. Jego anioł stróż. Źródło jego inspiracji, idol. Człowiek sztuki, artysta malarz i scenograf, o którego bije się cały Berlin (współpraca z reżyserem Maxem Reinhardtem). Piękny, przystojny uwodziciel, nie ma kobiety, której nie ugięłyby się przy nim kolana. W dzieciństwie, chociaż do siebie niepodobni, są jak bliźniacy, Robert naśladuje jego gesty. Ich ulubionym zajęciem jest rzut kapeluszem, z okna, na głowy przechodniów, tu stają się wirtuozami. Są jak jedno drzewo, ich późniejsza, dramatyczna rozłąka to tak, jakby je przeciąć na pół, wzdłuż.

Szkoła. Jak to szkoła, kredowa nuda i drewniana dyscyplina, za spóźnienie kijem po rękach. Wykształcenie posiada żadne, kończy je w przedostatniej klasie progimnazjum w wieku lat czternastu i zaczyna trzyletnią naukę w banku. Rodzina wpada na taką finansową mieliznę, że nie ma innego wyjścia, im prędzej będzie zarabiał, tym szybciej przestaną iść na dno. Zresztą co tam książki, nauka i kariera – taką mniej więcej wyprawkę ojciec wsadził mu do plecaka. Miał rzeczowego ducha ten jego ojciec, wziął go i tak do niego rzekł: głosem kariery się nie kieruj, to droga z przepaściami; zadowól się rzeczami małymi i powszednimi; małe życie, małe zmartwienia; książki rozpraszają i odciągają od rzeczy użytecznych; bądź pasywny, bierny, płyń sobie z falami, a ominą cię cierpienia.

Nauczyciel w szkole też mu dopomógł „rozwinąć skrzydła", cmokał nad jego charakterem pisma i orzekł, że powinien z takim darem zostać pracownikiem biurowym. Wykrakał.

Robert kończy więc praktykę w banku (1895) i zaczyna pełzać po szczeblach urzędniczej kariery. To jest po szczeblu właściwie, jednym, bo kariery żadnej nie zrobi. Nie będzie chciał, każdą kolejną pracę komisanta, sekretarza czy urzędnika porzuca po paru miesiącach. Bazylea, Stuttgart, Zurych, Berlin, zanim trafi do zakładu, w ciągu trzydziestu paru lat przenosi się piętnaście razy z miasta do miasta, w których zmienia adresy jak rękawiczki.

Na dupie długo nie usiedzi, żyje jak rtęć, która nie może znaleźć sobie miejsca w żadnym termometrze. Miejsca zmienia bez powodu, nie zna prawie nikogo w mieście, do którego przybywa. W wędrówkach, pisze w jego biografii *Vergessene Weiten* (pol. *Zapomniane horyzonty*) Catherine Sauvat, kieruje się raczej biegiem rzek niż jakimkolwiek motywem. Jeśli nie ma pracy, dorabia jako kopista, w hierarchii biurowej niżej już tylko dno, obojętnie mu, ma osiemnaście lat i jest zakochany, beznadziejnie zakochany.

W teatrze zakochany. Na amatorskich deskach występuje już w Biel, potem w Bazylei i Stuttgarcie pędzi po pracy na spektakle i wystaje gdzieś z tyłu na galeriach. I płonie miłością, i jako płomień pochłania dramaturgów (Goethe, Szekspir), i uczy się ról na pamięć. I od razu występuje, przed całym światem, to jest przed lustrem. I takie sobie wystawia referencje: „Jeśli chodzi o naturalne zadatki, jestem jednym z najsłodszych facetów w Europie, moje wargi to istne cukrownie, a obejście mam na wskroś czekoladowe. Z drugiej strony jest we mnie typ męskości, lity granit. Mogę nagle, jeśli mi się spodoba, być kamieniem albo drewnem, amantom, których będę grywał, wyjdzie to na dobre. Moja postura, bardzo czerstwa, będzie przyprawiała o wstrząsy, moje oczy będą fascynowały, moje zachowanie olśni, bo składa się z samych koszulek żarówek Aurela" (Z tomu *Dziwne miasto*).

Pisze sztuki i dramaty romantyczne, jeden z nich nosi tytuł *Wanda, księżna Polski*, na szczęście nigdzie chyba nieopublikowany. Znowu występuje, jego tournée prowadzi na poddasze, stoi tam przed pulpitem, który dostał od jednego z braci, i ubrany w jakieś szmaty deklamuje. I marzy, o oszałamiającym aplauzie, o wieńcach laurowych, o stokrotnych powtórkach jego dzieł.

W Bazylei po pracy pędzi do szkoły teatralnej, uczy się dykcji i techniki oddychania. Ktoś tam chwali jego zapał, więc płonie jeszcze bardziej. W Stuttgarcie deklamuje przed jednym ze sławnych wówczas aktorów, ten wysłuchuje go, leżąc na otomanie, i kwituje jego występ niedbałym ruchem nogi, bez słowa komentarza.

Tli się jeszcze trochę i gaśnie, kurtyna zapada, nie będzie aktorem. Pisze do Lizy: „teraz, z wolą Boga, stanę się wielkim poetą". Stwierdzeniem tym przechodzę do jego twórczości.

Druga miłość, literatura. Albo pracuje, albo pisze, jedno wyklucza dla niego drugie. Pisanie to dla niego rzecz święta, może dlatego tyle w jego tekstach dymu z kadzidła, a tak mało rześkiego powietrza. Na pierwszy ogień idzie poezja, ma dwadzieścia lat i sześćdziesiąt wierszy, wysyła je do jednego z berlińskich pism, drukują mu sześć. Głosy krytyczne takie, że wiersze nie mają substancji i ciężaru, wypada się zgodzić. Bóg jest kapryśny, nie będzie poetą, będzie prozaikiem.

Jego debiut książkowy to *Fritz Kochers Aufsätze* (*Rozprawki Fritza Kochera*, 1904), z ilustracjami brata Karla. Nakład tysiąc trzysta egzemplarzy, liczba sprzedanych po roku czterdzieści siedem, reszta oddana za bezcen lub rozdana. Żadnej prawie recenzji, dwie wzmianki, jedna Hessego, bez skutku. Pisze dalej, małe prozy, próbuje się z tego utrzymać, ze skutkiem, ale opłakanym. Pisze powieść, udaje się, dzięki *Rodzeństwu Tanner* (1906) wydostaje się z pełnej anonimowych wirów rzeki, wychodzi na brzeg i sadowi się obok ustatkowanych już tam pisarzy, ma krzesło ze swoim nazwiskiem.

Ciekawe są uwagi, które wysyła mu redaktor wydania. Sugeruje mu zmiany ze względu na: wady stylu, niepotrzebną rozwlekłość, niedbałą budowę zdań i trywialną wyniosłość.

Próbuję dziś czytać raz jeszcze jego opowiadania i opowiadanka, wspinam się po nich mozolnie i osuwam. Raz się irytuję, raz żenuję. Pokraczne to, manieryczne, wdzięczące się tak, że mdli. Jakieś rachityczne fabuły, na których suszą się wyprane z wdzięku szmatki. Lub takie konstrukcje, które dziwiąc się sobie samym, upadają, zanim powstały. Próbka próby opisu erotycznego powabu Friedrichstrasse w Berlinie:

„Arcysilne więzy krępują tu i poskramiają namiętności, a jednocześnie rozliczne powaby wodzą na pokuszenie, toteż wyrzeczenie ociera się łokciami o plecy zaspokojonej żądzy, nienasycenie z roziskrzonym wzrokiem musi patrzeć w oczy mądremu spokojowi samowystarczalności" (*Dziwne miasto*). W obliczu takich zdań nawet Schulz wydaje się wzorem bezpretensjonalności.

Aż trudno uwierzyć, że ten sam Walser o tym samym Berlinie pisać umiał tak, że nie ma wątpliwości, że pisać jednak umiał. W jednym z tekstów ulice miasta, zimowym rankiem budząc się ze snu, rozpościerają się jak wyciągnięte ramiona, a kiedy ludzie wychodzą z bram, wygląda to tak, jakby niecierpliwy smok pluł gorącą, ognistą śliną. W *Jakubie von Gunten* omnibusy są jak obrzmiałe karaluchy, samochody jak ruchome wieże widokowe, ale co z tego, kiedy gdzie indziej zalatuje czymś takim: „Woda zadrgała i legła nieruchomo, uszczęśliwiona ubóstwieniem".

Zdanie po zdaniu, strona po stronie takie właśnie gąszcze i krzaki. I nagle jedna strona, niecała. O człowieku, który raz sobie był i zamiast głowy miał wydrążoną dynię. Zamiast ust dębowy liść, a zęby wycięte nożem. Zamiast oczu dwa ogarki świec. Które mu, kiedy poszedł na spacer, zgasił wiatr. I zaczął płakać resztkami świeczek, bo nie mógł trafić do domu. Trzymał się za dynię i pragnął umrzeć, i nie mógł, i siedzi tak do dziś. Chrabąszcz pożera mu dębowy liść, ptak dziobie mu dziurę w dyniowej czaszce, a dzieci bawią się świeczkami.

Komentarze i krytyki jego tekstów ciekawsze są od nich samych. Stop gatunków, proza, ale suto przyprawiana poezją, powieść, ale z nowelistycznym ściegiem, opowiadania, ale z ząbkami małych dramatów. Kolorowy, utkany ze słów dywan ścienny. *Collage*, kalejdoskop. Drzewo o gałęziach, które każda z innego.

Za jeden z manuskryptów żąda wygórowanego honorarium, odsyłają mu go bez komentarza, zjawia się w redakcji i krzyczy do wydawcy: „pan jesteś osioł i nic nie rozumiesz z mojej literatury!". Niszczy manuskrypty, których mu nie przyjmują. A nie przyjmują już prawie wcale. Tonie, wstępuje do ciemnej i mrocznej rzeki zapomnienia. (Lubiłby to zdanie). W której się miniaturyzuje. Zaczyna pisać ołówkiem już od mniej więcej roku 1918. Nazywa to „metodą ołówkową". Pisze na skrawkach papieru, które wycina sobie nożyczkami, potem zapisuje rewersy rachunków, kwitów i cholera wie czego jeszcze. Może dlatego, żeby mieć uczucie tworzenia czegoś tajemniczego? Snuto takie domysły, tymczasem w jednym z listów przyznaje, że miał rodzaj skurczu ręki i uwolnił się od niego dzięki ołówkowi, gdzie indziej z kolei pisze, że naprzód ołówkiem, a potem piórem, żeby wysyłać czyste manuskrypty. Prawda więc rzadko buja pod sufitem ze stiukami, ona leży przeważnie na twardym, kuchennym stole. Tak czy inaczej, jego mikrogramy, jako kaligraficzne dziełka sztuki, trafić powinny do parku miniatur, wysokość liter około dwóch milimetrów, linijki jak spod linijki, a układ zazębiających się ze sobą tekstów, jak pisze Małgorzata Łukasiewicz (*Robert Walser*, Czytelnik, 1990), wydaje się dziełem genialnego metrampaża. Nakreślił tych kart ponad pięćset (około cztery tysiące stron standardowego druku!), rozszyfrowywanie ich trwało latami (zlane ze sobą lub pominięte litery), ich pierwsze wydanie ukazało się w Niemczech w roku 1985, ostatnie, szóste, w roku 2000. W posłowiu do polskiego wyboru tego dzieła tłumacze cytują autora, który określił się mianem „pisarskiego tokarza". W sensie obróbki słów. Witamy więc w fabryce walseru, pełnej półproduktów, ogryzków i kikutów fabuł. Doskonale rozumiem doniosłość tej pozycji, mniej jednak w sensie literackim, a bardziej jako świadectwo literatury. Podzielam zdanie samego Walsera, który już w zakładzie powiedział do jego ostatniego mecenasa, wydawcy i rozmówcy, Carla Seeliga: „Wie pan, dlaczego nie zaszedłem tak daleko jako pisarz? Powiem panu – miałem za mało instynktu społecznego. Za mało się w swoich przedstawieniach starałem przypaść społeczeństwu do gustu. Na pewno o to właśnie chodzi! Dzisiaj doskonale to rozumiem. Za dużo sobie pozwalałem tylko dla własnej przyjemności.

Gdybym mógł zacząć jeszcze raz od początku, starałbym się konsekwentnie wyeliminować wszystko, co subiektywne, i zdziałać swoim pisaniem coś dobrego dla ludzi. Zanadto się wyemancypowałem".

Chapeau bas, monsieur.

Już wtedy, kiedy marzył o aplauzie publiczności całego świata, na scenę chciał dostać się od strony kuchni. Dyrektorowi jednego z teatrów zaoferował usługi jako służący. Jeśli ten weźmie go na tournée, będzie nosił walizki, sprzątał i czyścił buty. Dyrektor odmówił, potem sen o aktorskiej potędze się skończył, nie znaczy to jednak, że Walser aktorem być przestał.

Wcielił się w rolę służącego: tak zwykło się pisać. Już po debiucie książkowym oferuje jednemu z notabli, że zostanie jego lokajem, ten mu zażenowany odmawia, nie może przecież kazać młodemu pisarzowi prasować sobie cylindra, nic to, młody Walser idzie na kurs, w Berlinie, dla służących, trzy tygodnie. Uczy się: obsługiwania, dobrych manier, serwowania przy stole, kładzenia sztućców, czyszczenia lamp, uprzejmego zachowania i przyzwoitości.

I w roku 1905 wyjeżdża do zamku Dambrau, czyli do Dąbrowy Niemodlińskiej na Górnym Śląsku, gdzie posłusznie służy hrabiemu (Konrad von Hofberg). Na początku jest niezdarny, brudzi jedną z hrabianek musztardą, tłucze filiżankę o wartości małego majątku, ale potem jakoś mu idzie. „Najbardziej interesujące wydały mi się lampy, które czyściłem, ale najbardziej przygodowa, zastanawiająca i niezwyczajna była podłoga, której polerownie leżało w mojej gestii".

Jeśli skończą remont i zdarzy wam się być na zamku wieczorem, kiedy zapalają się przy nim lampy, wspomnijcie pisarza, który je tu kiedyś zapalał własnoręcznie. Chodził ze swoim kagankiem i ożywiał jedną po drugiej, i czuł się, ten uniżony sługa, po raz pierwszy i ostatni raz w życiu jak Aladyn.

„Czy Don Kiszot przy całym swoim szaleństwie i śmieszności nie był człowiekiem doprawdy szczęśliwym? Czyż życie bez dziwactw i tak zwanych szaleństw jest w ogóle życiem?" (*Mały krajobraz ze śniegiem*).

Na zamku służy parę miesięcy, wiadomo, męczy go termometr. Wyjeżdża i dostaje świadectwo „Czyściciela srebrnych łyżek", mało miał lepszych recenzji. W Zurychu, kiedy go znów nie drukują i nie dostaje honorariów, jest „dziewczyną do wszystkiego" u bogatej damy. Zadania bardziej przyziemne: zakupy, obsługa przy stole, sprzątanie, pomoc w kuchni.

Sauvat interpretuje jego wcielenie w skórę sługi raz jako próbę powrotu do arkadii dzieciństwa (przez pociąg do posłuszeństwa), raz jako wolę bycia antybohaterem, małym i słabym (na pozór, bo sam duch i tak wysoko), raz jako aktorską maskaradę, aby ukryć się za inną tożsamością.

Mnie ten semestr z psychologii specjalnie nie przeszkadza, tak przeważnie się dzieje, że we wszystkim jest z każdego po trochu, ale ta jego chęć posłuszeństwa jest raczej wolą, a ta wola raczej potrzebą, a ta potrzeba raczej musem, a ten mus żywiołem, bo przecież, jak mówi Jakub von Gunten: „Mogę oddychać tylko w dolnych regionach". I jeśli Walser pisze gdzie indziej, że idea służącego wzięła się z miłości do tego, co „małe i błahe", nawet za cenę „utraty honoru wewnętrznego", to może sobie tak pisać, pięknoduch i hipokryta. Bliżej będzie prawdy, kiedy zdanie mu to odwrócę: pragnienie posłuszeństwa wzięło się z miłości do wielkiego i ważkiego, aby samemu poczuć się małym i błahym.

Troje najważniejszych dla niego ludzi, Karl, Lisa i Frieda. Brat, siostra i niedoszła kochanka. Bratu siedział na plecach, dosłownie, siostrze w sercu, Friedzie w koszu z używaną bielizną.

W roku 1905 przyjeżdża do Karla do Berlina i nie opuszcza go, dosłownie. Stoi za nim, chodzi za nim i godzinami naśladuje wszystkie jego ruchy, powtarza każdy jego gest. Karl nie może tego znieść, ma dość tego podwójnego echa (echopraksja, echolalia). Kłócą się, Karl pozbywa się sobowtóra, Robert się wyprowadza, Karlowi to na rękę, może przyjmować kobiety, które za nim szaleją. Jedna popełnia samobójstwo, kiedy ją rzuca, druga porzuca dla niego męża i wkrótce porzuconą jest również. Trzecia zrywa dla niego narzeczeństwo i zostaje jego żoną. I modelką. Robert jest zazdrosny, do tej pory pozował mu zawsze on.

Konflikt między braćmi pogłębia się, Karl ma pretensje, uzasadnione, że Robert ignoruje ludzi, którzy mogliby być jego mecenasami, i niszczy sobie karierę, i jeszcze, że upija się na umór i kompromituje się towarzysko, berlińskie *high society* zaczyna go słusznie omijać. W końcu ostra kłótnia kończy się bijatyką, Robert ma twarz we krwi, ale znajomym, nielicznym już, mówi, że to od kota.

W roku 1913 Robert opuszcza Berlin i wraca do Szwajcarii, bracia nie zobaczą się już nigdy. Karl nie będzie chciał opłacać pobytu brata w zakładzie, chociaż mógłby. Nie będzie chciał, bo nie uwierzy w jego chorobę, będzie uważał go za symulanta. Umrze w roku 1943, Robert przyjmie tę wiadomość zdawkowym „No tak".

Siostrę, Lisę, kocha miłością więcej niż braterską, fragmenty jego listów to wyznania miłosne, dosyć specyficzne. Niektórzy walserologowie w Niemczech sugerują kazirodztwo, jeśli tak, to na pewno niespełnione.

„Kochana Liso [...] zechcesz do mnie przyjechać?" – pisze dwudziestoparoletni do siostry z Zurychu. – „Będziesz gotowała i dbała o mieszkanie. [...] Ja będę Cię nosił na rękach! Wierzysz w to? [...] Mogłabyś też zarabiać trochę pieniędzy, u jakichś wytwornych państwa na przykład. Albo oboje poszlibyśmy do nich, na całe życie. Ty jako pomoc domowa, ja jako pies?".

To Lisa zadecyduje o oddaniu go do zakładu, nie będzie innego wyjścia, ma za małe mieszkanie, a lekarzowi poskarży się, że zachowanie Roberta jest dziwne, w szczególności w aspekcie seksualnym. Lisa, bezdzietna nauczycielka, samotna panna, umrze w roku 1944. Jak przyjął tę wiadomość Robert, nie wiadomo, myślę, że również krótkim „No tak".

Friedę Mermet poznaje zaraz po powrocie z Berlina do Szwajcarii. Frieda jest praczką i pracuje w tym samym sanatorium co Lisa. Jest rozwódką, Walser napisze do niej sto osiemdziesiąt dwa listy, z czego trzydzieści siedem w wydaniu listów w roku 1975 zostanie wstrzymanych, ze względu na ich niecenzuralny charakter.

Jego listami zajmowałem się kiedyś w *Śmierci czeskiego psa*, więc nie będę sobie strzępił pióra, nadmienię jedynie, że kobiecie, która całymi latami cerowała mu skarpetki i wysyłała paczki z jedzeniem, przysłał egzemplarz autorski, który dostał za darmo, i kazał sobie, dziad jeden, za niego zapłacić. Wtedy jednak nie były jeszcze odtajnione niektóre fragmenty natury intymnej, autorka *Zapomnianych horyzontów* podaje je, a ja ochoczo za nią.

No więc stoi on sobie przed wystawami z bielizną damską i wyobraża sobie. Że nosi ją ona, Frieda, i pisze jej. O tym, jak chętnie „całowałby jej kochane majteczki". Frieda wysyła mu coś w pudełku po gorsecie, nie wiadomo co, obstawiłbym pończochy, jest zachwycony, „gorsetowe pudełka są najukochańsze dla człowieka, który wyposażony jest w pewną dozę fantazji". W nadziei zobaczenia jej nóżek „chce zakładać jej na stópki pantofle". Marzy o ich wymyciu, tych stópek, nie pantofli, i o „całowaniu ukochanych paluszków". Chce być chusteczką, w którą wyciera nosek. Nawet moja tolerancja kończy się w momencie, w którym prosi o używane „majteczki" jej małego syneczka, aby mógł je „kochać, czcić i przypatrywać się im od środka".

Motyl, skrzydłami potrzepocze na jednej z kobiet, na drugiej, lecz na żadnej na stałe. Rycerz, paź, który je uwielbia, ale nigdy nie odważy się do nich zbliżyć. Woli sobie wyobrażać, jak by to było, niż przeżywać, jak to jest. Bardziej podnieca go zaniechanie niż spełnienie. Woli stać na progu i wyobrażać sobie, co jest za drzwiami, niż wejść do środka.

Ten szwajcarski Casanova nie ma jaj, wycofuje się, dezerteruje, kiedy tylko kobieta okaże mu zainteresowanie. Powtarza, że się nigdy nie zwiąże. Miłość to niewolnictwo, strata wolności i co za tym idzie utrata siły twórczej, itd., itp.

W opowiadaniu jednak (*Róża*), w którym jak w każdym prawie autobiograficzne tropy, przyznaje się do porażki w burdelu, a kiedy uwieść go próbuje kolejna kobieta, napisze w jednym z mikrogramów zdanie-wyznanie: „On wie, że nigdy, nigdy, nigdy nie będzie mu stał".

Już w zakładzie przyznaje Seeligowi, że stosunku płciowego nie miał nigdy (*Zapomniane horyzonty*, s. 83). Wystarczała mu rola służącego. No i buty, damskie. Już wtedy, kiedy czyścił je na zamku, przytulał je do siebie z fetyszystyczną namiętnością.

Z listu do Friedy, którą czasami nazywa „mamą": „Czy sprawiłoby Pani przyjemność, kochana Pani Mermet, posiadanie mnie razem ze skórą i włosami? [...] Wie Pani, czego sobie życzę? Pani jako elegancka piękna Madame, ja zaś Pani służąca, wolno by mi było nosić fartuszek, i Panią obsługiwać, i jeśli w jakikolwiek sposób wywołałbym w Pani niechęć, dałaby mi Pani klapsa [...] Bywałaby Pani naprawdę surowa i karała mnie, a ja wówczas musiałbym klęczeć przed Panią i błagać o wybaczenie".

Zimą, w marcu 1899 odwiedza jednego z pisarzy w Bernie. Mówi, że przyszedł pieszo, trzydzieści kilometrów. Ubrany jest w letni garnitur, pantofle na niskim obcasie i jakiś głupawy kapelusz. Pożycza parę książek i znika, goście z niedowierzaniem kręcą głowami.

Pieszo chodzi już od wczesnej młodości. Pokonuje nieprawdopodobne dystanse, nikt nie może dotrzymać mu kroku, im dłużej idzie, tym więcej ma siły. Pokonuje odległość z Monachium do Würzburga, sto osiemdziesiąt kilometrów, i twierdzi, że potrzebował na to dziesięć godzin. Pewnego dnia wyrusza z Zurychu i chce dojść do Berlina, nie daje rady, krwawią mu stopy. Ubrany zawsze podobnie, parasol, do odstraszania psów, kapelusz, do ochrony przed słońcem i deszczem, i odpowiednie buty. Podczas jednego z marszów, w zimie, widzi w śniegu ciało, zwłoki umarłego z wycieńczenia poety. Poety, bo z kieszeni wystaje mu manuskrypt. Scenę tę opisze w *Rodzeństwie Tanner*, zachwyci się tak nobliwym miejscem na grób. Śnieg i śmierć to obraz, który musiał go prześladować.

Kiedy zawiera nowe znajomości, wszyscy prawie rozmówcy są nim oczarowani. Jest tajemniczy, otoczony aurą dzikiej wolności. Lecz zaraz się do niego zrażają, popełnia ekstremalne nietakty. Na jakimś nobliwym przyjęciu w Berlinie cmoka za stópkami guwernantki i jedną z nich chwyta w ręce. Jedną z artystek całuje nagle w szyję. Ni stąd, ni zowąd zaczyna pieścić kolana jakiegoś chłopca, a komuś, kto ziewa, rzuca papierosa do ust. Całuje swoją dłoń, kiedy rani mu ją ktoś przez niego obrażony, na ulicy pada nagle przechodzącej kobiecie do stóp.

Chodzi ubrany jak lump, a kiedy zaprosi go ktoś na jedzenie, wzbudza postrach, bo apetyt ma gargantuiczny, je za dwóch, za trzech, za czterech. I pije, pochłania niebotyczne ilości alkoholu, po którym traci kontrolę nad tym, co robi. Sam nie wie, dlaczego nagle rozbija komuś płyty gramofonowe. Potrafi, kiedy nie ma nic do roboty, stanąć na krześle i stać, żeby poczuć się w podwójnym sensie większym. Jest duży, prawie potężny, twarz ma czerwoną i czerwone ma dłonie, duże jak dwie łopaty.

Kiedy mija wioski, wyglądać musi jak strach na wróble i na pewno często robi użytek z parasola. Poproszony raz o przeczytanie swoich tekstów w Zurychu, prezentuje je naprzód na próbę, przed organizatorem, ten jednak przerażony jest nieudolnością jego czytania i prosi o to kogo innego. Jego wieczór autorski wygląda więc tak, że czyta kto inny, a sam bohater siedzi w pierwszym rzędzie i udaje, że nim nie jest. Publiczność się na to nabiera, mało kto wie, jak autor wygląda. (O wiele lepiej udaje mu się czytać teksty obce, po przeczytaniu kawałków prozy Kleista, Hebla i Kafki gratuluje mu obecny na wieczorze w Pradze ten ostatni). Pije i zaczepia wtedy już wielkich, drażni go afektowany sposób bycia Hofmannsthala, chce z nim pogadać i pyta: „czy mógłby pan na chwilę zapomnieć, że jest taki sławny?". Potrafi zaskoczyć trafnością i ironią sądów: „Rilke? Nadaje się jako podwieczorek dla starych panien. Thomas Mann? Pilny prokurysta, który nigdy nie wyjdzie poza swój kantorek".

Momentów takiej trzeźwości ma jednak coraz mniej, a coraz więcej niekontrolowanych wybuchów śmiechu, na przykład na ulicy. Uwielbia też robić uczniowskie kawały, jego powtarzany do znudzenia numer to ten: puka ktoś, krzyczy „wejść" i chowa się do szafy. Udaje też własnego służącego, otwiera drzwi i mówi, że pana Walsera nie ma w domu. Prześladują go nocne koszmary, ma halucynacje, wokół łóżka widzi ludzi, których nie może rozpoznać. Nie trzymają się go własne jego ręce, stają się nagle autonomicznymi stworami i chcą iść na spacer, a kiedy ich nie puszcza, „płaczą jak niezadowolone dzieci".

W styczniu 1929, w Bernie, gdzie mieszka od czterech lat, oświadcza się, dwóm gospodyniom (siostrom), u których mieszka, a na drugi dzień oświadczyny zrywa. Te zawiadamiają Lisę o dramatycznym pogorszeniu się zachowania brata. Ma manię prześladowczą, uważa, że jest śledzony, dlatego nie śpi. I krzyczy, ostatniej nocy na wolności krzyczy bez przerwy, do rana.

Przed wejściem do zakładu w Waldau pyta Lisę, czy to właściwy krok. „Jej milczenie było wymowne. Cóż pozostało mi innego, niż wejść?". No i wchodzi, trzeci z rodziny, do tego samego zakładu, co brat Ernst.

Przyzwyczaja się, każdego dnia wstaje o szóstej, ścieli łóżko, ustawia krzesła i stoły w świetlicy, siada i czyta. Nie rozmawia z nikim, chowa się za książką lub gazetą. Popołudniami pomaga w ogrodzie. Śpi coraz lepiej, zaczyna grać w bilard, głosy, które słyszy, tracą na sile. Stały rytm dnia daje mu równowagę.

Frieda przyjeżdża sporadycznie, podobnie jak Lisa. W rozmowie z lekarzem mówi, że brat jej przez całe życie był wielkim egoistą i myślał tylko o sobie.

Jesienią 1929 roku zaczyna znowu pisać, niedużo, ale teksty jego różnią się od poprzednich, są mniej agresywne, mniej dzikie, mają rytm spokojnej rzeki.

Mijają cztery lata, nowy dyrektor zakładu uważa, że chronicznie chorzy powinni przebywać z rodziną, Lisa wpada w panikę i załatwia mu nowy zakład w Herisau, w rodzinnym kantonie. Nie chce opuścić Waldau, w dzień wyjazdu nie wstaje z łóżka, do wyjazdu zmuszają go strażnicy.

Do nowego miejsca przyzwyczaja się, i zapada w sobie. Ma drobne zadania, klei torebki, sortuje groch, trochę pracuje fizycznie, wieczorami czyta. W niedzielę wychodzi na spacer.

Milczy coraz bardziej, rozmawia tylko z Carlem Seeligiem, który wydaje potem książkę *Wanderungen mit Robert Walser* (pol. *Wędrówki z Robertem Walserem*). Milczy tak, jakby uczcić chciał Hölderlina i jego sposób odmowy kontaktu ze światem. Rekordu poety (trzydzieści sześć lat) nie pobije, ale jego wynik też imponujący, w dwóch zakładach spędzi łącznie lat dwadzieścia dziewięć. Klei więc jakieś torebki i sortuje groch, w czasie, w którym Hitler sortuje ludzi. Jest jeszcze bardziej neutralny niż Szwajcaria.

25 grudnia 1956 wychodzi na spacer. W ręku parasol, na głowie kapelusz. Dzieci jeżdżące na sankach słyszą wściekłe szczekanie psa, zaintrygowane biegną w jego kierunku, na śniegu widzą postać.

Prawa ręka na sercu, głowa nieznacznie schylona w bok, na śniegu kapelusz. Może ktoś sprawnym ruchem rzucił mu go na głowę z okna, kiedy wychodził.

Jak hartowała się rodzina Krupp

Leon Fischer, *Krupp. Eine deutsche Familie*
Ullstein Buchverlage, Berlin 2009

Harold James, *Krupp. Deutsche Legende und globales Unternehmen*
Verlag C.H. Beck, München 2011

Myję podłogę, dzwoni telefon, przerywam, rozmawiam, kończę, wracam do mopa i nie wiem, gdzie już byłem, gdzie jeszcze nie. To, co było mokre, już wyschło i wygląda tak samo jak to co suche, które jeszcze nie było mokre. I stoję jak na skrzyżowaniu, i trzymam ten kij w ręku, i nie wiem, w którą stronę. Więc myję od początku, do następnego telefonu lub myśli, zdania, które muszę zapisać natychmiast, inaczej wyfrunie mi przez okno, wtedy wyjść będę musiał z mieszkania do sklepu i kupić karmnik, co wcale nie takie proste jest w mieście Luksemburg. A potem wystawić go za okno i czekać, aż myśl czy też zdanie niesforne wróci.

Niektóre książki są jak mycie podłogi. Wystarczy odejść od nich na chwilę i już nie wiadomo, kto kim jest i po co.

U Kruppów przeważnie Alfred lub Friedrich, a jeśli nie, to Alfred Friedrich lub Friedrich Alfred. Który syn, czyj ojciec wodę teraz mąci? Czyja córka teraz płacze i dlaczego? A jeśli córka, to musi być matka, która to? Odwrotnie, matka płacze, o córkę chodzi, ale którą? Jak ich wszystkich odróżnić, mop postawiłem na stronie takiej i takiej, tyle wiadomo, ale co dalej, kiedy wszystko suche?

U Dostojewskiego też tak było, z tymi nazwiskami ciągnącymi się jak miech akordeonu. A jak Dostojewski, to spowiedź Stawrogina, ostatnie trzy rozdziały *Biesów*, które sam usunął, a które opublikowano po jego śmierci. Bo w nich o gwałcie na dziesięcioletniej dziewczynce, która potem się powiesiła. Bo sam miałby się tego gwałtu dopuścić, tak twierdził w rozmowie z Turgieniewem, ten jednak „spowiedzi" jego nie kupił, brzmiała mu na zmyśloną, więc chaos, ile Dostojewskiego w Stawroginie, nikt już się nie dowie.

A jak dziecko, gwałt i samobójstwo, to Visconti, to krótkie ujęcie wiszących nóg w *Zmierzchu bogów*. A jak *Zmierzch bogów* to Kruppowie, bo przecież to oni mają chodzić mi po głowie, a nie ja po pokoju od okna do okna.

Visconti utrzymywał, że podobieństwa do rodziny Kruppów są przypadkowe, ale podobieństw tyle, że przypadkiem być nie mogą. Niemcy, dynastia, fortuna, stal, pakt z Hitlerem, homoseksualizm, pedofilia. Visconti dołożył kazirodztwo. Inscenizatora zła, diabła o anielskim wyglądzie grał Helmut Berger. Jego pierwsza rola u Viscontiego, w pierwszej części trylogii niemieckiej (potem zagrał jeszcze w *Ludwigu* i *Portrecie rodzinnym we wnętrzu*). Jego gwiazda, przed kamerą i w łóżku. W latach 70. ikona europejskiego kina, światowy, biseksualny playboy, nazywany najpiękniejszym mężczyzną świata, dziś jak nalana, pełna alkoholu obrzękła beczka. Zapraszany od czasu do czasu do talk-show, bełkocze coś do siebie, dostarczając widzom solidnej porcji radości z własnego upadku. *Zmierzch bogów* kiedyś był dla mnie dziełem, freskiem, piekłem, dziś trąci. Raz teatralną myszką, raz pokracznym filmem telewizyjnym, raz manierycznym aktorstwem. Charlotte Rampling ma momenty, w których gra jak Pola Negri. I tak to, z winy Kruppów, przeżywam zmierzch kolejnego mojego boga.

Czytam o nich, o Kruppach, dwie książki równocześnie, to praktyczne. Kiedy jedna, *Krupp. Niemiecka legenda i globalne przedsięwzięcie* Harolda Jamesa, mnie nuży, przerzucam się na drugą. Kiedy druga, *Krupp. Niemiecka rodzina* Leona Fischera, mnie irytuje, wracam do pierwszej.

Pierwsza opiera się na faktach i czyni to tak mocno, że te aż jęczą. To sążnista kronika dziejów firmy Krupp. Zaczyna się „obiecująco", pierwsze czterdzieści parę stron to szczegóły techniki wyrobu stali, pozostałe trzysta już nie takie „frapujące". Na samym końcu podziękowania dla Fundacji Alfried Krupp von Bohlen und Halbach za okazałą pomoc fachową i, domyślam się, finansową, ponieważ autor robi taki *make up* Kruppom, że lustro prawdy pęka w szwach.

Alfred Krupp, ten, który wymyślił i sfinansował słynną uliczkę na Capri (*via* Krupp), ten, który uciekał tam na początku XX wieku od żony, aby smakować zakazane owoce homoseksualnej pedofilii, który swego niepełnoletniego kochanka ściągnął za sobą do Niemiec, aby ten ściągał mu napletek, w książce tej występuje jako ofiara nagonki prasy lewicowej, która w przeddzień wyborów (rok 1903) miała szkalować prawicę w celu zdobycia głosów. Jego samobójstwo – wkrótce po wysłaniu żony na przymusowe leczenie w klinice psychiatrycznej, ponieważ ta nie wytrzymała nagonki i popadła w zaburzenia afektywne dwubiegunowe – jego samobójstwo więc nie jest tu samobójstwem, lecz śmiercią na udar, specyficzną, do mózgu wylała się krew razem z kulką, która wpaść musiała przez otwarte okno. A ilość stron o odszkodowaniach dla robotników za pracę przymusową w trakcie II wojny większa od tych, które poświęcono pewnemu znanemu Austriakowi. Jakby to był epizod, a nie wieloletni miłosny klincz. Jeden z Kruppów mówi: „Nasza stal jest nie tylko twarda, wtedy by się łamała. Ona jest jednocześnie giętka". Idealne podanie, nie muszę się dużo wysilać, tacy właśnie byli Kruppowie. To oni ubrali Hitlera na wojnę. Jego słowa trafiały do ludzi, ich armaty z Essen w ludzi. I czołgi, to na ich lufy ostrzyli sobie zęby ułani w *Lotnej*. „Krupp" w polskim rymuje się z „trup".

Druga książka również opiera się na faktach, lecz skacze po nich frywolnie jak konik polny po łące. Nosi podtytuł *Powieść* i rości sobie do niej pretensje. Nazwiska autentyczne, fakty mniej lub więcej też, ale ten scenograficzny pędzel, skaranie boskie! Każde wydarzenie owiane płaszczem grafomanii. Jeśli zdarzyć się ma coś niepokojącego, natura wystąpi w roli fototapety. Takiej, na przykład, od razu w pierwszym zdaniu książki: „Liście olbrzymich drzew w parku zabarwiły się właśnie na czerwono i żółto. Zdawało się, że jesień tego roku zaczęła się o wiele za wcześnie". Potem jest o lekkim wietrze, który mierzwi fale pobliskiego jeziora, czyniąc to nie bez kozery. W domu Kruppów dojdzie do scysji.

Więc ja teraz wyjmę jakiś kwiatek raz z jednej książki, raz z drugiej, tak żeby ten wazon z nich wyglądał po ludzku.

Rzepkę w ogrodzie Kruppów zasadził w roku 1811 Friedrich (1787–1826). Ciągnął ją, ciągnął i wyciągnąć nie mógł, odlewnia stali przez ponad dwadzieścia lat nie przynosiła zysku, przeciwnie, Friedrich, bardziej alchemik niż przedsiębiorca, chętniej eksperymentował, niż sprzedawał, dlatego kiedy umarł, nieborze, wykończony gruźlicą i psychicznym załamaniem, przy trumnie jego więcej stało wierzycieli niż klientów.

Rzepkę wyciągnął z zapaści i postawił na nogi jego syn, Król Maciuś Pierwszy. Na czele firmy stanął czternastolatek (!), Alfred (1812–1887), i on to, z biegiem lat, z biegiem dni stworzył z firmy ikonę niemieckiego przemysłu, symbol pionierskich dokonań w technice. A także siatkę podstawowych zabezpieczeń socjalnych dla pracowników. Nieźle zarabiali, mieli się gdzie leczyć (kasa chorych i szpitale zakładowe), gdzie mieszkać (osiedla robotnicze) i gdzie kupować (sklepy zakładowe). Powstała Planeta Krupp, „Rodzina Kruppiańczyków", w której każdy pracownik dumny był z jakości wytwarzanych produktów i dzięki dumie tej czuł więź z wszystkimi innymi jej członkami. Była ona zupełnym przeciwieństwem tez głoszonych wówczas przez Karola Marksa o wyniszczającym klasę robotniczą kapitalizmie.

Alfred w pracy był kreatywnym indywidualistą, narzucającym swoją wolę patriarchą, sceptycznie nastawionym do bankierów, służalczym niemalże wobec władzy państwowej, niestrudzonym i pomysłowym w pozyskiwaniu zagranicznych rynków szefem.

W roku 1851 na światowej wystawie techniki w Londynie ugięły się wszystkim kolana. Dowiedziawszy się wcześniej, że Anglicy wystawią stalowy blok o wadze tysiąc dwieście kilo, powiedział: „No to wyślemy im dziadka", i wysłał, armatę, staliwo z Essen było dwa razy cięższe. Anglicy tę demonstrację potęgi przełknęli, ale nie dali za wygraną, aby świat odróżniał ich wyroby od niemieckich, gorszych, rzecz jasna, wymusili nakaz wytłaczania na tych ostatnich napisu „Made in Germany", czym opatentowali sobie sami gwóźdź do trumny.

Alfred w domu był... W domu go nie było, był, jak spał, a że cierpiał na bezsenność... Przesadziłem, lecz spał rzeczywiście mało. Mąż swojej pracy, nie żony, bo żona *pro forma*, dzieci trzeba było mieć, następców i spadkobierców. Niemającej sobie przez lata równej w Niemczech fortuny, pęczniejącej proporcjonalnie do dynamicznego rozwoju przemysłu kolejowego i zbrojeniowego. I do upadającego stanu jego zdrowia – hipochondria i coraz częstsze nerwowe kryzysy, i dłuższe pobyty w sanatoriach.

W roku 1873 powstaje Villa Hügel, na wzgórzu oddalonym o osiem kilometrów od zakładów w Essen. Połączenie z nimi z początku telegraficzne, zaraz potem, już w roku 1887, w rok po jego wynalezieniu, telefon. Jazda do pracy, żaden problem, willa miała stację kolejową i własny pociąg. Tak zwana willa, w istocie pałac, osiem tysięcy sto metrów kwadratowych powierzchni mieszkalnej i użytkowej oraz park, hektarów dwadzieścia osiem.

Trzeci z dynastii, Friedrich Alfred (1854–1902), to pierwszy Krupp nie tylko ze stali. Organizował dla pracowników koncerty i przedstawienia teatralne, techniczne i naukowe wykłady. To ten, który w pierwszej książce umiera na wylew, a w drugiej strzela sobie w głowę. Jego małżeństwo zaczęło się i skończyło na ślubie i dwóch wizytach w sypialni, mieli dwie córki. Żonę omijał z daleka, skarżył się lekarzom, że spać spokojnie może tylko wtedy, kiedy ona znajduje się w bezpiecznej od niego odległości. Na przykład około tysiąca siedmiuset kilometrów, tyle ile z Essen na Capri. Na pogrzebie cesarz Wilhelm II szedł za jego trumną, a potem na dworcu, przed wyjazdem wygłosił mowę, w której bronił honoru wielkiego Niemca zaszczutego przez prasę.

Z dwóch córek dzieci miała tylko Bertha, za to miała ich ośmioro. Z Gustavem von Bohlen i Halbach. W sumie osiem minus siedem, bo liczył się dla niej tylko syn pierworodny, Alfried (1907–1967), resztę traktowała jak powietrze, nie udzielając im na starość audiencji.

Oczko w jej głowie było niesforne, postanowiło na przykład wziąć i ożenić się, wbrew jej woli. Bo z rozwódką, która jakby było mało, nie miała formatu, żeby stać się i być dumną perłą w koronie dynastii.

Historia trędowatej w pałacu wyglądała mniej więcej tak: jest rok 1937, po ślubie w gronie paru przyjaciół, bo rodzina zbojkotowała, Alfried Krupp von Bohlen i Halbach przywozi Anneliese do willi Hügel, na której powiewają flagi z Hakenkreuzem, dopiero co wyjechał był stamtąd w porządku w sumie gość, Adolf Hitler.

Maybach SW 38 sunie przez park, Alfried jest podniecony, z daleka pokazuje jej pałac, Anneliese jest przestraszona jego ogromem i przepychem, Alfried nie ukrywa dumy, ale cóż to, dlaczego przed wejściem stoi tylko Majordomus? Gdzie matka, ojciec, rodzeństwo? Dobrze, można nie podzielać wyboru, ale nie wyjść na przywitanie syna i brata z poślubioną właśnie małżonką? Która przy jego boku?

Majordomus się kłania i tako rzecze: „Pani Krupp poprosiła mnie, abym przygotował państwu pokoje w Małym Domu". Alfried jest zaszokowany, Anneliese szczęśliwa, im mniejsze mieszkanie, tym lepiej, przytulniej, intymniej, kici koci i buziaczkowato. I oczy jej piękne i wielkie jeszcze większe się robią, kiedy do Małego Domu wchodzi, bo w takim dużym jeszcze nie była.

Alfried odwiedza matkę, oświadcza jej, że synowa przy nadziei, lecz serce matki jak przerębel, wrzątkiem nie stopisz. I tak żyją, Alfried i Anneliese jak Jaś i Małgosia, a matka jak Baba-Jaga. Alfried coraz bardziej zajęty, praca i praca, Anneliese coraz bardziej samotna, dom i dom. Dnia pewnego słonecznego postanawia wyjść do parku, przypadek chce, że Bertha również, spacerują w tej samej jego części, przystają oddalone od siebie kilkadziesiąt metrów, Bertha mówi coś służącemu, ten kiwa głową, podchodzi do niej, kłania się i tako rzecze: „Pani Krupp von Bohlen i Halbach prosi, aby na czas jej pobytu w parku pozostawała pani poza zasięgiem jej wzroku".

Bertha złożyła wizytę w Małym Domu dwa razy. Pierwszy raz chwilę po urodzeniu dziecka. Weszła, spojrzała na wnuka i wyszła. Drugi raz po dwóch latach, weszła, zaproponowała synowej milion marek i wyszła.

Anneliese na rozwód przystała, małżeństwo skończyło się po czterech latach, formalnie, w istocie wcześniej, on był coraz bardziej milczący i nieobecny, ona coraz bardziej swoje smutki topić zaczęła w alkoholu, aż sama zaczęła w nim tonąć. Ich syn, Arndt (1938–1986), został naturalnie przy Kruppach, po paru latach matka kupowała mu będzie kobiece ubrania.

Flag ze swastyką nie opłacało się ściągać, koleżka Hitler wpadał i wypadał z willi Hügel jak przez drzwi obrotowe. Pierwszy raz przyjmowany być musiał jak wcześniej cesarz. Młody Gustaw sprawdzał linijką prawidłową odległość między złotymi sztućcami, kieliszkami a rogiem stołu, podczas gdy *Chef d'Table* odczytywał mu harmonogram, taki oto: „Wszystkie przygotowania muszą zostać zakończone do godziny 11.35. Służba ma wtedy 13 minut na przebranie się. Punktualnie o godz. 11.48 przeprowadzona zostanie inspekcja ubioru. O godz. 11.58 wszyscy służący domu utworzą szpaler przed drzwiami – z wyłączeniem siedmiu kucharzy i pomocy kuchennych, którzy zostaną w kuchni. O godz. 12.07 nadjedzie Jego Wysokość, o 12.11 przekroczy próg domu. Wówczas poprzez wejście z kuchni na swoje pozycje pośpieszy służba kuchenna i stołowa, służba domowa wycofa się natomiast wyjściem do pralni".

Świat Kruppów, żona i matka dziecka Alfrieda do willi wejść nie mogła, *persona non grata*, Hitler mógł. Rodzina na zewnątrz jak popiersie ze szlachetnej stali, ale zrobić temu popiersiu rentgen, w klatce (piersiowej) kłębowisko węży.

Gustav i Alfried, ojciec i syn, w jednej stali partii, NSDAP. Jak wyglądałaby bez nich druga wojna światowa to pytanie jak najbardziej zasadne. Alfried miał powiedzieć: „Beze mnie ta przeklęta wojna zdechłaby sama. Ale ja żyję, jestem tu. Ja jestem tym, który ciągle ją karmi. Armatami, wozami pancernymi, granatami. Dzień po dniu". Gdzie miałby to powiedzieć? Najlepiej pasowałby bunkier w willi Hügel, wtedy, kiedy w dzień zaczęli bombardować ich Amerykanie, a w nocy Anglicy, cel ataku –

Zagłębie Ruhry, spada na nie jedna trzecia bomb aliantów, zrozumiałe.

Obrazek z sagi rodu: z wyciem syren Alfried i Bertha sadzali schorowanego już Gustava na wózek inwalidzki i podjeżdżali pod schody prowadzące na dół. Gustav nie chciał być niesiony i pokonywał je zawsze sam, stopień po stopniu. Siedzieli na dole ze służbą, czasami całą noc, jak szczury. To, co produkowali i wysyłali na front, wracało do nich rykoszetem.

Gustav przed Trybunałem Norymberskim nie stanął, nie wiedziałby za co. Miał skutecznych sojuszników, utrata pamięci i demencja spadły mu na głowę z nieba. Do roku 1950 siedział na werandzie i patrzył donikąd, w roku 1950 umarł, do więzienia poszedł Alfried. Dostał dwunastoletni wyrok, nie za zbrodnie wojenne, ale za organizację pracy niewolniczej (sto tysięcy robotników przymusowych ogółem) i rabunek na ziemiach okupowanych. Wyszedł już po dwóch latach z więzienia, wypłynął na fali amnestii (1951) i wziął się do odbudowy, Niemiec i relacji z synem.

Odwiedził go w internacie i zobaczył malowaną lalę. Trzynastoletni Arndt był tam pośmiewiskiem, malował sobie twarz i ubierał się fantazyjnie, więc Alfried przeniósł go do innego, następnie znowu się ożenił, następnie znowu syna odwiedził, nie mogąc zrozumieć, dlaczego matka, Anneliese, przysyła mu kobiece ubrania. Następnie znowu się rozwiódł, także z firmą, która stała się fundacją, a następnie spółką kapitałową, dzięki temu, że Arndt zrzekł się dziedzictwa, dzięki czemu Alfried mógł sobie spokojnie umrzeć na raka żołądka. A Arndt?

Został emerytem, zanim zaczął pracować, za zrzeczenie się praw do stalowego tronu i nazwiska Krupp żył sobie za odprawkę, dostawał dwa miliony marek rocznie plus jakieś drobne z dochodów zakładów Kruppa i na otarcie łez przypisano mu parę rozrzuconych po świecie przydrożnych zamków. Jako zadeklarowany homoseksualista uległ naciskom krewnych i dla przedłużenia dynastii ożenił się (1969) z kobietą, austriacką księżniczką Henriette von Auersperg, z którego to związku z łóżka wyszły jaja, poślubiona jedyne co od niego dostała to listy.

Wiódł życie. Przez jakiś czas playboya, na pewno wpaść musieli na siebie z Helmutem Bergerem, dużo podobieństw, no i fakt, że postać Martina w *Zmierzchu bogów* wzorowana była na nim. Urządzał bizantyjskie orgie w oparach alkoholu, brał narkotyki. Mieszkał w Marrakeszu, uwielbiał Afrykę, odbiła mu palma, inscenizował biesiady teatralne w swoich zamkach, podczas których zasiadał na tronie i kazał się tytułować.

Król, Jego Wysokość Świr, z berłem w dłoni w postaci penisa. I fobie, i histerie, i samotność. Ostatni Krupp najwięcej czasu spędzał z sobą w lustrze, uwielbiał, zachwycał się swoim obliczem, lecz była to miłość bez wzajemności. Twarz plądrował mu krok po kroku rak dna jamy ustnej, więc bezlitośnie torturował się operacjami plastycznymi.

Pod koniec miał tylko jedno zmartwienie, jak wygląda jego sztuczna broda ze skóropodobnej plasteliny, czy dostatecznie maskuje wyżarte pod spodem ciało. Musiał trzymać ją w rękach, żeby się nie rozpadła, nie rozleciała na kawałki, na próżno. Już jego dziadek i ojciec wiedzieli, jak trudno zachować twarz.

Mein Kampf
Autor znany

Czas: koniec sierpnia 2012.
Miejsce: Kołobrzeg, plaża.
Osoby: ja z książką oraz tłum.
Książka: *Mein Kampf*, autor: znany, ja: mniej.

O wolne miejsce tu trudno, ludzie jak w wagonach towarowych, plaża jak pole minowe. Wiosną zeszłego roku zamknięto ją z powodu wykopalisk. Bomb na niej było więcej, niż padło ich w czasie słynnej (ry)bitwy o Kołobrzeg. Chmary dzieci z wiaderkami do nieba czwórkami by szli, gdyby któreś dokopało się do jednej z nich. A o to było łatwo, położony najbliżej powierzchni pocisk miał tylko trzydzieści centymetrów do wyjścia z podziemia i rozładowania swego wieloletniego napięcia. Bomb dużego kalibru w ilości sztuk siedemdziesiąt usunęło wojsko. Mógłbym przeliczyć ilość tę na korpus jednego mieszkańca, ale jakoś mnie to nie kręci.

Wokół mnie prosty lud na patyku. Prosty lud siedzi, garbiąc się, leży zgarbiony, lub łazi, garbiąc się. Brzydki to lud, dlatego brzydki jego polski język.

Dzieci się gubią i trzeba szukać ich przez megafon. Długo to trwa, zanim się dziecko odnajdzie, na plaży odróżnić dzieci od dzieci i dorosłych od dorosłych trudno. Jakby wszystkie jabłka spadły pod tę samą jabłoń, po czym wybrały się nad morze, żeby podfermentować się w słońcu. Wszyscy jak z jednej wycinanki, kobiety w pozycji leżącej są rozłożyste, a kiedy wstaną, to trudno określić, czy już stoją, czy jeszcze leżą.

Kobiety, biedroneczki, są w kropeczki, mają cellulit, mężczyźni nie, bo to trochę źle wygląda, ale mężczyźni mają za to z tego samego gipsu tak samo odlane czaszki. Z tyłu płyta lotniskowa, po której nie kołuje żaden samolot w postaci półskrzydlatej choćby myśli. Jakbym im zmierzył te główki czosnku, te czaszki, jakbym zmierzył stosunek ich szerokości do długości i pomnożył przez sto, to z antropometrii tej wyszłoby szydło z worka, polskie chłopki.

To Mickiewicz, tak sobie ten wierszyk leciał: „Obywatele oszusty! Obywatele łajdaki! Chcę z was mieć pożytek jaki. Z hrabików, Żydków i Popków chcę porobić polskich chłopków". Miał marzenia facet. Wiedząc, że one ściętej głowy, to jego pieprzenie tak się kończy: „Dotąd się mąż wielki trudzi, z rąk mozołem, w pocie czoła, i dotąd zrobić nie zdoła dobrych chłopów z kiepskich ludzi".

Kiepskimi ludźmi zajął się autor, którego trzymam pod pachą, ale i tak dla polskich antysemitów nadal są oni wszędzie. Nie widać ich, fakt, ale są. Zarodniki grzybów, widać je? Nie widać. A są? Są. Rozprzestrzeniane w środowisku poprzez wiatr. Prawdziwi Polacy cierpią przez nie na alergię. A jakby stali się nagle widoczni, to nie żeby ich palić znowu w stodole lub grać sobie odciętą głową w piłkę, bez przesady – ale z plaży won. No chyba że na tę dla psów. Ich właściciele mieliby czym rzucać, a psy co aportować. Lub na tę, to propozycja rozbrajająca, na której mogą jeszcze znajdować się bomby, niech ją, drepcząc tam i z powrotem, rozbrajają.

Wystarczy, bierzemy się za *Mein Kampf*, przez książkę tę przeszedłem jak kula, w sensie znam na wylot. Zaczynam od dowcipu, ze względu na dobre potem przejście. Hitler zmartwychwstaje, dziennikarze prowadzą z nim wywiad. I co pan teraz będzie robił? pada pytanie. Odpowiedź: Zabiję milion Żydów i pięciu Szwedów. Dlaczego pięciu Szwedów? Bo na milion Żydów nikt nie zwróci uwagi.

Hitler rzeczywiście zmartwychwstanie, w roku 2015 *Mein Kampf* stanie się częścią domeny publicznej. Ukaże się w Niemczech z naukowym komentarzem krytycznym, mało tego, wyjdzie jeszcze specjalne, fragmentaryczne wydanie dla szkół. Trudno inaczej, książka ma około ośmiuset stron. Rok 2015 stąd, że wygasają do niej wtedy prawa autorskie Kraju Związkowego Bawaria. A prawa autorskie stąd, że Hitler do śmierci zameldowany był w Monachium, a więc cały jego majątek wraz z prawami autorskimi łącznie przejęła sobie Bawaria, ściślej – jej Ministerstwo Finansów. Zaś blokada wydania *Mein Kampf* przez Bawarię stąd, że poprzez wzgląd – na pamięć ofiar Holokaustu. I z obawy przed opacznym tego kroku zrozumieniem.

Nowe wydanie opatrzone komentarzem ma zdemistyfikować potwora i obnażyć głupotę jego ideologicznej paplaniny. Czyli puścić toto na rynek i przebić, udowadniając, że to bańka mydlana, innymi słowy. Pokazać, że wódz jest nagi, słowy jeszcze innymi.

Przed wojną książkę sprzedano w Niemczech w nakładzie 9,8 miliona egzemplarzy, co plasuje ją zaraz po jednym z największych hitów rynku wydawniczego w Niemczech, czyli *Harrym Potterze* (*Kamień filozoficzny*, 12 milionów egzemplarzy). U nas *Mein Kampf* ma cztery wydania, wszystkie po roku 1989.

Kto które wydanie tłumaczył, cholera wie, chaos taki, jak przy autorze tłumaczenia *Manifestu komunistycznego*. Powtarzają się dwa nazwiska, Irena Puchalska i Piotr Marszałek, wygląda to na pseudonimy, mniejsza z tym, ważniejsze, że translatorsko trochę spieprzone.

Książka składa się z dwóch części. Pierwsza, *Obrachunek*, ciekawsza, bo autobiograficzna, druga, jak sam tytuł wskazuje, *Ruch narodowosocjalistyczny*, mniej ciekawa, bo instruktażowa. Przy czym, przy czym! Książka ta nie jest wcale, jak sugeruje się wydawcom i czytelnikom, mydlaną bańką. Mnie wydaje się ona dość spójnym dziełem, którego wiedzący czego chce autor precyzyjnie i konsekwentnie zmierza do swego bombastycznego, chciałoby się tu rzec, celu.

Rozpoznaje on sytuację na aryjsko-semickim boisku Europy, namierza przeciwnika, podaje wyjaśnienie, dlaczego ów przeciwnik nim właśnie jest, oraz wykłada sposoby jego obezwładnienia (poprzez NSDAP). Lustruje teren, przygotowuje amunicję, namierza cel, strzela. Jest to dokumentacja wykolejonej epoki, fascynująca dla historyków i zawodowych bądź domorosłych polityków. Sam jej autor powiedzieć miał, że gdyby wiedział, że zajdzie tak wysoko i zostanie kanclerzem Niemiec, nie posunąłby się w ujawnianiu swoich celów tak daleko. Naród nie powinien za dużo widzieć, nie powinien znać wszystkich niemalże tajemnic Hitlera narodowowyzwoleńczej alkowy.

Nie znaczy to, że szary jak mysz domowa czytelnik czytał będzie *Moją walkę* z wypiekami na twarzy, raczej z rosnącym na niej znużeniem. Danie to ciężkostrawne, w brunatnym sosie, wysmażone przez zadufanego, wszystkowiedzącego kucharza. Główny jego składnik, tego dania, to przysposobienie do życia w partii, takim właśnie „przysposobieniowym", szkolno-poprawnym stylem napisane. Do mdłości skrupulatny rozkład jazdy na brunatno, instrukcja obsługi świata naperfumowana tu i tam pretensjonalną kwiecistością.

Rzecz, którą trzeba wiedzieć: Hitler pisał swoje *opus magnum*, reagując na bolszewizm i jego praojca Karola Marksa. Żyd ten podstępny wymyślił komunistyczną truciznę po to, żeby spowodować „destrukcję niepodległych bytów wolnych narodów świata". A to dlatego, żeby Żydzi, w diasporze, jako żyjący wszędzie bezpaństwowcy, rządzić mogli niepodzielnie niepodzielnym, bo internacjonalistycznym nowym światem. Dlatego właśnie ichnia idea Międzynarodówki, „międzynarodowego pytona", pod rządami ichniej rasy. I dlatego właśnie *Moja walka*, czyli obrona nacji, państwa, jako twierdzy przed zalewem internacjonalistycznego bagna. I obrona rasy, tej najszlachetniejszej, aryjskiej, inaczej „czarna maska okresu upadku kultury znowu spadnie na glob". I dlatego też obrona osobowości, wybitnych, przed zalewem bolszewickiej masy pospólstwa.

Poszwendajmy się trochę po tej historycznej rupieciarni. Tego figla, spłatanego nam przez los. Los naprawdę ślepy, jeśli z sześciu narodzonych w domu Hitlerów dzieci zmarły cztery, a zostało dwoje, on i jego siostra. Dlatego dwa pierwsze rozdziały, *W domu rodziców* i *Lata nauki i cierpień w Wiedniu*, najciekawsze. (Cierpień! Wiedeńskie lata nauki i cierpień! A nie, jak stoi w tłumaczeniach i w Wikipedii, „walki". Usunąć! Poprawić! Wykonać natychmiast!).

Hitler nie ma jeszcze wąsów. Ma, co trudno sobie wyobrazić, ojca i matkę. Dzieciństwo ma, a co za tym idzie, młodość. Dwa pierwsze zdania zatrzymały mnie na dłużej, rozbawiły do łez. „Szczęśliwym przeznaczeniem wydaje mi się dzisiaj to, że los podarował mi na miejsce urodzenia właśnie Braunau nad Innem. Miasteczko to leży przecież na granicy dwóch niemieckich państw, których ponowne zjednoczenie stanowi dla nas, młodych, życiowe zadanie, a to wykonać należy za pomocą wszelkich dostępnych środków!". W polskich tłumaczeniach z angielskiego i niemieckiego (znajdziecie w internecie) brak wykrzyknika sprawia, że ucieka cały tych dwóch zdań urok osobisty. Pierwsze jak opowieść przy kominku, dla dzieci, na dobranoc, a drugie kończy się jak pobudka w koszarach, Hitler powinien był napisać je rozstrzelonym drukiem, pasowałoby podwójnie.

Wyobrażam sobie, że *Mein Kampf* czyta Chaplin, zaczyna na hamaku, buja się w jedną stronę, buja w drugą i nagle: powstań! Podrywa się, ale nie tak prosto z tego hamaka nagle wyskoczyć, książka wylatuje mu z ręki, a on ląduje na ziemi, wstaje, opierając się o hamak, i znowu się przewraca. Hitler nie wytrzymał, zaczął na spocznij, skończył na baczność. Jeśliby wziąć te dwa zdania do ust i dmuchnąć, wyskoczy z nich na końcu głowa diabełka z piskiem i wywalonym językiem, ludzie w podeszłym wieku wiedzą, jaką zabawkę mam na myśli.

To idiotyczne, pisać o *Mein Kampf*, że jest fe! To nudne pisać o zakalcu, że jest zakalcem. Więc wykroję z niego parę w miarę normalnych kawałków. To ciekawsze. Takich na przykład: „to, co robisz, rób dokładnie". Sprzeciw? Nie widzę. „Tłum nie dokonuje wynalazków, nie organizuje, nie myśli, robi to zawsze pojedynczy człowiek, jednostka. Prawda? Prawda. Ogół nigdy nie może zastąpić jednostki. Bo ogół to nie tylko obrońca głupoty, ale także i tchórzliwej polityki. I tak jak stu głupców nie może stać się jednym mądrym, tak i bohaterskiej decyzji nie może wydać stu tchórzy". Brzmi to trochę jak idiotyczne przysłowie chińskie, ale dobra, zaliczam. Masy, lud, naród: „Jego zdolność przyjmowania treści politycznych jest bardzo ograniczona. A jedyną, najbardziej skuteczną wobec niego propagandą jest lansowanie prostych sloganów, i to tak długo, aż tenże je pojmie". Zgoda. Nauczanie historii w szkole? „Za dużo materiału. Który powinien ograniczony zostać natychmiast. Przecież nie o to chodzi, aby odkrywać, co się wydarzyło, ale o to, aby nauczanie jej pomagało zrozumieć teraźniejszość. I dawało wskazówki na przyszłość. Pomagało w kontynuowaniu egzystencji narodu, a nie ograniczało się do bezmyślnego kucia dat". Zgoda, jak najbardziej. „Najpierw walka, na przykład z tyranią, a potem dopiero pacyfizm. Jak najbardziej. Lud, podobnie jak kobieta, która szybciej ulega mocnemu mężczyźnie niż słabemu, kocha bardziej mocnego władcę niż słabego. I że większą satysfakcję czuje on z doktryny, która nie toleruje rywali, niż z takiej, która uznaje liberalną wolność". No dobrze, trochę to trąci myszką, z wąsami, patriarchalną również, ale z grubsza rzecz biorąc? „Wszystko, co na tej ziemi podziwiamy, od nauki przez sztukę, po technikę i wynalazczość, to dzieło niewielkiej w sumie liczby narodów. I cała w zasadzie kultura opiera się na ich egzystencji. I jeśli te miałyby zostać zrujnowane, to zabiorą ze sobą do grobu całe piękno tej ziemi". Tu się trochę zapędził, ale będę wspaniałomyślny.

Siedzi w celi w Landsbergu, odsiaduje wyrok za udział w puczu. Siedzi i pisze, od czasu do czasu patrząc w zakratowane okno. Wspina się na szczyty poezji rewolucyjnej: „Dzisiaj jesteśmy rafą, lecz za parę już lat los może uczynić z nas zaporę, która zatrzyma główny nurt, aby ten popłynąć mógł nowym korytem". I wykrakał.

Marcel Reich-Ranicki zdecydował się udostępnić mi niepublikowany jeszcze w Niemczech list Tomasza Manna do Adolfa Hitlera. Uczynił to wbrew klauzurze o niepublikowaniu listu do roku 2015. Podaję poniżej moje tłumaczenie, jest to pierwsza publikacja fragmentów tego sensacyjnego listu, i to po polsku! Panie Marcelu, w imieniu wszystkich czytających Polaków dziękuję po polsku, czapką do ziemi!

01.04.1923
Monachium, Poschingerstraße 1 am Herzogpark.

Szanowny Panie Hitler!
Pan wybaczy, że odpowiadam dopiero teraz, ale niechże usprawiedliwi mnie śmierć mojej matki oraz stosy na moim biurku [...]. Dziękując za Pańską przesyłkę, dziękuję za zaufanie, jakim mnie Pan obdarzył. Napiszę Panu szczerze, całego Pańskiego *Mein Kampf* nie przeczytałem, i to nie tylko, przyznam, ze względu na fakt jego pokaźnych rozmiarów. Przejrzałem, przekartkowałem, czyniąc to z rosnącym, przyznam, zdumieniem.

Już we wstępie pisze Pan, że każdy duży ruch swoje powstanie zawdzięcza wielkim mówcom, a nie pisarzom. Że słowo mówione silniejsze jest od słowa pisanego? Jeśli tak, to czym wytłumaczyłby Pan płomień, który powstał z iskry Manifestu komunistycznego? Karola Marksa można podejrzewać o wszystko, lecz nie o *ars oratoria*. [...]
Pański stosunek do Żydów graniczy z patologią, przerażeniem napawa mnie myśl, że miałby on trafić na dobrą glebę. Upiorny scenariusz, jak ze złego snu, na szczęście granic tego snu nigdy on nie przekroczy. [...]
Pan w ogóle jest świadom tego, co pisze? Czy znane jest Panu pojęcie prefiguracji? Gdyby Pańska walka miałaby stać się walką Niemiec, doszłoby do wojny totalnej. Niemcy stałyby się maszynistą śmierci, pędzącym przez Europę w lokomotywie napędzanej nienawiścią do innych i miłością własną. Ta oszalała jazda zmierzałaby niechybnie prosto w przepaść, z Niemiec nie zostałby kamień na kamieniu, mam naprawdę przypomnieć Panu taki truizm, jak „kto mieczem wojuje...", Panie „Marzycielu i Wizjonerze". [...]
Nie docenia Pan dzieł niemieckiej literatury. Nie docenia Pan wpływu literatury, kultury i niemieckiego ducha. Niemcy to tradycja, to wielka przeszłość i, jestem pewien, wielka przyszłość. A wielka przyszłość to wielka przyjaźń, z wszystkimi rasami i narodami. Pan i Panu podobni jej na drodze nie staną. Myśli Pan, że Niemcy są narodem tak ograniczonym i niewykształconym, że dadzą się porwać Pańskim politycznie niedorzecznym i literacko grafomańskim tyradom? Że pójdą za Panem? Że rezygnując dobrowolnie z demokracji, zgodzą się na państwo totalitarne? Pod wodzą jednostki? Dyktatorzy kompromitują nie

siebie samych, ale naród, który się im poddaje, który za nimi podąża, jakże nie docenia Pan niemieckiego narodu! Mało tego, Panu się roi zryw, wojna, barbarzyńska napaść na narody ościenne, Pan marzy potajemnie o tym, aby Niemcy zabijali i ginęli z Pańskim imieniem na ustach, w Panu pali się wodzowski obłęd i całe szczęście, powtarzam, całe szczęście, że nie zajmie się od niego nic i skończy się on, dotli na Panu i paru Panu podobnym. [...]

Kreślę się,
Tomasz Mann

PS Jeśli nie przekonałem Pana, to niech dostatecznym dowodem na moją opinię okaże się nakład Pańskiej książki. Jestem pewien, że nie przyniesie ona Panu wielu tantiem, i to nie tylko ze względu na miałką treść, forma pozostawia również wiele do życzenia. Papier jest średniej jakości, okładka zaś lipna, materiałowa, z lnu, co przy wygórowanej cenie dwunastu marek woła o pomstę do nieba. Radziłbym Panu na przyszłość zająć się malowaniem, o którym wspomniał Pan w liście.

O dwóch takich

Georg Ratzinger, *Mein Brüder, der Papst*
(spisał Michael Hesemann)
Herbig, München 2011
wydanie polskie: *Mój brat Papież*
przeł. Kamil Markiewicz
Wydawnictwo Znak, Kraków 2012

Czasami ściągnąć taką folię z książki trudniej, niż ją przeczytać. Niech to szlag trafi. Stoję na przystanku autobusowym w Europie, w styczniu roku 2012. Chcę do domu. Nade mną i nad nią (książką) burze i orkany. Jest dzień, ale co z tego, kiedy moim światłem ciemność. Od chmur, latających w powietrzu drzew i parasoli, samotnych starców z niedowagą i dzieci z tornistrami, które nie chcą się otworzyć. Sugeruję tu tornister z funkcją spadochronu. Oprócz mnie nikogo, stoję jak na warcie honorowej, w imieniu ludzkości stawiam czoło żywiołom. Autobusy podjeżdżają, ale co z tego, jeśli zaraz suną dalej. Za słabe hamulce, za silny wiatr. Tak silny, że może jest tak, że to one, te autobusy, stoją, a ja sunę? Jako kapitan przystanku „Arka", w kierunku góry Ararat. Więc żeby nie stać bezczynnie, jeśli już stoję, próbuję rozerwać folię z książki *Mój brat Papież*. Próbuję, szukam jakiejś zaczepki, jakiegoś miejsca, od którego mógłbym wyruszyć w drogę palcami, nie ma, gładkie wszystko. Próbuję naciąć, przebić paznokciem, obracam ją jak kostką Rubika, nic, a nawet jakby, to paznokcie mam za krótkie. Koszmar, jakbym się po ścianie wspinał i nie mógł znaleźć miejsca na chwyt. Próbuję zębami, nie mogą chwycić, zahaczyć się, jak zły sen. Jakbym ugryźć chciał szybę. Ześlizguję się, rezygnuję, tracę nerwy. Rzucam nią o ziemię, żeby się rozbiła, rozprysła, choć wiem, że książka, nawet jakby nalać do niej wody i wsadzić kwiaty, to nie wazon. Ani nie materiał wybuchowy, dlaczego tak opancerzona? Co to za folia?! Nie, nie, nie ze mną te numery, papieski bracie. Ja was zaraz dwóch zdefloruję, koniec z tym, rozpinam kurtkę, wyjmuję zapalniczkę, wsadzam książkę pod kurtkę, bo ten deszcz, i ten wiatr, i podpalam. Folia tli się i puszcza, nareszcie, rozrywam ją.

Biblioteki i księgarnie są jak stadniny koni, książki jak konie. Na jednych ruszysz z kopyta i pocwałujesz, na drugich skakać będziesz przez płotki, na innych przez góry. Są takie jak kucyki, kręcisz się truchtem wokół, i są takie jak ta właśnie, stare, wychudzone chabety, na których nie dojedziesz nawet do stajni.

Skaczę jej na grzbiet, chcę ruszyć, próbuję wszystkiego, nic. Kopię ją po bokach piętami, uderzam kapeluszem, okrzyki jakieś dzikie wydaję, biodrami rzucam, trochę się ruszy. Poruszy raczej, ale nie wiadomo, czy to życie jakieś się tli, czy mimowolne skurcze. I nie ratuje jej żaden cud, choć tym po oczach dostajemy już na wstępie, w pierwszych zdaniach.

Pomysł napisania książki urodził się mianowicie w głowie jej autora. Oczywiście to jeszcze nie jest ten cud, bo gdzieżby niby indziej. Chodzi o to, że autor wraz z głową znajdował się w sanktuarium pielgrzymkowym w Absam (gdzieś niedaleko Innsbrucka). No i tam właśnie ślub brali kiedyś dziadkowie Braci, ale to też jeszcze nie jest ten cud. Otóż w kościele cudem jest obraz Maryi, jeden z dwóch na świecie, który z nieludzkiej ręki powstał. W sensie nadludzkiej. Młodej wieśniaczce ukazała się tam kiedyś sama Ona. Do okna twarzą przylgnęła. Widocznie byt pozaziemski nudny jak flaki. W chuście się ukazała, z przekrzywioną głową. I smutnym, a jednocześnie pełnym nadziei spojrzeniu. I tak jak przylgnęła, tak w nim została. Szkło szorowano szczotką, zniknęła? Gdzie tam, na chwilę tylko, i zaraz znowu w szybie. Szkło szlifowano, mało, usuwano wizerunek za pomocą kwasu, dało coś? Nic, uparta jak osioł wisi sobie Matka Boża w Absam do dzisiaj.

Styl tej książki rozmowy barwny jest jak smak hostii. „Moje najwcześniejsze wspomnienia z dzieciństwa pochodzą z okresu..." to zdanie w porównaniu z resztą stosunkowo porywające. Cierpliwość Hioba to nic w porównaniu z wytrwałością tłumacza. Bo zaglądam równocześnie do polskiego wydania. Tłumacza, który i tak, czasami, próbuje ściągnąć górnolotność Brata Georga do parteru. Tłumaczenie: „Moja matka [...] przyszła na świat...". Oryginał: „Moja matka [...] ujrzała światło świata...".

Michael Hesemann, dziennikarz (watykański), który ten wywiad rzekę przeprowadził i spisał, dostrzegł znaki, jakie Bóg daje nam poprzez historię. Kombinował, kombinował i wykombinował, wziął mianowicie linijkę do ręki i wymierzył dwie odległości, od miejsca urodzenia Ratzingera

(Marktl) do miejsca narodzin Hitlera (Braunau) jest trzydzieści kilometrów. A ile od Wadowic do Oświęcimia? No właśnie. Ta kilometrologia, oba te miejsca i dwaj ci papieże symbolizują co? Ano zwycięstwo Matki Boskiej nad złem. I takie to myśli budzą się w dorosłym człowieku, kiedy jego rozum śpi.

Dobra, no to przelećmy się lotnią, niedbale, nad życiem Josepha Ratzingera. Który to życiorys dozwolony być powinien tylko dla dorosłych. Dzieci mogą go naśladować i któreś z nich zostać może papieżem.

Joseph Ratzinger senior z racji wykonywanego zawodu (żandarma) przenosił się z miejsca na miejsce i nie mogąc zagrzać ani jednego, nie znalazł też ani jednej kobiety. Potrafiącej „dobrze gotować i wykonywać wszelkie prace domowe, biegłą w szyciu, oszczędną i zaradną". To treść jego ogłoszenia matrymonialnego, udało się za drugim razem, kobietą posiadającą te boskie cechy okazała się Maria, córka piekarza, z którą już po czterech miesiącach „urzędnik państwowy trzeciego średniego stopnia" wziął ślub.

Maria przyszła na świat, zaczęła się modlić, skończyła siedem klas, zawiązała sobie fartuch sprzątaczki i kucharki, urodziła troje dzieci, zdjęła te fartuchy, po czym modląc się, umarła. Przesadzam trochę, życie, które spędziła zatopiona w modlitwie i w zlewie, nie było aż tak monotonne, „w trakcie zmywania naczyń miała zwyczaj śpiewania pieśni maryjnych".

Maria rodzi Marię. Maria, córka, przyszła na świat, zaczęła się modlić, następnie została pomocą biurową, następnie domową (w Watykanie, u brata), po czym modląc się, umarła.

Maria rodzi Georga, a po trzech latach Josepha. Obaj bracia przyszli na świat i od razu, z łona matki, udali się na roraty. Takie się ma wrażenie. Cała niemalże fonia ich dzieciństwa to słowa modlitwy, cała niemalże wizja spowita dymem z kadzidła. Sekwencji neutralnych religijnie jak na lekarstwo. Na przykład ta: w ich domu mieszkała jedna z pierwszych kobiet dentystek, która do pacjentów jeździła na nowoczesnym motocyklu. Huk silnika, tumany kurzu i gapie na ulicach, obraz jak z Hrabala. Lub Josepha pierwsze zetknięcie ze śmiercią, umiera koleżanka i krąży wersja, że powodem jej śmierci był śnieg. Jadła śnieg. Dla całej klasy było to ostrzeżeniem, żeby nie jeść śniegu. A sam Papież, jak się urodził, nie przyjmował jedzenia, wszystko zwracał. I kto wie, kto byłby nim dzisiaj, gdyby nie owsianka, jedyna rzecz, którą akceptował jego organizm. Chorował też na błonicę, uwielbiał pluszowe misie i był uczulony na jad pszczół. Jedyna psota, jakiej dopuścili się Bracia, związana jest z wołami. Mieszkający koło nich chłop prowadził wóz z nimi tak, że szedł parę metrów przed nim i nie odwracając się, wydawał komendy, wio, prr, hejta, wiśta. Zdarzało się czasami tak, że „źli uczniowie" (tu czytelnik domyśleć się ma kto) zatrzymywali te woły i chłop, wydając komendy do nikogo, dochodził do domu sam.

Powyższe to tylko pojedyncze wysepki na rozmodlonym oceanie ich dzieciństwa. Byli mali, małe mieli zmartwienia, ale już wtedy wiedzieli, kto ich chroni, Matka Boska w osobie własnej. Na Boże Narodzenie majsterkowali przy szopce rodzinnej, mama (osoba raczej ciepła) dokupowała im co roku figurki pastuszków i psów pasterskich. Pierwszy ich *high-light* to pozwolenie na udział w pasterce o północy, które wydać musiał z pewnością ojciec (osoba raczej zimna). Ich dzień powszedni to wspólna rodzinna modlitwa przed każdym posiłkiem. I msza w niedzielę, dwa razy, raz jako ministranci, drugi raz z rodziną. Książką ich dzieciństwa jest mszalik dla dzieci, z obrazkami i tekstami objaśniającymi sens tego, co dzieje się przy ołtarzu. Jeśli się bawią, to w księży, mają dziecięcy ołtarz, z kielichami, monstrancjami, obrotowym tabernakulum, kadzielnicą i wodą zamiast wina. Georg z kolejnego miasteczka, w którym mieszkają, zapamiętuje trzy rzeczy. Pierwsza to kościół kapitulny, druga to kościół klasztorny, trzecia to sanktuarium pielgrzymkowe. Problemy rodzinne i małżeńskie u Ratzingerów? Bóg tylko jeden wiedział, między sobą o nich nie rozmawiali, tylko z Nim. Spowiedź była wentylem, przez który wylatywały one w niebiańskie przestworza. Choć akurat ona, spowiedź, była jedyną rzeczą, którą zaniedbywali. Powinni spowiadać się raz w tygodniu, Brat przyznaje jednak, że czynili to tylko raz na miesiąc. Odszczepieńcy. I zaraz potem Georg zdobywa się na refleksję, ubolewa nad tym, że dziś praktykowanie wiary ma charakter rudymentarny. Nie ma do Pana miłości, ma miejsce zanik tradycyjnej pobożności. I on to właśnie powoduje, że nowych kapłanów brakuje. Zamiast katolickiego sposobu bycia tryumfuje pogański styl życia. Człowiek jedzenie w siebie pakuje, a za dary te boże nie dziękuje.

Niebo nad Niemcami robiło się coraz bardziej brunatne. Ratzinger senior był przeciw nazistom, od samego początku, ale w domu o polityce prawie nie rozmawiano, z ostrożności, głowa rodziny wyznawała dewizę: „Dzieci i błazny mówią prawdę". Do NSDAP nie dał się zapisać, ale aby chronić rodzinę, polecił żonie, aby ta wstąpiła do jej kobiecej przybudówki. Decyzja zrozumiała, tak, irytuje tylko bagatelizowanie tej NS-Frauneschaft, matka opowiadała im w domu, że nie robią tam nic oprócz wymiany przepisów kucharskich i odmawiania różańca. Niech tam, o pomstę do nieba woła za to, jak obaj rozmówcy pozycjonują Kościół katolicki wobec Hitlera. Tak mianowicie, że ubierają oni Kościół w mundur opozycjonisty. Ideologia nazistowska, jako organicznie obca i wroga katolicyzmowi nie mogła przyjąć się na jego glebie, a konkordat z Hitlerem biskupi zawarli tylko dlatego, żeby ratować część swoich praw. Któż mógł przypuszczać (!), że nie będzie on trzymał się zawartych umów. O Piusie XII wspominają półgębkiem, to dobrze, bo jeszcze okazałoby się, że to nie on wysłał Hitlerowi gratulacje po nieudanym zamachu (Monachium, 1939), ale sam, jako zamachowiec, brał w nim udział.

Powołanie obu braci nie wzięło się znikąd, ono było w nich zawsze. Oczywiście, rodzice i ich suprapobożność, ale oni już jako ministranci wiedzieli, że to początek, pierwszy tylko etap kapłańskiej wędrówki. Ani cienia wątpliwości, organiczna konieczność. I jeśli starszy brat dla młodszego nie był wzorem, to na pewno utwierdzał go w przekonaniu słusznie obranej drogi.

Dwóch braci na księdza, wtedy, pomyśleć, wcale nie aż taki rzadki przypadek. Młodszy jako uczeń znakomity, lepszy od starszego. Trzeci w szkole tylko dlatego, że nie lubił sportu i zajęć plastycznych. A potem internatu. Noclegów z czterdziestoma chłopcami w jednej sali. Porządek dnia: pobudka o 05.20. Msza święta 05.40. Nauka, śniadanie, nauka i tak dalej, o 20.00 „czytanie duchowe", potem modlitwa wieczorna. A potem wojna. Raz służba Panu, którego z całego serca kochali, raz służba Diabłu, którego z całego serca nienawidzili.

Papież w okopach

Wojna, nareszcie, stosunkowo mniej kościoła. W czterdziestym drugim do Wehrmachtu wcielony zostaje Georg, dwa lata później jego jednostka przerzucona zostaje do Włoch (druga światowa to taki okres, w którym Niemcy poznają Europę i trochę świata). Do Włoch więc, tam gdzie kwiaty piły polską krew, pod Monte Cassino. A potem do Bolseny. Tak, tak, tam gdzie zdarzył się cud, w XIII wieku ksiądz odprawiający mszę przełamywał hostię, a z niej wylały się na obrus krople krwi, ludzkiej. Pod wrażeniem tego wydarzenia ówczesny Papież ustanowił święto Bożego Ciała, pomyśleć, że ono dlatego tylko, że ktoś przeciął sobie palec i nie miał plastra. Czego dowodem jest poplamiony obrus, który oglądać można w bolseńskim kościele do dzisiaj.

Georg również przelał tam krew, został ranny w ramię, dzięki czemu dostał urlop zdrowotny, pojechał na jakiś czas do domu, a stamtąd nowym, „turystycznym" szlakiem do Pragi. A stamtąd znowu do Włoch, gdzie stracił zegarek i odznaczenia, bo Amerykanie odbierali je jeńcom wojennym (miał Odznakę za Rany i Żelazny Krzyż Drugiej Klasy). Jego pobyt w obozie można by wmontować do filmu *Jak rozpętałem drugą wojnę światową*. Pewnej nocy pilnują ich czarni Amerykanie, jeden z nich zasypia i z wieży wartowniczej spada mu na teren obozu karabin, jeńcy chowają go, a potem odsprzedają mu za papierosy. Kiedy pilnują ich Włosi, układają puszki po konserwach tak, że wyglądają one jak lufy dział, Włosi uciekają w panice, a oni zostają w obozie sami.

Peregrynacje wojenne Josepha ograniczyły się do Niemiec i Austrii. Łebskie władze wpadły na pomysł, że uczniowie w internatach i tak żyją z dala od domu, więc można przenosić ich w dowolne miejsca, to jest w takie, w których w czasie wojny do czegoś by się przydali. Joseph wylądował naprzód przy bateriach ochrony przeciwlotniczej w Monachium, w wieku lat szesnastu nałożono mu mundur i stał się żołnierzem chroniącym zakłady BMW (silniki samolotowe). Żeby nie musieć strzelać, zgłosił się do działu radiolokacji. Na pytanie jednego z oficerów, kim chce zostać, odpowiedział, że księdzem, podśmiewano się z niego. Następną stacją była Austria, praca w Służbie Pracy Rzeszy, służba pod dowództwem SS, najgorszy czas jego życia. Próbowano zmusić go do wstąpienia, powiedział to samo, chce zostać księdzem, zwymyślano go, szydzono, ale udało się, nie wstąpił. Powrót do domu i tam, w koszarach w Traunstein, przeszkolenie wojskowe. I ucieczka, dezercja, inaczej by go odesłano na front. Było czymś graniczącym ze śmiercią mieć szesnaście lat w Niemczech, wiosną roku czterdziestego piątego. Udało się, weszli Amerykanie, jeden z oddziałów zakwaterował się w domu Ratzingerów. Ironia losu, rozpoznali go jako byłego żołnierza i Joseph stał się jeńcem wojennym, siedział w obozie pod Ulm, wśród pięćdziesięciu tysięcy innych, pod gołym niebem, dzienna racja żywności: chochla zupy i kawałek chleba. Ósmego maja zobaczył na niebie rakiety świetlne, koniec wojny, wrócił do domu, parę dni po nim, tak jak on z alianckiej niewoli, wrócił Georg. Wszedł do domu bez słowa, usiadł przy pianinie i zaczął grać, *Te Deum* (*Wielki Boże, Ciebie wysławiamy*).

Nie alianci, nie Rosjanie, to Bóg sprawił, że rodzina się połączyła. Jego Opatrzność. Nie dał im zginąć, a więc ma wobec nich plany. A więc oni jeszcze bardziej utwierdzili się w postanowieniu o wstąpieniu na drogę kapłaństwa.

Studia. Dla rozróżnienia Georg nazywany jest „Ratzem organistą", Joseph „Ratzem książkowym". I tak już zostanie, ten pierwszy będzie dyrygentem, drugi, w wieku lat dwudziestu dziewięciu, cudownym dzieckiem teologii, jej najmłodszym profesorem na świecie. Ludzkim, skromnym, nienapinającym się, mówią.

Najważniejszy dzień ich życia, święcenia kapłańskie (1951). Joseph mówi „Oto jestem" i wtedy z ołtarza wzbija się skowronek i frunie ku sklepieniu świątyni. *Chapeau bas*.

Życie w celibacie nie problem, przyszłemu papieżowi wątpliwości rozwiało przeświadczenie, że Bóg chce od niego czegoś, co osiągnie tylko wtedy, kiedy zostanie kapłanem. Dla Georga z kolei większym problemem było odmawianie brewiarza, zabierało mu to za dużo czasu.

Umiera ojciec, potem matka. Pod koniec życia chudnie tak, że proteza zębowa staje się dla niej za duża.

Jestem już dosyć daleko, ale światła w tunelu, czytaj końca, jeszcze nie widzę. Robię sobie przerwę, przesiadam się, na innego konia. Z kieszeni wystają mi *Włoskie szpilki* Magdaleny Tulli. Jak na mój chory gust trochę za dużo córki, a za mało matki, której córka wisi jak zapomniana bombka na wyrzuconej na śmietnik choince. Fascynująca jest. Nie czuje mrozu, upału ani bólu. Zacięła się w palec: „Krew? Najwyżej kropelka. Wolałaby wierzyć, że w jej żyłach krew wcale nie płynie, że można żyć bez krwi. Tak byłoby nawet schludniej". Świetne to „schludniej". Lub kiedy słyszy wrzaski dzieci za oknem i każe córce je zamknąć: „Robią za dużo hałasu. Nic mnie tak nie męczy jak nadmiar wesołości". Jestem fanem takich zdań.

Czytam dalej, ale oczami jedynie, oglądam słowa, zamiast je połykać. Myśli krążyć mi zaczynają wokół innej matki, tej od Braci Ratzingerów. Jak wygląda kobieta, której twarz staje się coraz bardziej rozsadzaną przez sztuczne uzębienie ramą? Bracia chowają ją do grobu ojca, z małżeńskiej pary, która poznała się z ogłoszenia, zostanie parę kości i jej proteza. Wiem, ta moja myśl mało odkrywcza, odkrywkowa raczej.

W latach 60. Joseph awansuje, zdobywa kolejne katedry, Georg zostaje dyrygentem chłopięcego chóru w Ratyzbonie, kapelmistrzem katedry. Pod jego skrzydłami „Regensburger Domspatzen" („Katedralne Wróble z Regensburga") robią światową karierę, występują w Stanach, Japonii i przed samym Papieżem. Joseph przedstawia się wtedy często jako „młodszy brat słynnego dyrygenta". Emerytowany dziś Georg wspomina pracę z chórem jako sielankę, mały cień to kierujący nim poprzednicy, którzy z początku nie chcieli pogodzić się z jego zwierzchnictwem. Tak, ja wiem, w tej książce chodzi o Papieża, więc prowadzący wywiad omija rzeczy z nim bezpośrednio niezwiązane. Szczególnie te, które jak rafy. W roku 2010 sam Georg przyznaje w niemieckiej prasie, iż „żałuje, że policzkował chórzystów" (wywiad przedrukowała „Gazeta Wrocławska"). Kapelmistrzowi w czasie prób zdarzyło się stracić nerwy i uderzyć, nad czym ubolewa. Można to przełknąć, choć bulwersujące, ale jak tu przejść do porządku nad ominięciem wzmianki chociażby o skandalu związanym z „Katedralnymi Wróblami z Regensburga"? To tak, jakby pisać dziś o „Poznańskich Słowikach" i nie zająknąć się o tym, jak cienko śpiewały czasami pod batutą ich dyrygenta. Tam słowiki, tu wróble, analogia nie tylko ornitologiczna. Księża przepadają widocznie za małymi ptaszkami. Lubią wyjmować z dziewiczych gniazd ciepłe pisklęta. I chuchać na nie, dmuchać, pierwsze piórka im gładzić. I tak dalej. To „dalej" nazywa się w ich języku, kiedy już przyznają się i przepraszają, „naruszaniem integralności cielesnej". Jeden z chórzystów tamtego czasu twierdzi w wywiadzie, że molestowanie seksualne członków chóru przed przyjściem Ratzingera było tak nagminne, że niemożliwe jest, aby on o tym nie wiedział.

Odechciewa mi się tej książki. Jest, naturalnie, o naszym Wojtyle. Wielki Polak, człowiek o cudownej miksturze. Imponujące dostojeństwo i jednocześnie przystępność, poczucie bliskości. Dobroć i życzliwość.

Kolejne fale sukcesu wynoszą Josepha Ratzingera na kolejne, coraz bardziej zaszczytne stanowiska. Przenosi się do Watykanu na stałe, a w roku 2005 staje się to, w co jeden Brat nie wierzy do końca – drugi Brat zostaje Papieżem.

Nie pada już, słońce. Stoję na przystanku pod domem. Trwało to tak długo, tak długo sunąłem, że nie wiem teraz, czy wróciłem do domu, czy wyszedłem z niego, żeby wyjechać.

Wina, kobiety i śmierć

Poruszał się będę na szczudłach w postaci książek. Czterech, następujących: Reiner Stach, *Franz Kafka. Die Jahre der Entscheidungen* (pol. *Franz Kafka. Lata decyzji*), *Die Jahre der Erkenntnis* (pol. *Lata zrozumienia*) oraz *Ist das Kafka? 99 Fundstücke* (pol. *Czy to Kafka? 99 znalezisk*). Wszystkie wydane w S. Fischer Verlag, kolejno w roku 2002, 2008 i 2012. Czwarta to *Zakochany Kafka* (*Kafka in love*), Jacqueline Raoul-Duval, przeł. Halina Lubicz--Trawkowska, wydawnictwo Pascal, styczeń 2014. Korzystał też będę z dzienników (Wydawnictwo Literackie, Kraków 1961), ale oprę się na nich luźno, bo tłumaczenie miejscami po prostu złe. Daruję sobie i Wam podawanie, z jakiego źródła cytuję i kiedy, całą tę pieczeń naszpikować bym musiał ciężko strawnymi nawiasami, więc wierzcie mi na słowo – idę na tych szczudłach po faktach udokumentowanych.

Pierwsze dwa tytuły to monumentalna biografia Kafki. Komentarz z „Die Zeit": „To jakiś cud, że nie było do tej pory jego biografii. To cud, że się ukazała!". Ten „cud" to ponad dziesięć lat mozolnej pracy berlińskiego literaturoznawcy i publicysty. Pierwszy tom zaczyna się w roku 1910, Stach zapala swój reflektor w momencie, w którym Kafka Franz ma lat 27 i zaczyna pisać dziennik. I gasi go w roku 1917, bagatela, na siedem lat 670 stron. Drugi tom szczegółowy jeszcze bardziej, stron 730, zanim Kafka w roku 1924 błagać będzie o oddech. Dzieło Stacha to gigantyczne danie złożone z biograficznej opowieści i eseju, podane na talerzu źródłowego, polityczno-historycznego kontekstu. Trzeci tom, który ukazać ma się w tym roku, będzie w zasadzie pierwszym, obejmie on dzieciństwo i młodość Kafki, niezmordowany Stach jako pierwszy biograf uzyskał pełny dostęp do spuścizny Maxa Broda, dzięki temu księga kafkowskiej dżungli zamknie się ostatecznie[*]. *Ist das Kafka?* to mniej lub bardziej znane ciekawostki i anegdoty, po powyższym daniu głównym połyka się je jak deser, a *Zakochany Kafka* to problem. Kobiety życia pisarza francuska autorka ustawiła w jeden, chronologiczny orszak, pełną łopatą czerpiąc ze Stacha, dzienników i listów, nic w tym złego, tym bardziej że taki wyciąg ułatwia mi niniejszy tekst, problemem jest irytująca, bo tandetna fabularyzacja i wymyślone dialogi, tak ckliwe, że strony, na których padają, ledwo można od siebie odkleić. Autorka pisze w posłowiu, że najpierw napisała na podstawie korespondencji Kafki, tego „kardiogramu pękającego serca", sztukę teatralną, lecz niezadowolona z niej zmieniła koncept. I dobrze, całe szczęście, bo wyszłoby coś w rodzaju *Przeminęło z Kafką*.

Ostatnia ukryta przed nami tajemnica Kafki to manuskrypty i rysunki, które znajdują się jeszcze w dziedzictwie

---

[*] Dlatego właśnie Stach, licząc na dostęp do schedy Broda i na kopalnię informacji o dzieciństwie i młodości Kafki, trylogię swoją zaczął od tomu drugiego.

Maxa Broda. Tenże podarował je przed śmiercią kochance swojej i współpracownicy Ester Hoffer, a ta po jego śmierci (1968) zaczęła nimi kupczyć, kompletnie ignorując współpracę z badaczami literatury. Jakieś tam fragmenty sprzedała na aukcjach, ale prawdziwą fortunę zgarnęła w roku 1988. *Proces* zakupiło na aukcji w Sotheby's Niemieckie Archiwum Literackie Marbach, płacąc rekordową cenę 1,98 miliona dolarów za manuskrypt współczesnej powieści. Po śmierci Hoffer, a trochę to trwało, bo jak na wiedźmę przystało, żyła lat sto jeden, literaturoznawcy na próżno ostrzyli sobie pióra, nowymi właścicielkami rękopisów zostały jej dwie córki, które do dzisiaj trzymają je w swoich szponach. Pomimo procesu, który przegrały. W roku 2012 Sąd Rodzinny w Tel Awiwie zakwestionował ich prawo do dziedziczenia i przyznał je państwu Izrael, co z tego, kiedy dwa babska złożyły apelację i teraz sprawa ciągnąć się może jak kondukt żałobny w upale. I tak to państwo żydowskie musi procesować się z Żydami o żydowskie dobro narodowe.

O Kafce wiadomo już dzisiaj tyle, że śmiało pozwolić sobie mogę na ekshumację i reanimację jego zwłok. Tym bardziej że przekopałem się przez blisko dwa tysiące stron, nie licząc jego przeczytanych wcześniej dzienników i listów, i stałem się współlokatorem i świadkiem naocznym także tych najbardziej intymnych scen jego porąbanego złośliwą siekierą życiorysu.

Kiedy się rodzi, zostaje mu czterdzieści lat i jedenaście miesięcy życia. Z tego odjąć należy szesnaście lat i sześć miesięcy na wykształcenie, czternaście lat i osiem miesięcy na pracę, w sumie trzydzieści jeden lat i dwa miesiące, zostaje dziesięć lat i miesiąc. Mało. Tym bardziej, kiedy odejmę leżenie na kanapie, którą wyobrażać sobie będzie jako latający dywan, i gapienie się w sufit lub na swoje ciało. Tym bardziej, kiedy odejmę jeszcze codzienny rytuał w łazience, kiedy do niej wchodził, to pożal się Boże, zamknięta do odwołania. Celebrował mycie swojego jedynego, ulubionego ciała, jakby był Kleopatrą, potem obrządek golenia się i czesania, swoją ulubioną szczotką marki G.B. Kent & Sons, nic dziwnego, że ojca szlag trafiał. Przyrząd ten, który personifikował, pisząc w dzienniku o „popołudniach w towarzystwie szczotki", to jedyny przedmiot, jaki został po Kafce, szczotkę do dzisiaj zwiedzać można w Izraelu, w kibucu Ein Harod. Wyobrażam sobie, że za dodatkową opłatą turyści mogą przejechać nią po własnych włosach. Tym bardziej, kiedy odejmę jeszcze procedurę związaną z trawieniem, minutę trwało, zanim przełknął jeden kęs, przeżuwał go trzydzieści dwa razy. Fleczerował, zgodnie z metodą diety Fletchera, „Wielkiego Przeżuwacza", który głosił, że „nauka ukarze tych, którzy nie przeżuwają", i twierdził, że jedzenie powinno być przeżuwane tyle razy, ile zębów ma człowiek. Z czego wynikałoby, że bezzębni powinni połykać jedzenie od razu.

Tym bardziej, kiedy odejmę jeszcze czytanie całych serii zeszytowych o Indianach i ich tak samo głupich koniach. Nosił je w kieszeniach jeszcze wtedy, kiedy miał lat dwadzieścia kilka, to tak, jakby wystawała mu z tych lat proca.

Tym bardziej, kiedy odejmę na koniec codzienne niemalże idiotyczne wymachiwanie rękami przy otwartym oknie, nago, któremu oddawał się jako zapalony wyznawca, *freak* zdrowego trybu życia i medycyny naturalnej. Pielęgnacji ciała swojego dokonywał z iście misjonarską gorliwością. Do tego asceza absolutna, spanie przy otwartym oknie nawet w środku zimy. Wegetarianin, żaden alkohol, kawa, herbata, papierosy, *no way*, czasami piwo. Potrafił zapłacić krocie za alternatywne sanatorium, w którym pacjenci nago i boso demonstrowali bezpośredni związek z matką ziemią, aby ta wyleczyła łaskawie swoje chorowite dzieci. Nie chciał przyjmował leków, nie dawał się szczepić i był tak naiwny wobec wszelkich nowinek z frontu terapii naturalnych, że zamiast leków połykał wierutne bzdury. Bierze na przykład gazetę do ręki i czyta, że wynaleziono nową metodę leczenia gruźlicy, która opiera się na teorii Einsteina, a tenże jak wiadomo udowodnił zmianę masy ciała w ruchu. Jeśli pacjent jechałby na statku, płynącym ciągle na wschód, przybrałby na wadze, a tym samym spełnił warunek wyleczenia choroby. Mało tego, jeśli poruszałby się przez jakiś czas w kierunku wschodnim, a potem zachodnim, obrót ziemi sprawi, że przybierałby na wadze i tracił. W związku z odkryciem tym powstała w Pradze pierwsza firma zajmująca się przyjmowaniem zgłoszeń na statki sanatoryjne. No i on w to wierzy, ten Kafka, godzinę, dwie myśli o zarezerwowaniu rejsu, aż reflektuje się, gazeta ukazuje się pierwszego kwietnia.

Dużo tego „tym bardziej, kiedy". Dodać jeszcze można listy, te do kobiet, w których się kochał, połowę, czyli parę ich kilo mógł sobie darować. Powtarza się, żali, nudzi, marudzi, kluczy, zwodzi, jęczy, kręci. Nic dziwnego, że takiej Felicji Bauer pękał czasami kołnierz cierpliwości i niektórych nie czytała. A jeszcze się nudził, to dobrze, bo dzięki tej nudzie powstało takie oto zdanie: „Dzisiaj wieczorem, z nudów, umyłem ręce trzy razy pod rząd". Lepiej nie można.

Nie nudził się w pracy. Wiadomo już, że nie była ona wcale jego przekleństwem i koszmarem, choć zdarzało mu się złorzeczyć na nią w dziennikach i listach. Za skórę zaszła mu fabryka azbestu, w którą jako udziałowca wmanewrował go ojciec. Ale już nie posada w zakładzie ubezpieczeń, gdzie, szanowany i doceniany, awansował na nadinspektora, lecz pismo zarządu o niezbędności pracy, którą wykonuje, uchroniło go od służby wojskowej w czasie wojny. Przełożony jego był jak bratnia dusza, petenci czekali pod drzwiami w kolejce, a oni czytali sobie na głos wiersze. Dyrektor ten opowiedział mu o zajściu, którego był świadkiem. Do biura wtargnął kiedyś bezrobotny robotnik, żądając pomocy finansowej, a kiedy mu odmówiono, wściekł się, zaczął kląć na wszystkich i rzucać krzesłami, a kiedy próbowano go obezwładnić, wyciągnął nóż, trzeba było wezwać policję. Robotnik ten nazywał się Josef Kafka, możliwe, że był on jakimś tam dalekim krewnym, ale na pewno to właśnie on, Josef K., został „pewnego poranka aresztowany". Kafka myślał o zwolnieniu się, dla pisania, i o wyjeździe z Pragi, lecz od momentu wybuchu choroby miał tyle płatnego chorobowego i płatnych urlopów zdrowotnych, że zwalniać się nie musiał. Mało tego, dwa lata przed śmiercią firma przyznała mu tymczasową rentę z zupełnie przyzwoitym uposażeniem.

Miał więc Kafka warunki do pisania cieplarniane, miał i czas (pracował tylko do godziny czternastej!), i miejsce. Kiedy mieszkał z rodzicami, ci jakoś tam nerwy trzymając na wodzy, przełykali jego pisanie w nocy, a spanie w dzień. Mimo tego napisał mało. Choć pisał dużo. I jakby jeszcze było mało, z tego co napisał, skończył mało, bo nie dawał sobie rady. I to nie dlatego, że był więźniem pracy zawodowej i choroby, jak się zwykło uważać, lecz dlatego, że go jego pisanie przytłoczyło, pod ziemię wryło. Że nie starczyło na nie mu talentu, konceptu, nie znalazł rozwiązania. Najbardziej zawalił mu się *Zamek*, runęła mu cała geometria powieści. Ślepe uliczki niedokończonych wątków i poplątanie z zamieszaniem. Na początku K. mówi o rodzinie, że żonę ma i dziecko, że mają dojechać, a potem nic, słuch o nich ginie, a on, jakby było mało, żenić chce się z Friedą. *Proces*, który wydaje się zamkniętą przez niego całością, wcale nią nie był. Kafka napisał wpierw początek i koniec, jak to często miał w zwyczaju, początek na początku zeszytu, koniec na końcu. I między te dwa „akta procesu" powrzucał luźne kartki, z myślą o ich uzupełnieniu rzecz jasna, wiele z nich to były jakieś powijaki, embriony, po jego śmierci całą robotą zajął się Max. Z godną pozazdroszczenia dezynwolturą ułożył kolejność, to, co było fragmentaryczne, usunął, bez skrupułów wykreślił część stenograficznych zapisów i zastąpił je tekstem własnym, sztucznie przemieścił część zdań tak, aby rozdziały wyglądały na ukończone, i uzupełnił interpunkcję. A egzegeci, jak przytomnie konkluduje Stach, ślęczą nad *Procesem*, jakby był on jakimś objawieniem, i dumnie wydobywają z niego głębinowe sensy. Szczęście, że ten nawiedzony trochę i emfatyczny Brod akurat *Proces* sfabrykował przekonywająco.

Kafka jest ewenementem, absolutnym, jeszcze nikt, kto napisał tak mało, nie zaszedł tak wysoko, i słusznie przecież. W Pradze stał się fabryką przemysłu turystycznego, w Hiszpanii wnuk jego siostry, Martin Kafka, który zrobił karierę jako gracz w rugby, w wywiadach odpowiadać musiał ciągle na pytania, czy czytał krewnego (mało, bo za trudne). W sieci można zamówić sobie czcionkę, która wiernie odtwarza jego pismo. A kiedy w Europie Zachodniej pięć renomowanych pism, „Die Zeit", „The Times", „Lire", „El País" i „La Stampa", zwróciło się do swoich czytelników z apelem, aby podali oni największych i najważniejszych pisarzy, nieżyjących i spoza własnego kraju, taki padł wynik: 1. Szekspir, 2. Goethe, 3. Dante, 4. Cervantes, 5. Kafka.

Wyciągam parę rzeczy z *Ist das Kafka?*, bo wyjdzie u nas chyba na Świętego Nigdy.

Ma dziesięć lat, dostaje od matki jednego guldena, to wtedy dużo, chce podarować go starej żebraczce, ale wstydzi się, żebraczce nigdy jeszcze nikt takiej sumy nie dał zapewne, rozmienia, dostaje jakieś tam krajcary w dziesięciu monetach, daje żebraczce jeden, biegnie wokół ratusza i jako nowy dobroczyńca daruje jej drugi, znowu biegnie, znowu daruje i tak dziesięć razy. Wykończony fizycznie, a także, jak pisze, moralnie, wraca do domu i tak długo płacze nad stratą, aż matka daje mu guldena raz jeszcze. Opowiastkę tę w liście do Mileny kończy tak: „Zobowiązuję się wypłacić dowolnej żebraczce pod Operą cały mój teraźniejszy i przyszły majątek w najmniejszym nominale wiedeńskim pod warunkiem, że stała będziesz w pobliżu i wolno mi będzie czuć Twoją obecność". Sztuka uwodzenia.

W szkole uczniem jest raczej średnim, nawet z niemieckiego ma dostateczny. Wie, że nie ma szans zdać matury z greki. I wie, że profesor nosi przy sobie notes, w którym ma teksty do tłumaczenia na egzaminie. Składa się z kolegami, którzy też nie orły, wspólnie oferują pewną sumę klasowemu Romeo, który posiadł już był niejedną Julię.

Profesor ma gosposię, gosposia nie ma nikogo, Romeo ma pieniądze, zaprasza ją, do kawiarni, do teatru i łóżka, gosposia do niego wchodzi i wychodzi. Oni kopiują notes, grekę zdają wszyscy, celująco. A profesor dostaje pochwałę za doskonałe przygotowanie klasy do matury.

Wzrost: 182. Z małym Maxem Brodem musieli wyglądać jak Wiktor Zborowski z Marianem Opanią. Waga: chwiejna, od sześćdziesięciu paru w pełni zdrowia do czterdziestu paru pod koniec. Kolor oczu: problem. Stach zestawia tabelkę, za kolorem ciemnym cztery cytaty, za szarym też cztery, w tym Max Brod, za niebieskim trzy, za brązowym też trzy, w tym Dora Diamant. Wyjście dyplomatyczne znalazł urzędnik, w paszporcie oczy Kafki mają kolor ciemnoniebieskoszary.

Myszy. Bał się ich panicznie, porównywał do wychodzących z podłogi świń w miniaturze, ale gdyby nie one, nie napisałby o nich listu, który za sumę dziewięćdziesięciu sześciu tysięcy euro w roku 2012 kupiło na aukcji Niemieckie Archiwum Literatury. Na wsi u siostry ten „uciśniony lud proletariacki" za dnia pokazał mu, do kogo należy noc. Nie śpi od drugiej, słyszy ich całe watahy, boi się zapalić światło. Z łóżka wydaje pojedyncze okrzyki, chce je przestraszyć, na nic, rano jest zdruzgotany, nie może wstać, nie może pisać, sprawia sobie kota. Bierze do pokoju kota, którego skrycie nienawidzi, bo skacze mu na kolana, kiedy siedzi przy biurku i załatwia swoje potrzeby w pokoju, czasami w jego pantoflu, jakby było mało, ale lepsza ta przymusowa tolerancja niż pisk ruchomych sierści. I lepszy kot prawdziwy niż sztuczny, to znaczy on sam, Kafka. Bo pisze, że jednej nocy przejął na siebie jego obowiązki, kota, znaczy, i było lepiej, chociaż cena, jaką za to zapłacił, to brak snu, siedzieć musiał na łóżku pochylony „z nastawionymi uszami i płonącymi oczami". Kafka jako kot. Kota udana imitacja, bo przecież płonęły mu zawsze te wielkie jego oczy, a uszy miał takie, że nie musiał ich stroszyć.

Seks. Z Maxem Brodem odwiedza pewnego maniaka seksualnego i obszerny zapis zamieszcza w dzienniku. Kiedy gość opowiada o swojej potencji, Kafka wyobraża sobie, jak wielki jego członek powoli napycha kobietę. Fotografuje każdą, którą dosiada, najbardziej lubi te w ciąży lub grube, z dużymi wiszącymi jak worki piersiami, stare, młode, obojętnie. Wcześniej, kiedy był młodszy, potrafił zajeżdżać je do bezwładu: „Wtedy były bez duszy, jak zwierzęta". Tak, tę uległość potrafię sobie wyobrazić. Nie wiadomo, czy Kafka te „zwierzęta" cytuje, czy komentuje, widać za to, że jest zafascynowany. To najbardziej drastyczny zapis w dzienniku dotyczący seksu, kiedy pisze o burdelu, jest bardziej lakoniczny, ale ciekawe jest to, że chce tylko grube i starsze kobiety, ubrane w znoszone, bujnie drapowane suknie. Jego wizyty często kończą się fiaskiem, raz szuka dotyku, czułości, pocieszenia, ale dziwka, u której ląduje, stara już, chce właśnie tego samego, więc odbijają się od siebie jak dwa magnesy o takich samych biegunach.

W Paryżu krępuje go żałosna ceremonia prezentacji ciał, prostytutki stoją w półkole, każda przyjmuje pozycję, która ma go podniecić, wybrana robi krok do przodu, a on do tyłu, ucieka, wybiega na ulicę, na której jak osaczony, za dużo tych kurew, a on uprzejmy, za dobrze wychowany, ciągle walczy z kapeluszem. Obrazek jak z Chaplina: „Strach przed tym, aby nie zapomnieć nie uchylać kapelusza. Człowiek musi sobie własną rękę odrywać od ronda". Za blisko one niego, jak w karnawale, twarz w twarz, jedna z nich, chuda, z potarganymi włosami i ubytkami w uzębieniu, ręką podciąga sobie sukienkę nad podbrzusze i otwiera przy tym i zamyka oczy i usta, jednocześnie. Jeden z burdeli w Pradze, prostytutki jak marionetki z teatru dla dzieci, pozawijane luźno w jakieś złotka i świecidła, jeden ruch wystarczy, żeby je oderwać. Jedna z nich, Żydówka o twarzy tak wąskiej, że zlewa się ona z podbródkiem, a sama gospodyni „o nosie mocno zakrzywionym, którego kierunek pozostaje w jakimś geometrycznym stosunku do obwisłych piersi i sztywnie wypiętego brzucha [...]". Złe to „w jakimś", ulatnia się zabawnie złośliwy humor tego dowcipnego przecież faceta. Lepiej „w trudnym do zdefiniowania stosunku geometrycznym". No i ten „sztywnie wypięty brzuch", próbuję postać sobie trochę ze sztucznie wypiętym brzuchem, ale kiedy widzę w lustrze, że twarz zamienia mi się w czerwony balon, a oczy powiększają się do niebezpiecznych rozmiarów, rezygnuję. Kafce chodziło o brzuch „sztywnie naprężony".

Ten jego humor, on się w ogóle w polskich tłumaczeniach często ulatnia. Subtelny jest, ukryty. Tam właśnie, gdzie używa dobrze wytresowanego języka urzędowego w miejscach, gdzie tenże w zasadzie nie na miejscu, na przykład pisząc rzeczy intymne, i to zderzenie właśnie, ta „kraksa" formy z treścią za mało w przekładzie widoczna. Kafka w polskim w ogóle za poważny, za kostyczny. Na przykład wtedy, kiedy pisze o swoim ulubionym obiekcie obserwacji, to jest o własnym ciele. („Otóż ja nie mogę dźwigać świata na barkach, one ledwo wytrzymują ciężar mojej marynarki"). Od niego zaczyna zresztą dziennik: „Piszę to bez wątpienia z rozpaczy z powodu swego ciała i swej z tym ciałem przyszłości". Stoi więc u niego na przykład, że ciało ma za długie i jakże to słabe serce toczyć ma krew do końca długich jego nóg (do kolan dociągnie, z łydkami już cienko). Kończy się to zdaniem, że niczego nie jest to ciało w stanie dokonać, „nawet jakby je zgnieść", ale w tłumaczeniu, zamiast efektu zgniecionej puszki, mamy „nawet przy koncentracji swoich sił". Irytujące to.

Wracam do burdelu. Nie znaczy to wszystko co wcześniej, że burdeli nie lubił. Kiedy przechodził obok, czuł się, jakby przechodził pod domem kochanki. Lubił prostytutki, z jedną się nawet sfotografował. Ostatnia jego wizyta to styczeń 1922. Dwa dni wcześniej zapisał: „Napiera na mnie płeć. Męczy mnie dzień i noc". (W polskim fragment ten bez sensu, jest „...przybywa G.", tłumacz myśli, że to czyjś inicjał, a chodzi o popęd, Kafka pisze, *Das G. drängt mich*, G. to skrót od *Geschlecht*, a więc „płci"). Kafka pisze dalej, że musiałby przezwyciężyć lęk i wstyd, aby go zaspokoić. Myśli tu chyba o masturbacji, bo gdyby nadarzyła się jakaś okazja (prostytutka pod ręką), to skorzystałby z niej natychmiast, bez lęku, żalu i wstydu. I w końcu idzie, pędzi, siła wyższa, dlatego strona bierna: „Schwycony za kołnierz, wleczony po ulicach, wepchnięty w drzwi".

Wybierał ulice, gdzie stoją, podniecała go możliwość pójścia z jedną z nich. Możliwość, ta często wystarczała. Czysty potencjał. Jeśli korzystał, a mu się nie udało, to nic, do burdelu można przyjść zawsze. Prostytutki to komfort, to nie żony lub kochanki, z którymi mężczyźnie stać musi na wysokości zadania. Lęk, strach, ucieczka. Bo co wtedy, kiedy zawiedzie go jego samowolny członek? Dezercja, walkower, kapitulacja. Dwa jego demony, impotencja seksualna i twórcza, przepędzone zostały dopiero przez ostatnie stadia choroby, rodzaj ulgi, że nie musi już z nimi walczyć.

Lalka. Sklejoną kiczem historyjkę o dziewczynce, jej lalce i listach Kafki łykają wszyscy jak foka śledzie. W roku 1959 jedna z gazet lokalnych w Berlinie dała ogłoszenie, w którym usilnie poszukiwała zapłakanej dziewczynki z parku w dzielnicy Steglitz. Akcja bez skutku, trudno się dziwić, płaczących dzieci w berlińskim parku w roku 1923 mogło być od cholery. Jeszcze w roku 2001 naiwny jak dziecko we mgle, jeden z tłumaczy Kafki wszczął akcję poszukiwania dziewczynki i listów przez media. Nawet trzeźwy Stach nie potwierdza co prawda, ale i nie neguje jej prawdziwości. Nie mówiąc już o Gerdzie Schneiderze, autorze wydanej u nas *Lalki Kafki,* który połyka tę historię jak hostię.

Obraz lalki powstał, myślę, w głowie Dory Diamant, która we wspomnieniach takie mniej więcej nadała jej ramy: szła otóż z Kafką przez park i nagle oto wyrosła przed nimi mała dziewczynka, cała od główki do stópek zapłakana, i Franz zapytał ją o płaczu tego powód, i ona powiedziała, że płacze, bo zgubiła swoją lalkę, a Franz, chcąc ją pocieszyć, powiedział, że lalka jej w dalekiej podróży jest, on wie, bo list właśnie od niej dostał, a dziewczynka zaciekawiona łzy powstrzymała i zapytała, czy ma on ten list przy sobie, a Franz, że nie, w domu ma, ale jutro go jej przyniesie. Zaciekawiona dziewczynka prawie że już o lalce zapomniała, a Franz w domu zabrał się do pracy, jakby chodziło o dzieła stworzenie wielkiego, nie mógł jej przecież rozczarować. I nie rozczarował, następnego dnia przeczytał jej obiecany list, bo ona sama czytać jeszcze nie umiała, i stało w nim, że lalka znudziła się już trochę życiem w jednej i tej samej rodzinie, że miała ochotę na inne cztery ściany i dlatego na jakiś czas rozstała się z dziewczynką, którą tak bardzo lubi. W sumie wychodzi na to, że lalka napisała, goń się, mała, nudna jesteś jak flaki, ale nie czepiajmy się. No i lalka obiecała, że każdego dnia pisać będzie ze swojej podróży list, no i Kafka pisał. O tym, jak to lalka dorasta, do szkoły idzie, nowe znajomości zawiera, no i w końcu jak wychodzi za mąż i, szczęśliwa, rodzinę zakłada, dlatego wrócić już do niej nie może. Dziewczynka się uspokoiła, ale Franz nie byłby Kafką, gdyby tę harmonię wytrzymał. Nie wytrzymał i następnego dnia przeczytał jej list, po którym dziewczynka doznała szoku i straciła mowę, lalka bowiem napisała ze szpitala, że leży w nim ze zmasakrowaną na miazgę twarzą i połamanymi pogrzebaczem palcami, bo pobił ją mąż, bo zupa była za słona. I że teraz mąż jej gwałci ich córkę pięcioletnią, bo ona leży w szpitalu, więc nie ma kogo. I że do domu wróci tylko dlatego, żeby otruć się gazem. I ten właśnie wątek, z gazem, krytycy podawali później jako dowód na proroctwo Kafki, który nie dość, że w *Kolonii karnej* przewidział totalitaryzmy XX wieku, to jeszcze przez medium lalki ogłosił bliskie nadejście Auschwitz-Birkenau.

Pardon za ten mały występek od momentu lalki zamążpójścia, ale palce mnie naprawdę swędzą, kiedy czytam takie baju, baju, bo przecież musiało być mniej więcej tak, że szli z Dorą przez rzeczony park, jakaś tam dziewczynka płakała, będąc z rodzicami, bo przecież jakim cudem sama, i to jeszcze tyle razy o określonej porze, oni usłyszeli powód jej płaczu i Kafka coś tam Dorze napomknął, że można by było wymyślić taką historyjkę, a Dora wzięła w ręce wiosła i sama sobie popłynęła jej ckliwym nurtem.

Felicja

Lato 1912, sierpień, Franz odwiedza przyjaciela, Maxa Broda, w jadalni młoda kobieta je obiad, chociaż wieczór. Była w teatrze, wróciła późno. Wygląd z rodzaju „charakter liczy się bardziej", ma wdzięk i papcie na stopach, trochę to niezwyczajne w salonie, ale co zrobić, kiedy przemoczyła buty. Franz zasypuje ją taczką pytań, co robi, czy podróżuje sama, skąd jest.

Z Berlina jest, była stenotypistką, teraz kieruje działem parlografów w pewnej firmie, z Brodami łączą ją więzy rodzinne, podróżuje sama, jutro wraca, wystarczy? Nie wystarczy mu, ani tego dnia, ani przez następnych kilka lat. Pokazuje jej zdjęcia z pobytu w Weimarze, Max im przerywa, mięso jej stygnie, Felicja mówi, że ludzie, którzy bez przerwy jedzą, odrażający są, o, to jest to, już po Kafce, już leci na pocztę, robi z siebie paczkę i wysyła się do Berlina, na *poste restante*, i kiedy spacerują tego wieczora po Pradze, to jego serce już tam na nią czeka.

Od 23 października do końca roku pisze do niej sto listów, wychodzi, że trzy dziennie! Płynnie przechodzi od „Droga Panno Felicjo!" do „Najdroższa i Najukochańsza!". Każdy list to pochodnia uczuć, do studni może wpaść, nie zgaśnie. „Kocham Cię od pierwszego wejrzenia, kocham Cię do jęku". Jest jak pijany statek, obija się o trzy przystanie, o listy do niej, lustro i dziennik.

Pisze jej, że wygląda jeszcze na młodzieńca, fakt, długo tak będzie. Patrzy w lustro i notuje w dzienniku, wyobrażam sobie, że niejednocześnie, że patrzy, zapisuje, znowu patrzy. „Pogodna, wyraziście wyrzeźbiona, niemal pięknie zarysowana twarz". Dalej, że czerń włosów i brwi "tryska jak życie z reszty ciała pełnego tęsknoty". I energiczne spojrzenie ma, "choć może tylko badawcze, bo obserwowałem samego siebie".

Kiedy Felicja pisze mało lub nagle nie odpisuje, wpada w szał uniesień, wysyła telegram z żądaniem otrzymania zwrotnego, dwa, trzy słowa mu wystarczą, jak dwa, trzy oddechy, inaczej się udusi. Obraża się, zrywa korespondencję, ma dość katuszy, oczekując daremnie na list, list od niej przychodzi, ich listy – jej z przeprosinami, jego z oskarżeniami – mijają się, więc w następnym kaja się, błaga o wybaczenie, posyła bukiet róż, pyta, czy wolno mu ucałować papier, na którym kreśliła litery. Chce jej zdjęć, ciągle mu ich mało, chce zdjęć jej sióstr, ciotek, rodziców, krewnych, obojętnie. Kiedy je dostaje, zamęcza ją pytaniami, kto je zrobił, gdzie, o której godzinie, chce wiedzieć wszystko, chce ją połknąć razem z wszystkimi jej przyległościami.

Mija siedem miesięcy, zanim widzą się po raz drugi. Wcześniej ją zwodzi, nie przyjedzie do Berlina, nie wiadomo, czy przyjedzie, a może przyjedzie, taki to jego menuet typowy, krok w przód, dwa w tył, w końcu jest.

Jest 22 marca 1913, z dworca udaje się do hotelu "Askański Dwór" przy Kudammie. W hotelu żadnego od niej słowa powitania, zasnąć nie może całą noc, a rano posyła jej wiadomość, co z nią? Denerwuje się, bo po południu musi wracać, wysyła z ponagleniem cyklistę, ten wraca z wiadomością, że zaraz, Felicja będzie zaraz, i jest.

Zażenowani są, on całuje ją przelotnie w policzek. Idą do parku Tiergarten, tam pierwsze już pąki na drzewach, jest marzec, on jest i ona, ich dłonie razem, bo trzymają się za ręce, kiedy biegną na cmentarz. Felicja musi na pogrzeb, akurat tego dnia, zostaje sam, wraca do hotelu, czeka na jej telefon nadaremno, jedzie na dworzec, czeka na nią, chodzi tam i z powrotem po peronie, nadaremno. Wraca do Pragi. W sumie szesnaście godzin jazdy na jedną bezsenną noc i jedno krótkie mgnienie wiosny.

W pierwszym po spotkaniu liście zbiera się na odwagę, pisze, że nigdy nie będzie mógł jej posiadać i że w najlepszym razie będzie musiał zadowolić się całowaniem jej ręki, którą ona podawać mu będzie obojętnie, jak psu skazanemu na niemotę. Felicja nie rozumie, tym bardziej że potem „donosi" jej, że nie wytrzymał i musiał się masturbować, przy otwartym oknie, patrząc w szare chmury, tak silnie naszła go nagła o niej myśl. Pełne sprzeczności jego listy, namawia ją, żeby z nim skończyła, że jej niegodzien, a zaraz znowu godzien, proponuje jej białe małżeństwo, życie bez pożycia, proponuje o tym rozmowę i w tym celu przyjeżdża do Berlina po raz drugi.

Jest „Askański Dwór" i maj, i przyjęcie u niej w domu, dla niego. Olbrzymi salon i cała rodzina. Podchodzi do swojej Felicji na trzęsących się kolanach, ta otwiera usta, żeby go powitać i oślepia go blask, lecz nie urody jej, ale zębów. Błyszczące złoto, a pomiędzy nim szarożółta porcelana. Uśmiech losu. Nimfoman by tego nie wytrzymał, co dopiero on, biedny Kafka. Raz się tylko ożywi i odezwie, i to o jeden raz za dużo, kiedy wniosą bufet, pochwali się, że jest wegetarianinem, i skubać zacznie ostentacyjnie warzywa, pijąc wodę. Matka Felicji jest zdruzgotana, ojciec też, Felicja również, Franz jak najbardziej, krótko mówiąc, wszyscy są zdruzgotani. Na drugi dzień widzą się parę chwil, na ulicy pod hotelem, skrępowani, zażenowani sobą, zbici z tropu.

Powrót do Pragi i znowu listy, chwali się, że o nim piszą, ona nie reaguje, w końcu zbiera się na odwagę i pyta, czy chcesz zostać moją żoną? I nie byłby Franz Kafką, gdyby nie dopisał, że odczuwa lęk przed ich przyszłością i boi się, że współżycie ich stać się może nieszczęściem. Felicja, o dziwo, zgadza się, prosi, aby poprosił o jej rękę ojca, Franz znowu kluczy, obrzydza jej jak może wspólne życie, jest ciągle zmęczony, ciągle osłabiony i chory, a poza tym będzie ciągle sama, bo on ciągle będzie pisał i tak będzie ciągle. Baba, nie chłop.

Przerwa, antrakt pomiędzy aktami sztuki *Franz vs. Felicja*. Bohater nasz nieszczęsny wyjeżdża do sanatorium, nad jezioro Garda, do jego stołu przysiada się młodziutka Szwajcarka. Włosy kasztanowe, w nich czerwona wstążka i białe, białe zęby. Przejażdżki łódką, spacery brzegiem jeziora, jej śmiech, jej uśmiech, jej wiotka szyja, i dłonie i już, i już nie ten Franz. Żartuje, wygłupia się, parodiuje niektórych kuracjuszy, a w nocy łapie wstążkę. Gerti ma pokój nad nim, wymyśla, żeby on co wieczór łapał wstążkę, którą ona spuści mu z okna, w ten sposób połączą się intymnie, choć na odległość, bo nie chce, aby doszło do czegoś więcej, i nie dochodzi, i tak na jednym końcu wstążki lat osiemnaście, a na drugim trzydziestoletni Kafka, autor *Przemiany*, *Procesu* itp., wzruszony i jak psi ogon szczęśliwy.

Felicja nie wie, co myśleć o Kafki nagłym, dwumiesięcznym milczeniu, posyła do niego do Pragi przyjaciółkę, młodszą od Felicji i o co nietrudno, ładniejszą, Gretę Bloch, aby ta pośredniczyła w misji pojednawczej. Kończy się ta misja tak, że w roku 1914 Franz pisze do Felicji dwadzieścia listów, a do Grety ponad siedemdziesiąt. Prosząc ją o fotografie, nie tylko jej... Co nie przeszkadza temu, że Ignie dalej do Felicji, im bardziej go ona odpycha. Krętacz z tego Kafki naszego.

Swego jednak dobija, przyjeżdża do Berlina, znowu Tiergarten, znowu listy, Felicja ulega, dochodzi do zaręczyn, w praskiej i berlińskiej gazecie ukazuje się ogłoszenie, ślub ma odbyć się we wrześniu, razem szukają mieszkania w Pradze, w Berlinie wydają przyjęcie zaręczynowe, z rodzicami, i Kafka znowu kuli się w sobie, bo nie ma gdzie uciec. Jak zwierzę w pułapce zatrzaskowej. Znowu przeraża go coraz bliższa perspektywa namacalnego, cielesnego życia we dwoje. Woli kochać sporadycznie lub epistolarnie. I dlaczego, jeśli już zgodzić się na ograniczenie wolności, dlaczego ograniczenie to ma złote zęby? Okropne, teraz już wszędzie, złote plomby w każdym. I ta plamista i szorstka cera. Wraca do Pragi i pisze do Grety, nie do Felicji. Że nie da rady, nie podoła, nie ożeni się. Greta nie wie, co robić, miota się i wpada na pomysł, zastawią pułapkę.

„Askański Dwór", jak zwykle, ale w nim trybunał, Felicja, jej siostra, Greta Bloch i jako świadek przyjaciel Kafki, Ernst Weiss, chirurg. Kafka na krześle oskarżonego. O wszystko, bo Greta pokazała Felicji jego listy i podkreśliła miejsca, które ją zatrwożyły. Wiadro pomyj na głowę, oskarżenia, wymówki, wyrzuty. Weiss próbuje go bronić, na próżno. Kafka milczy, Greta boi się, że powie o dwóch listach, które mu wysłała, a które dostała od Felicji, nie powinna tego robić. Felicja wątpi tam w swoje uczucia do Franza, ale on milczy, przez cały czas.

Po procesie idzie na pływalnię, najlepiej skoczyć pod wodę i nie wyjść, potem pisze list pożegnalny do rodziców Felicji i wraca do Pragi. Upokorzony i poniżony, w sytuacji, w której świat zaczął chodzić po nim, a nie on po świecie, pisać zaczyna nową rzecz. Nie byłoby Felicji i Grety, nie byłoby trybunału w hotelu „Askański Dwór". Nie byłoby trybunału, nie powstałby *Proces*. Brzmi efektownie, ale wiemy przecież, że zawsze coś by tam było, z czego coś by tam powstało.

Mieszka sam, w mieszkaniu siostry, Elli, *Proces* toczy się wartko, kończy też parę opowiadań, które, chwali się Maxowi: „Stoją teraz przede mną dęba, jak konie przed dyrektorem cyrku". Odzywa się Felicja, teraz to ona szuka kontaktu, spotykają się w jakimś miasteczku w hotelu, ich pokoje przylegają do siebie, ale oni nie, nie mogą się porozumieć. Po paru miesiącach następna próba, znowu nic, listy i listy, Felicja traci cierpliwość, spotykają się w Mariańskich Łaźniach, mieszkają w luksusowym hotelu na zamku Balmoral. Franz męczy ją tematem Ogniska Żydowskiego w Berlinie, chce, żeby się w nie zaangażowała, a żyjąca jak w celibacie Felicja, jeśli już myśli o ognisku, to o tym w jej ciele, i nareszcie, Franz przełamuje swój lęk głębokości, w dzienniku napisze, „to otwieranie się kobiecej głębokości", przywdziewa mundur dzielnego strażaka i je gasi, po blisko czterech latach ich znajomości.

Znowu zaręczyny, znowu termin, znowu wątpliwości i czas męczących listów, i nagle krew. Nad ranem budzi go jej smak, pluje nią, ręcznik czarno-czerwony, na drugi dzień już wie, koniec przygody, panie młody. Gruźlica, ulga, nie ożeni się, nie może, to los, nie jego przecież wina.

Miesiące na wsi, u Ottli, z trzech sióstr ona jest najważniejsza, ale mają one jedną cechę wspólną, wszystkie trzy mianowicie zostaną zagazowane, Ottla w Auschwitz, Elli i Valli w Chełmnie. Rodzice? Ojciec ważny, figura ojca, którą Franz na chudych swoich plecach wniósł do literatury, ale poza nią, w domu, to bryndza. Temperatura uczuć jak na stacji polarnej. Ojciec, z zawodu nowobogacki, z wyglądu jak drwal w niedzielę, to dumny ze swego sklepu z galanterią, ale nie z syna, kupiec. Tyran, despota, nigdy nie przeczytał ani jednego tekstu Franza, łącznie z *Wyrokiem* i *Listem do ojca*, szkoda, mógł zasięgnąć języka, dowiedziałby się, że to do niego.

Matka, Julia, z zawodu dobrowolna niewolnica męża, to dumna ze sklepu i pozycji ojca, ale nie z syna, matrona. Franz w ich wspólnym mieszkaniu jak obcy pasażer, pewnej niedzieli „nagrywa" do dziennika ścieżkę dźwiękową całej rodziny, pisze, że są jak pierwotne murzyńskie istoty, które „mówią tylko po to, aby rozchybotać powietrze, i gadając, podnoszą twarze i gapią się w ślad za wymówionymi słowami".

U Ottli więc. Pije litrami mleko, jak zalecił mu lekarz, i karmi kozy. Przygląda im się, bacznie, i stwierdza, że podobne są do Żydów polskich. To jeden z nielicznych poloników we wszystkich jego notatkach, trudno tu o dumę, ale dobre i to.

Felicja chce przyjechać, on nie chce, to tak jakby stanąć twarzą w twarz z własną winą, ale ona przyjeżdża. Nie ma nic do stracenia, tym bardziej że wymówiła biedna, przedwcześnie, dobrze płatną prace, przygotowując się na przeprowadzkę do Pragi. Trzydzieści godzin jazdy w jedną stronę, on milczący i obojętny, gdyby nie Ottla, siedzieliby skrępowani do krzeseł żelaznym milczeniem, dopiero wieczorem trochę się ożywia, kogoś tam znowu parodiuje, wesołek. Felicja przy nadziei, na próżno, w nocy śpią oddzielnie, na drugi dzień odjeżdża, on macha jej ręką, trochę mało na trzydziestogodzinną jazdę powrotną, do domu w Berlinie, gdzie wisi jej suknia ślubna. Co ma wisieć, nie utonie, być może, ale ta akurat wkrótce pójdzie na samo dno.

Ostatnie ich spotkanie, Praga, pierwszy dzień świąt 1917, znowu na zdesperowaną prośbę zdesperowanej Felicji. Odwiedzają Maxa, ponad pięć lat temu siedziała tu w pantoflach, bo zmoczyła sobie buty, grad pytań wtedy, i zabawne odpowiedzi, jej śmiech i jego, teraz głucha cisza. Dzień następny, nic, mówi jej raz jeszcze o chorobie, dzień następny i ostatni, dworzec. Felicja wsiada do pociągu, pociąg rusza, Franz stoi, są metr od siebie, dwa, dziesięć, coraz dalej, już się nie widzą, kilometr, sto kilometrów i więcej, już się nie zobaczą. Franz pójdzie do Maxa, do biura, w którym pracował, usiądzie na krześle i nie zważając na to, że nie są sami, rozpłacze się, będzie łkał, Felicja wyjdzie z pociągu w Berlinie, miną dwa lata i wyjdzie za mąż. Urodzi dwoje dzieci, z rodziną wyemigruje do Ameryki, wyciągnie się z nędzy, sprzedając listy Kafki, i umrze w roku 1960.

Julia

Schelesen, małe miasteczko niedaleko Pragi, jesień 1918. Mały hotel i jeden tylko o tej porze pensjonariusz, nasz zawodowy narzeczony. Całe dnie na leżaku, pod kołdrami. Jedyna rozrywka to dwa psy, biją się o resztki z obiadu, które im rzuca z balkonu.

Dopiero w styczniu przyjeżdża gość następny. Śliczny, lat dwadzieścia osiem. Sceneria filmowa, w pustej jadalni tylko, oddaleni od siebie, oni, w pustym salonie, w pustych korytarzach podobnie. W całym hotelu słychać tylko ich śmiech, kiedy na siebie wpadają. Bo nie tylko ta sceneria, ale i fakt, że do siebie podobni, z twarzy, ust i zaraz się okaże, że z życiorysu również, bo zwierzają się sobie dwa pieczone w pikantnym sosie gołąbki, że oboje mają za sobą nieudane zaręczyny.

Franz strzyże już uszami i chociaż Julia Wohryzek lichej proweniencji i prymitywnego języka, to już mu koń do taktu zamiata ogonem, już go ogólniki z jej życia nie interesują, już wypytuje ją o szczególiki, i jakby byli od siebie oddaleni, to Julia dostawałaby parę listów dziennie, co nie znaczy, że nawet jak mieszkają w jednym budynku, to nie dostaje. Dostaje, a jakże, Franz wsuwa je po cichu pod jej drzwi i na paluszkach ucieka, i do łóżeczka się kładzie, i patrzy na próg, i czeka na odpowiedź. W hotelu jakoś się opanowują, dopiero co zginął na wojnie jej narzeczony, ale w Pradze pękają tamy, są ze sobą, śpią ze sobą, Franzowi mało jej ciała, chce jeszcze rękę, oświadcza się.

Choroba mu nagle nie przeszkadza, chociaż rozwija się coraz bardziej. Potrzebuje bezpieczeństwa, a Julia mu je daje, taką sobie buduje konstrukcję i twardo jej się trzyma. Bezpieczeństwo to niejedyna rzecz, którą Julia daje, ale Franz jeszcze nie wie, informuje rodziców o zaręczynach, chce im ją przedstawić, ojciec wybucha gniewem, krzyczy, że są inne możliwości, sugeruje burdel i tu pada jego słynne zdanie (przy matce): „Jeśli się tego boisz, sam z tobą pójdę!". Z dziennika Broda, który cytuje Stach, wynika, że ta aluzja wcale nie była przypadkowa, wierny przyjaciel Kafki przeprowadził małe śledztwo, z którego wynikło, że Julia to kobieta obyczajów podejrzanie lekkich, mógł o tym wiedzieć też ojciec, stąd ta jego szokująca propozycja. Herman Kafka lubił zasięgać języka, jeszcze przed pierwszymi zaręczynami z Felicją wynajął detektywa, żeby sprawdził, czy rodzina Bauerów ma długi.

Informacja o Julii jakoś do Kafki dochodzi, ale nie wierzy w nią, nie chce, żeby Julia wypadła mu z balkonu, daje ogłoszenie ślubne. Szukają mieszkania, znajdują, nędzne, gdzieś na przedmieściu, nic to, już zaraz ślub, za dwie doby. Ale właściciel rozmyśla się, tracą mieszkanie i Franz traci znowu pewność, i robi to, w czym się specjalizuje, zaczyna się wahać.

Milena

Praga, kawiarnia Arco, do trzydziestosiedmioletniego mężczyzny, który nie wygląda najlepiej, podchodzi dwudziestotrzyletnia kobieta, która wygląda najlepiej, choć już nie powinna. Milena Pollack, po mężu, z domu Jesenská.

Chce tłumaczyć opowiadania Kafki na czeski. Jak chce, tak będzie, uparta jest, a życiorysem jej już w tym wieku można by obdzielić wszystkich gości w kawiarni, razem z kelnerami. Matka jej umiera wcześniej, zostaje z ojcem, znanym w Pradze dentystą, który ją tyranizuje, chce ulepić z niej porządną panienkę na wydaniu, najlepszą partię w mieście, jego misja kończy się tak, że wolałby wyrwać sobie sam wszystkie zęby, niż przeżyć efekt, jaki osiągnął.

Milena potrafi przepłynąć w ubraniu Mołdawię do chłopca, w którym się durzy, pozuje nago malarzom, pije, bierze narkotyki, żyje z dwiema jej przyjaciółkami w trójkącie, dwa razy targa się na życie, dwa razy usuwa ciążę, raz aresztowana zostaje za kradzież i jeszcze niepełnoletnia, wyjść chce za mąż za kawiarnianego literata Pragi, Ernsta Pollacka, i to w jej wieku i w czasie, w którym kobiety u nas umiały liczyć tylko do trzech: dzieci, kuchnia, kościół.

Ojciec zamyka ją w zakładzie psychiatrycznym, ona wytrzymuje tam parę miesięcy, wychodzi, kiedy jest pełnoletnia, i bierze natychmiast z Ernstem ślub. Wyjeżdżają do Wiednia, ojciec zrywa kontakt i przestaje ją utrzymywać, za to ona utrzymywać musi męża, płacić mu za alkohol i kochanki, prowadzą małżeństwo otwarte. Nie mają co jeść, pisze felietony do praskiej prasy, ale to za mało, chodzi na dworzec i nosi podróżnym walizki, czasami prostytuuje się i w takim właśnie momencie przedstawia się Kafce jako tłumaczka.

Od kwietnia do października 1920 Franz pisze do niej sto pięćdziesiąt listów, do czerwca korespondują ze sobą codziennie, listy nie wystarczają, wysyłają telegramy. Kocha, uwielbia, płonie, a każdy jej list jak „deszcz na jego głowę". Julia nie wie o niczym, prosi, błaga go o spotkanie, a Franz marzy o spotkaniu z Mileną. Gra na dwóch szachownicach, symultanicznie, niedbałymi posunięciami zwodzi Julię i nie odrywa wzroku od partii z Mileną. Która chce, żeby przyjechał do Wiednia, chce go żywego, z krwi i kości, a nie z liter, i Kafka znowu się boi. Podoła? Fizycznie, bo ta zmora seks, i psychicznie, bo ten, było nie było mąż, i trzeba się ukrywać.

Bezsenne noce, w końcu jest, toczy się do hotelu w postaci kłębka nerwów, jak ona zareaguje, kiedy zobaczy takie długie, chude („Nie znam nikogo tak chudego jak ja") i widać, że chore już poważnie indywiduum? Zareagowała prawie że obnażoną piersią, na której on złożył głowę, kiedy leżeli na polanie. Niejasne, czy udało mu się ją posiąść, nie zachował się ani jeden list Mileny, wszystkie kazała spalić Maksowi, zgodnie z wolą Kafki. Jasne za to, że Franz tę pierwszą wiedeńską partię przegrywa, ona wraca do męża co wieczór i nie myśli go opuścić, nie może, bo tenże chory. Ale to zdaje się być wymówką, on to czuje, kiedy odprowadza go na dworzec i nie wychodzi im pożegnalny pocałunek.

Żegna się w Wiedniu z jedną, wysiada w Pradze i wita się z drugą, Julia żąda wyjaśnień, wie, gdzie był i z kim, Franz, uważa się, kłamać nie umiał, mówi, że jest z Mileną, czyli jednak umiał. Julia odchodzi. Zakłada sklep z modą, Franz namawia Ottlę, żeby kupiła u niej kapelusz, co za gest. Po paru latach Julia dostaje ataku halucynacji i zamknięta zostaje w tym samym zakładzie dla obłąkanych, w którym Milena liczyła dni do wyjścia i ślubu, i tam umiera. Tak chce autorka *Zakochanego Kafki*, ale tu poniosły ją na fabularne dno wiry literackiej fantazji. Atrakcyjna Julia szybko dochodzi do siebie, szybko wychodzi za mąż i ginie w roku 1944 w Auschwitz, jak na datę tę przystało.

Romansu z Mileną ciąg dalszy. Każdy jej list to nowa dla niego misja. Zakupy dla niej i wysyłanie paczek, kwiaty na grób jakiegoś tam przed laty zmarłego niemowlaka (36 stopni w cieniu), koszmarne spotkania z jej przyjaciółkami, bo tak chce, wizyta u jej ojca w sprawie pieniędzy dla niej, bo tak chce. Kafka jak kula bilardowa, ona jak kij. Tak go wykańcza, że interweniuje Maks, pisze jej, żeby wzięła wzgląd na jego chorobę, ona nie bierze, Kafce tego wszystkiego za dużo, i jej listów, z poleceniami i złośliwościami, jeśli jednego z nich nie udaje mu się wykonać.

Kobieta jak giełda. Nieobliczalna, nie wiadomo, kiedy krach, a kiedy akcje wystrzałowo w górę, gdzie tam do niej poczciwej Felicji. Chce się spotkać, po raz drugi, dyktuje warunki, zmienia termin i miejsce, boi się męża, ten o nich wie, krzyczy, że jak spotka Kafkę, to go zadusi, nie trzeba, Kafka zadusi się sam. Ale zanim to, taki na przykład fragment z listu do Mileny: „W atmosferze Twojego wspólnego z nim życia jestem naprawdę zaledwie myszą w wielkim gospodarstwie, której tylko raz do roku pozwala się przebiec przez sam środek dywanu".

Spotykają się w Gmünd na granicy niemiecko-austriackiej, podróż Franza trwa dłużej, niż się widzą, widzą się godzin sześć, o sześć za dużo. Katastrofa, wygląda, że w łóżku hotelowym też. Nie ma co sobie mydlić oczu, Kafka staje się wrakiem, dla siebie samego i dla niej, to koniec. W listopadzie kończy ich związek, ona się zgadza, ma nadzieję, że o nim zapomni. Nie zapomina.

Pierwsza połowa roku 1921, Tatrzańskie Matlary, sanatorium. Dieta, mleko i śmietana. Żadnego mięsa, choćby chciał, bo pobudza hemoroidy. Na pośladku ma czyraki, nie goją się. Chroniczny kaszel, grypa, kiedy się kończy, zaczyna się dur brzuszny. Zawsze coś. I traumatyczne przeżycie, jeden z pensjonariuszy zaprasza go do swego pokoju i pokazuje mu, jak leczy się sam, dwoma lusterkami, które tak ustawia do słońca, że naświetlają one wrzody, które ma w gardle. Otwiera przed nim gardło i pokazuje rany, Kafka jest przerażony, widokiem i odorem, ucieka, notuje później, że umieranie to przedłużanie tortury, którą torturowany sam sobie serwuje, ta myśl będzie ważna.

Poznaje młodego doktora z Budapesztu, zainteresowanego literaturą, Roberta Klopstocka, który sam leczy się na płuca, to też będzie ważne. Wraca do Pragi, odwiedza go Milena, przyjmuje ją w łóżku, każde jej odwiedziny coraz bardziej go męczą, przekaże jej swój dziennik.

W styczniu 1923 roku pisze do niej raz jeszcze. Podziwia jej wydrukowany felieton, czyli robi to, czego ona, nazbyt zajęta sobą, nie robiła nigdy – reaguje na jej twórczość.

I to koniec ich przygody, gdyby Franz zobaczył film z dalszego jej życia... Taki on: rozwód jednak bierze, potem wiąże się z jakimś księciem, potem wychodzi za mąż za jakiegoś adwokata, rodzi córkę, ale w czasie ciąży dostaje posocznicy i takich bóli, że bierze morfinę i uzależnia się. Odchodzi od męża, staje się komunistką, wyrzucają ją z partii za krytykę Stalina. A kiedy do Pragi przychodzą Niemcy, ona, Aryjka, i tu Kafka złapałby się za głowę i długo nią potrząsał, spaceruje ostentacyjnie po ulicach z żółtą gwiazdą. Angażuje się w ruch oporu, aresztują ją, zsyłają do obozu Ravensbrück, po czterech latach tam umiera.

Dora

Lato, 1923. Niemiecki Bałtyk, uzdrowisko morskie Müritz, Franz waży już pięćdziesiąt cztery i pół kilo. „Tak delikatne dłonie, a muszą wykonywać tak krwawą pracę". Zdaniem tym częstuje dwudziestopięcioletnią kobietę, która w Ognisku Żydowskim skrobie w kuchni ryby.

Jesienią zamieszkują w Berlinie, w dzielnicy Steglitz. Wielki kryzys, bieda, Ottla wysyła mu z Czech jedzenie.

Kiedy kończy się spirytus, zaradna Dora Diamant, polska Żydówka urodzona w Pabianicach, obiady podgrzewa świeczkami. Listy pisze na widokówkach, miniaturowymi literami, bo tańszy znaczek. Zmieniają kolejno dwa mieszkania, bo za drogie, bo inflacja, żyją w nędzy. W jednym z nich mają balkon, na pierwszym piętrze, na dole ogród z altaną. Każdego dnia Kafka wychyla się z balkonu i pluje, nie ma w pokoju spluwaczki, w altanie bawią się córki gospodyni, ale ich nie widać. Mówią o tym matce, niezręczna sytuacja, matka zabrania im wychodzić do ogrodu, wkrótce się wyprowadzają.

Franz robi użytek ze swoich rąk. Przy blasku świec bawi Dorę teatrem cieni, wymyśla postacie i dialogi. Bawi ją, rozśmiesza. Kiedy siedzi przy biurku i znowu nie idzie mu z pisaniem, imituje psa, wgryza się zębami w blat i pokazuje kły. Lub bawi się w kelnera, biega po pokoju z tacą pełną naczyń, ćwiczy, bo chcą wyjechać do Tel Awiwu i otworzyć restaurację, taki mają plan. Moczą też razem ręce w misce z wodą, nazywają to „rodzinną kąpielą", jak dzieci. Dorze się to podoba, była przedszkolanką. Śpią razem, wątpliwe jednak, czy ze sobą.

Styczeń, minus piętnaście na zewnątrz, Kafka nie opuszcza łóżka. Przerażony Max Brod zabiera go w marcu do Pragi, Dora zostaje, Kafka nie chce narażać jej na kpiny i szyderstwa ojca, komentującego powrót syna marnotrawnego i jego wybranki.

Ból gardła, zmienia mu się głos, przyjmować może tylko płyny, lekarze podejrzewają gruźlicę krtani. Waga w ubraniu: 49 kilo. Kaszel i plwociny, spluwaczkę napełnia w minutę. Do Klopstocka, który go odwiedza, mówi, że za ten wyczyn powinien dostać Nagrodę Nobla.

Wyjazd z Pragi, Siegfrid Löwy, jego bogaty wuj z Madrytu, załatwia mu i płaci za sanatorium w Lesie Wiedeńskim. Przyjeżdża Dora, widzi go na sali z innymi, chór kaszlu i plucia. Twarz podłużna, oczy błyszczące, szponiaste ręce. Leczą go źle, dostaje niewłaściwe tabletki, do spuchniętej krtani wstrzykują mu olejek mentolowy. Nie przyjmuje jedzenia, temperatura 38,6, płuca nie do leczenia, zostaje morfina i pantopon.

Umieranie

Dwudziestego kwietnia 1924, sanatorium Kierling, Wiedeń. Własny pokój, Dora nocuje w pobliżu, w dzień jest przy nim. Dziennie iniekcje alkoholu w krtań, nigdy nie pił, co za premiera. Ból zastrzyku nie do zniesienia, a po nim odurzenie, niezdolność do artykulacji. Rzęzi, bełkocze, przychodzi mu przełknąć takie jeszcze poniżenie.

Przyjeżdża Klopstock, kiedy go widzi, decyduje się zostać. W maju przyjeżdża Brod, kiedy go widzi, zamiera. Franz nie może mówić, szepcze, Brod wychodzi załamany na korytarz, nie zobaczą się już, Franz napisze do niego jeszcze krótki list: „Bądź zdrów, dziękuję za wszystko". Przyjeżdża Ottla, przywozi mu jego czerwoną pierzynę z domu, prosił o nią. Rodzice telefonują lub piszą codziennie, chcą przyjechać, pisze im list, że nie jest jeszcze wystarczająco piękny, żeby wstrzymali się z przyjazdem do czasu, kiedy będzie mu lepiej. Do ojca zwraca się ciepło, wspomina piwo, które pili razem, kiedy zabierał go do Cywilnej Szkoły Pływania. Herman Kafka umrze w roku 1931, matka, Julia, trzy lata później, pochowani zostaną w jednym grobowcu, obok siebie, na Nowym Cmentarzu Żydowskim (dzisiaj Cmentarz Olszański). Jeszcze nigdy nie byli ze sobą tak blisko.

Czekają na odpowiedź z Będzina, od ojca Dory, Franz poprosił w liście o jej rękę. Ortodoksyjny ojciec zasięgnął porady u rabina, rabin powiedział „nie", Franz nie był dla nich wierzącym Żydem, nawrócony to za mało, a poza tym Dora uciekła z domu w wieku lat osiemnastu.

Traci głos, lekarze zabraniają mu mówić, pisze kartki, do połowy, Klopstock i Dora mają odgadnąć resztę, taka zabawa. Pisze o kwiatach w pokoju, uwielbiał je zawsze, pisze o ptaku, który wleciał do środka. Cały jego pokój na biało, wszystkie ściany, kontrast z nim. Pisze o wycieczkach do Włoch, wymieniając miasta, czasami dodaje mały rysunek. Pisze do Dory: „Połóż mi dłoń na czole, żeby mi dodać odwagi".

I nagle dostaje z wydawnictwa odbitki do korekty, *Głodomór*. Paradoks, sam nie je już od trzech dni, ale tak zapalczywie nanosi poprawki i parafki, jakby przypomniał sobie o zadaniu domowym, którego zapomniał był odrobić.

Zastrzyki nie przynoszą skutku, jedynie morfina, Klopstock boi się zwiększać dawkę, żeby nie zawiodło serce. Nie pije, przy gruźlicy krtani ból przełykania gorszy od pragnienia. Dora daje mu wąchać truskawki i plastry ananasa, szczęśliwy.

Trzeci czerwca 1924. Twarz mumii, kości policzkowe wystają z niej jak dwa przęsła zawalonego mostu. O czwartej rano coś jakby ostry gwizd, powietrze nie dochodzi do płuc. W południe żąda gestem dłoni, żeby pielęgniarka wyszła z pokoju, zostają w dwójkę, on i Klopstock. Chce śmiertelnej dawki morfiny. Klopstock się tego spodziewał, ale waha się, Kafka żąda: „Niech mnie pan zabije, inaczej stanie się pan mordercą!".

Klopstock wstrzykuje mu pantopon, opiat, Kafka mówi, żeby go nie oszukiwał, ale kiedy czuje ulgę, żąda więcej, Klopstock ulega. Wcześniej pod jakimś tam pretekstem wysyłają po coś Dorę, ale nagle Kafka chce ją widzieć, przylatuje, siada na łóżku, podtyka mu pod nos kwiaty, Kafka, już prawie nieprzytomny, ostatni raz unosi głowę.

Pociąg. W przedziale Dora, po raz pierwszy w życiu jedzie do Pragi. Dora pozna rodzinę narzeczonego. Narzeczony Dory jedzie razem z nią, parę przedziałów dalej, w metalowej trumnie.

PS Fragment nekrologu z praskiego dziennika: „Był nieśmiały, lękliwy, łagodny i dobry, ale książki, które pisał, były okrutne i bolesne. Widział świat pełen niewidocznych demonów, które zwalczają i niszczą bezbronnego człowieka. Był za przenikliwy, za mądry, aby móc żyć, i za słaby, aby móc walczyć, lecz była to słabość szlachetnych i pięknych ludzi, którzy do walki ze strachem, z nieczułością i obojętnością nie są zdolni, którzy od początku wiedzą o swej bezsilności, którzy się poddają, w ten właśnie sposób zawstydzając zwycięzcę".

(Milena Jesenská)

Rozebrać Angelę Merkel

Żeby do niej dotrzeć, dotrzeć i rozebrać ją, rozebrać jak kurę i ugotować z niej rosół, a następnie podać ją Wam dymiącą na stół, nie tylko uprawiałem rybołówstwo w sieci, ale przedarłem się przez książki w liczbie trzech. Myślałem, że ten makaron bardziej będzie swojski, ale krawiec wiadomo jak kraje, co dopiero literat. Zanim więc danie główne, taki oto krótki film o jej ewolucji.

Otóż z premedytacją ominę jej życiorys polityczny. Znany on tym, którzy się polityką interesują, tym, którzy nie, dynda on wte i wewte. Jednego porównania nie mogę sobie jednak darować, jest taka scena w *Nothing Hill*, w której Hugh Grant wychodzi z domu, idzie wzdłuż straganów i zmieniają się pory roku, i stosownie zmienia się jego ubranie. Otóż z naszą Angelą podobnie. 1. Nie zmieniając tempa, wychodzi z domu jako podlotek z dłońmi złożonymi do modlitwy. 2. Wyjmuje z tornistra mundur organizacji młodzieżowej FDJ (Wolna Młodzież Niemiecka) i nakłada; ściąga go i w jakiejś tam nieszczęśliwie dobranej garsonce zostaje rzeczniczką prasową ostatniego, komunistycznego rządu NRD. 3. Włosy sama sobie strzyże sekatorem do żywopłotu i zostaje sekretarzem generalnym CDU, ciągle w tych samych ciuchach Kopciuszka ze wschodu. 4. Podnosi prawą rękę i przysięga przed Bundestagiem, zostaje kanclerzem. 5. Z każdym pojedynczym krokiem, bo jest zwolenniczką małych kroków, jej fryzura i garderoba zmieniają się na korzyść. 6. Z dłońmi złożonymi tak, jakby dawała jakiś sygnał masonom lub załodze UFO, stoi na czele Europy, Pani Kanclerz, First Lady Europy, Najpotężniejsza Kobieta Świata.

Cała ta sekwencja w jednym ujęciu, spacerowym krokiem wzdłuż absolutnie wykluczających się stoisk politycznych i światopoglądowych. Po ulicy wybrukowanej głowami politycznych trupów jej konkurentów. A mimo to, mimo wszystko, Angela jest dzisiaj OK. I wybacza jej się nawet tak odkrywcze i nowatorskie hasła w oświadczeniu rządowym, jak: „W punkcie centralnym stoi człowiek", bo w partiach opozycyjnych w punkcie centralnym stoi na przykład kaszalot. Lub wąż boa, dlatego partie te, tak zaskoczone rewolucyjnym oświadczeniem Merkel, pospiesznie przeredagowują teraz swoje programy. I wybacza się, już siłą przyzwyczajenia, te przewidywalne ściegi jej niemieckiego, w którym dokończyć można samemu każde prawie wypowiadane przez nią zdanie. Jest lubiana. Na tyle, że stanie się pierwszym powojennym kanclerzem Niemiec, który prawdopodobnie w przyszłym roku, bo minie jej dziesięć lat, sam przerwie swoją kadencję, a nie zostanie odwołany przez wyborców. I jeśli Konrad Adenauer utrwalił suwerenność wewnętrzną i zewnętrzną Niemiec i ich stały związek z Zachodem, Ludwig Erhard wprowadził socjalną gospodarkę rynkową, Willy Brandt dzięki uklęknięciu na kolana w Warszawie pojednanie ze wschodnimi krajami, a Helmut Kohl zjednoczył Niemcy i wprowadził euro, to ona, Angela Merkel, będzie tą, która to euro uratowała i wyprowadziła Europę z potężnego kryzysu.

A więc książki trzy. Wszystkie wydane w jednym roku, 2013, więc nie wiadomo, który autor jako pierwszy dokopał się do paru mniej znanych faktów, ale co nas to w zasadzie obchodzi.

Angela Merkel. Die Zauderkünstlerin (*Artystka gry na zwłokę* – j.r.), Nikolaus Blome, Pantheonverlag. Reflektor autora, który jako dziennikarz i fotoreporter „Bilda" uczestniczył w wielu podróżach Merkel, skierowany jest na jej oblicze prywatne. Coś z cyklu „naprawdę jaka jesteś". Ale tego dalej nie wie nikt, rzeczy w niej raczej błahe. I mało ich, dlatego całość przerywana długimi „reklamami" w postaci politycznych komentarzy i inferencji. Lekkostrawna, zabawna w miarę lektura, światło na Merkel przyjazne i miękkie.

Das erste Leben der Angela M. (*Pierwsze życie Angeli M.* – j.r.), Ralf Georg Reuth, Günther Lachmann, Piper Verlag. Już sam tytuł złowrogi, jak stroszy brwi ten inicjał! Zimny, skierowany w same oczy reflektor, jak na przesłuchaniu. Oczywiście, że wysługiwała się komunistom do samego końca, jasne, że zdradziła wielu przyjaciół z opozycji, i ma się rozumieć, że po przełomie wyskoczyła z tonącego statku partii w tonącej NRD prosto w ramiona Helmuta Kohla. Którego przecież, jakże by inaczej, sama wykończyła swoją zimną i bezwzględną taktyką po to, aby wejść w jego polityczny garnitur. Książkę na odległość czuć denuncjacją, autorzy, o których nie chce mi się nawet zasięgnąć linku, świetnie się czują w szatach samozwańczych kontrolerów jej sumienia.

Pani kanclerz, Stefan Kornelius, Wydawnictwo Filia, Poznań, przekład Ewelina Twardoch. Z tej pozycji czerpał będę jak wodę z dziurawej łódki, względy zrozumiałe. *Pani kanclerz* to nasz tytuł, bo tytuł niemieckiego oryginału, *Angela Merkel*, przyznajmy, niezbyt szokujący, po polsku również. Nasz powabny, co z tego, kiedy – przypadek rzadki – książka pada tytułu tego ofiarą. Jak wysypka, na każdej niemal stronie *Pani kanclerz* pada po parę razy, oczy więdną tak, że łzami trzeba je podlewać. Kanclerz, po prostu, nie bójmy się słów. I jeszcze, w książce tej zdanka padają jak z wypracowanka, wystaje z nich biały kołnierz szkolnego mundurka, taki na przykład: „Pani kanclerz jako dziecko zawsze mogła liczyć na wsparcie bliskich, a jej radość życia i łatwość nawiązywania kontaktów pomagały jej w radzeniu sobie z niesprzyjającymi okolicznościami". To akurat nie jest winą tłumaczki, co nie znaczy, że nic do ogródka nie można jej wrzucić. Można w momencie, w którym Merkel namawia ministra finansów Wolfganga Schäuble, z którym łączy ją trudna przyjaźń, na pójście do kina. Na film, który u nas ma tytuł *Nietykalni*. Udaje im się, nikt ich nie rozpoznał. No i co z tego, bo w tłumaczeniu koniec. Tymczasem w Niemczech film nosi tytuł *Dosyć najlepsi przyjaciele*, tłumaczka jasno tego nie wyjaśnia, ale to pół biedy. Schäuble jest częściowo sparaliżowany i porusza się na wózku inwalidzkim, w Niemczech wiedzą o tym wszyscy, w Polsce niekoniecznie, jeden przypis postawiłby tę wyborną „inwalidzką" dykteryjkę na nogi, że się tak wyrażę.

I jeszcze roi się w niej od polityki. Tytuły rozdziałów na przykład takie: *Pani kanclerz u szczytu władzy*, *Pani kanclerz i jej koalicja*, *Postpolityczna pani kanclerz*. Jest jeden zaskakujący, *Co Angela Merkel skrywa przed światem*, lecz ma on efekt kampanii wyborczej, obiecanki cacanki, a czytelnikom radość. Ukrywa mianowicie to, że nic w zasadzie nie ukrywa. Trudno jest z nich wszystkich wyrwać jakiś życiodajny kęs, oprócz może tego, *Jednostajne życie w NRD*. Fakt, tytuł łba nie urywa, ale dobra, coś tu się da na brzeg wyciągnąć.

Jej babcia od strony ojca była nie tylko babcią od strony ojca, ale także żoną jej dziadka od strony ojca, i jeśli dodamy, że wiadomo nawet, że miała na imię Margarethe, to jest to naprawdę dużo jak na wiedzę o kobiecie z pierwszej połowy XX wieku. Wiadomo, że o dziadku wiadomo więcej. Kazmierczak, Polak z krwi i kości urodzony w Poznaniu, przebierać się lubił z jednego munduru w drugi. Naprzód przywdział niemiecki i walczył przeciwko Francji (1915), ale widocznie był mu on za ciasny lub za luźny, lub nie było mu w nim do twarzy, bo zdjął go, zamienił na mundur polski i walczył w armii Hallera przeciwko sobie samemu, następnie zdjął go z przyczyn jak wyżej, osiadł był w Berlinie i założył nie tylko nowy, niemieckiego policjanta (w którym w roku 1943 awansował do stopnia sierżanta w policji bezpieczeństwa), ale i rodzinę. I zmienił nazwisko, z popiołów Kazmierczaka powstał Kasner. I syn mu się urodził, a w zasadzie został urodzony, bo człowiek nie rodzi się przecież sam, ten zaimek zwrotny u nas tu akurat trochę irytujący, samemu można się czesać, nudzić i w konsekwencji zabić, ale naprawdę trudno jest samemu wydostać się z brzucha bez pomocy jego właścicielki i osób trzecich. Urodzony więc został mały Horst, który w wieku lat dziewiętnastu w roku 1945 szedł po ulicy tak ciemnej, że wpadł do niewoli jenieckiej, tak być musiało, bo nigdzie nie można znaleźć informacji o przyczynie jego pojmania. Po wojnie studiuje teologię i zostaje pastorem Kościoła luterańskiego, mężem nauczycielki angielskiego i łaciny, a następnie, w Hamburgu, w roku 1954, ojcem. Ojcem dziecka, podkreślam, a nie jakimś tam duchownym lub chrzestnym.

Wtedy w latach pięćdziesiątych wszystkie rzeki w Niemczech, nie oglądając się za siebie, płynęły wartko z NRD do RFN-u, przykładowo w pierwszych paru miesiącach roku urodzenia przyszłej lalki Barbie (cierpliwości) liczba ich wyniosła sto osiemdziesiąt tysięcy fal, a w sumie od roku 1949 (powstanie NRD) do 1961 (budowa muru) fal dwa i pół miliona (ile fal przypada na jedno morze?). I wtedy właśnie jeden tylko mały strumyk czołgał się do zdarcia łokci w kierunku przeciwnym. Ponieważ biskup hamburski życzenie wyraził, aby pastor Kasner zasilił szeregi księży na wschodzie Niemiec, których wtedy nie było prawie w ogóle. Uprzedzam korektę, szeregów księży nie było, Niemcy były. I tak oto, żeby zdobyć się na grubo ciosaną aluzję polityczną, przyszła pani „Pani Kanclerz" w wieku tygodni czterech po raz pierwszy i ostatni w swoim życiu płynęła pod prąd.

Jeśli porównać matkę jej do kury domowej, co będzie zasadne, bo kiedy matką się stała, pracować przestała, a nawet jakby chciała, to jako żona ewangelickiego pastora nie mogła, a ojca jej porównać do ostrożnie spacerującego po obejściu koguta, który ledwie gdzie nogę postawi, to już ją cofa, co będzie zasadne, bo opozycjonistą był umiarkowanym, zwolennikiem-zakładnikiem z kretesem przegranego realizmu geopolitycznego, czyli z diabłem paktował, żeby Boga ocalić, więc jakby porównać jej rodziców do kury i koguta, to nic dziwnego, że mała Angela wyglądała jak pisklę, nieco, przyznajmy, przydeptane. W Templinie (godzina od Berlina) pisklę to dzieciństwo miało jak z obrazka, po lesie pięknym najczęściej chodziło, a las wiadomo, grzyby w nim ćwierkają, ptaszki szumią, a drzewa zakładają gniazda. Dwa tylko cienie kładły się na słonecznym podwórku jej dzieciństwa, pierwszy to nauka chodzenia, nogi nie nadążały za głową, część dzieciństwa spędziła w „kloszu" i w wyniku zaburzeń rozwojowych nie umiała potem chodzić po schodach, musiała planować każdy krok, i ten właśnie fakt służy autorowi książki jako rozbieg do ryzykownego skoku, otóż stąd właśnie jest dzisiaj tak taktyczna, przewidywalna i planująca każdy krok. Jakoś pachnie to literacką makulaturą, ktoś, kto dzieckiem będąc, strażakiem chciał być, nie oznacza wcale, że jako polityk lał będzie wodę. I taty było brak, to drugi cień. Bo tata ciągle u Pana Boga na służbie. Budowę szkoły dla służb kościelnych nadzorował, kolegium teologiczne prowadził i miało czasu miał dla jednej pojedynczej owieczki, więc turlała się mała Angela do sklepu na końcu ulicy, bo dalej się bała, i tam na ojca czekała, bo jakby wracał, to widziałaby go o kilkadziesiąt metrów szybciej.

Po dzieciństwie nawet w NRD następowała młodość i tę Angela spędziła w ulu, bo z pisklęcia zamieniła się w pilną pszczółkę. Uczyła się celująco, po mamie odziedziczyła zdolność do języków, więc rosyjski opanowała tak, że do dziś Putin bierze u niej korepetycje. Szlifowała go, ten rosyjski, z żołnierzami sowieckiego garnizonu, który stacjonował na obrzeżach miasta, i to jest właśnie ta różnica między praktycznymi Niemcami, którzy uczą się od okupantów, jeśli ci już są, a matołami Polakami, którzy nie uczą się nic, nawet kiedy okupantów już dawno nie ma.

W roku sześćdziesiątym ósmym jedzie z rodzicami do Czechosłowacji, na Śnieżkę. Tam zamieszkują u pewnej rodziny i pewnego dnia Angela widzi, jak syn gospodarzy targa znaczki pocztowe, z podobizną Novotnego (niewola), i na pytanie, dlaczego to robi, odpowiada, że teraz jest czas na Dubczeka (wolność). Po powrocie do domu, już po interwencji wojsk Układu Warszawskiego w Pradze, Angela, pytana przez nauczyciela o przeżycia z wakacji, przemilcza ten fakt i faktem tym, że się boi, autorzy *Pierwszego życia Angeli M.*, machają czytelnikowi przed oczami jak chorągwią. Ochoczo i z satysfakcją donoszą na nią, że od zawsze ustawiała się do wiatru. No rzeczywiście, co miała zrobić wtedy ta dziewczyna w wieku lat czternastu? A. Wejść na ławkę i jako znaczek z Honeckerem sama się potargać. B. Stać się Kuroniem, wylądować w więzieniu w Warszawie, tam poznać Modzelewskiego, wyjść za niego za mąż i urodzić małe Michniki. C. Przebić głową mur i z nią żyć po stronie zachodniej, wschodnią mając w dupie.

W szkole średniej córka pastora bierze udział w ogólnokrajowej olimpiadzie z języka rosyjskiego, jako najmłodsza dostaje się do pierwszej trójki, w nagrodę jedzie na wycieczkę do Moskwy i tam właśnie kupuje sobie pierwszą płytę, Beatlesów. Trochę to ideologicznie pokręcone, ale jeszcze bardziej jej życie codzienne. Dwie symultaniczne rzeczywistości, jedna w domu, w którym przed posiłkiem odmawia się wspólnie modlitwę, druga za jego progiem, zgrzebny, enerdowski komunizm ze stemplem parcianej mordy Honeckera, z zawodu prawie dekarza, bo studiów tych rzeczywiście wysokich nie ukończył. W szkole, pytana o zawód ojca, mówi pospiesznie *Fahrer*, czyli „kierowca", a nie *Pfarer*, czyli „ksiądz", brzmi prawie tak samo, a poruty mniej, dwulicowa?

Tak, być może, ale ja, recenzent wyrozumiały jak dąb nad rozlewiskiem, myślę sobie, że Angelę dziewuchę, a potem młodą kobitkę ze specyficzną, ale jednak urodą i z niekoniecznie nieodpartym, ale jednak wdziękiem, z domu do NRD ciągnęło. Co miała w nim robić, ojciec i matka jak to ojciec i matka i wiele małżeństw po latach, widzę ich na zdjęciach, te dwa zimne żelazka w okularach, które już dawno zapomniały, co to znaczy być rozgrzanym. Nudziły ją, myślę, te donikąd prowadzące, półszeptem prowadzone debaty ojca i jego brodatych opozycjonistów, o „Kościele w socjalizmie" i o tym, czy aranżować się z komunistami i jeśli tak, to po co, a jeśli nie, to dlaczego. Wolała tam, na zewnątrz, gdzie obozy, flirty, romanse i plaża nudystów.

I wycieczki, do Leningradu i Moskwy, już jako studentka fizyki. Wokół której koła zataczać zaczął tam również student, Ulrich. Koła coraz mniejsze, aż po dwóch latach drapieżnik ten w roku 1977 zaobrączkował ją. Kobietę nie w białej, ale w jasnoniebieskiej sukni, niebieski to jej ulubiony kolor, do dziś. Tak więc w wieku lat dwudziestu trzech Angela Kasner zaczęła nowe życie, pod nazwiskiem Merkel. W pokoju o metrażu metrów kwadratowych dziesięć, w akademiku. Z jednym łóżkiem, szafą i dwoma osobnymi biurkami, luksus, że osobne, bo toaletę i łazienkę mieli na korytarzu, wspólną z innymi komilitonami. Z tego życia nowego po pięciu latach zostało jej tylko nazwisko i pralka, jemu zostawiła meble. Chemia się jakoś, między dwoma tymi fizykami, skończyła. Przy czym to ona opuściła go, spakowała się pewnego dnia i wyszła, tak nagle i bez słowa, że *Herr* Merkel siedzi w tym samym pokoju, przy tym samym biurku, bez pralki i w tej samej pozycji do dziś. Pytanie, dlaczego rozpada się małżeństwo, jest bezzasadne. Rtęć w termometrze opada, ręce opadają, liście opadają, co dopiero miłość.

W roku 1981 przyjeżdża do Gdańska, patrzy, słucha, rozmawia. Wraca z pismami i znaczkami „Solidarności", na granicy celnicy rekwirują je, jest przesłuchiwana i tłumaczy się, że dostała to jako prezent i nic z tego nie rozumie. Ten akapit po to, aby młodsi pamiętali, że byliśmy wtedy wyspą odwagi wystającą z morza strachu.

9 listopada 1989, w czwartek, mur berliński zaczyna się walić. Padają pierwsze jego przęsła, idzie z nich kurz i pył historii i gdyby najechać na niego kamerą, a potem zrobić szwenk do oddalonej o kilkaset metrów sauny, mielibyśmy niezły efekt, kurz ten i pył przerodziłyby się w parę wodną. I w tej parze właśnie ukazałby się nam zarys ciała dzisiejszej Pani Kanclerz. Poszła w tym dniu do sauny, z koleżanką, i do dzisiaj jest wielu, którzy nie mogą tego faktu przełknąć, szczególnie autorzy *Drugiego życia*... Że podczas gdy historia zdecydowała się na występ na żywo, ona, zaraz obok, wydzielała z siebie toksyny i serwowała sobie wentylację płuc. Nie wiem, co w tym zdrożnego, miała co? Miała usiąść okrakiem na murze i nie schodząc z niego, napierdalać non stop, dzień i noc młotem w beton?

Jaka jest dzisiaj ta zaciekle strzegąca swojej prywatności kobieta, którą Tusk uczył wymawiać nazwisko „Kazmierczak"? Jaka jest po fajrancie, co robi oprócz śniadań dla męża, bo to jakoś udało się dziennikarzom z niej wyciągnąć.

Nikt, żaden z polityków, nie widział nigdy jej prywatnego mieszkania obok Muzeum Pergamońskiego na Wyspie Muzeów, w starym budownictwie na czwartym piętrze, nikt też, nawet najbliżsi współpracownicy, nie był nigdy w jej domku letniskowym w Uckermark. Cała jej świta milczy jak zaklęta. Są to przede wszystkim kobiety, na czele ciesząca się największym zaufaniem Beate Baumann, od lat szefowa jej biura, prawa ręka, o dziesięć lat od niej młodsza germanistka i anglistka. Baumann ma pełne ręce roboty, ponieważ szefowa, ze względów bezpieczeństwa, nie pisze e-maili ani nie prowadzi żadnej korespondencji, nie używa komputera, wyjątkiem jest iPad. I SMS-y, od nich uzależniona tak, że pisze lub odpowiada w trakcie ważnych rozmów, i jej dworzanie zachodzą w głowę, jak można rządzić osiemdziesięciomilionowym narodem SMS-ami. Następna to jej doradca medialny Eva Christiansen, za jej to sprawą fotografowie nie mogą robić jej żadnych zdjęć od dołu, bo podwójna broda. I żadnych, kiedy idzie, bo chodzi ciężko, jak na szczudłach. I żadnych, kiedy zdarza się jej usiąść na kancie biurka, bo wygląda wtedy, jakby na czymś za małym rozsiadło się szeroko coś za dużego. I żadnych, broń Boże, w rządowym samolocie, kiedy wstaje o świcie i wygląda raz jak harpagon, a raz jak nieboskie stworzenie. Jest jeszcze wizażystka, o której złośliwi mówią, że ma najcięższą robotę w Niemczech, a którą zabiera dziś w każdą prawie podróż, no i jest jeszcze rodzeństwo. Przy czym z młodszym bratem, Marcusem, kontakt utrzymuje sporadyczny, jedyne, co ich łączy, to fizyka (wykłada na uniwersytetach), dzieli polityka, Marcus był kiedyś aktywnym członkiem w Partii Zielonych. Inaczej z młodszą o dziesięć lat siostrą, widzą się często i rozmawiają o wszystkim, tylko nie o polityce. Irene jest ergoterapeutką i ma praktykę w Berlinie, to ona właśnie "odpowiedzialna" jest za "trójkąt Merkel" lub za jej romb, lub piramidę, nie ma tu zgody, za jej charakterystycznie ułożone po prostu dłonie ze złączonymi kciukami. Nawiedzeni spiskowcy z sieci (uwaga, kanclerz Niemiec jest spod znaku Raka, a w horoskopie chińskim to Koń, może wyjdzie wam z tego jakaś apokalipsa) biorą to za masoński znak, inni piszą o erystyce i przypominają "trójkąt retoryczny" (*ethos*, *pathos*, *logos*), a chodzi po prostu o dotyk palców, który pomagać ma nerwom kręgosłupa i utrzymywać sylwetkę prosto.

No i tak, no i jest jeszcze drugi po Bogu, czyli od roku 1998 drugi jej mąż, Joachim Sauer. O ich ślubie, po kilkunastu latach życia w "dzikim małżeństwie", dowiedzieli się wszyscy, na czele z rodzicami obojga, z niewielkiego ogłoszenia prasowego. On, mąż, do nowego związku wniósł dwóch synów ze związku starego i absolutną dyskrecję, wyprasza sobie jakiekolwiek pytania "rodzinne", a odpowiadać może tylko na te, które dotyczą jego samego. To nie są dąsy nieważnego mężczyzny w cieniu ważnej kobiety, Sauer jest chemikiem kwantowym, cenionym przez Amerykanów naukowcem i wykładowcą akademickim, swój czas dzieli między Kalifornią a Berlinem, a w naukowych kuluarach przebąkuje się, że Nagroda Nobla dla niego jest już w polu widzenia. Jedyne, co wiadomo o ich życiu powszednim, wyszło z ust jego małżonki (Merkel), jest on, Sáuer, dla niej czymś w rodzaju wybiegu na życie normalne, codzienne. Z pozycji obywatela przeciętnego (jak niemieckie poczucie humoru) kąśliwie komentuje jej czasami obrady Bundestagu. Zajmuje się korespondencją, która przychodzi do domu, wypełnia na przykład co roku oświadczenie podatkowe. Sprzątaczkę zatrudnił i rozlicza się z nią, umowa opiewa na czterysta euro miesięcznie. I w każdy piątek, jeśli jest w Niemczech, można zobaczyć go, jak wychodzi z ich mieszkania i z kartką w kieszeni zdąża w kierunku sklepu. Na kartce ma listę zakupów, skreśloną jej ręką, inni złośliwi, czyli ja, twierdzą, że tę listę zakupów *Frau* Merkel zrobiła tylko raz, a potem mu ją kopiuje, bo przecież najchętniej jadłaby na okrągło, co następuje: kartoflanka. W przerwach: rolada, pasztetówka lub kaszanka. Alkohol? Białe wino, jeśli już.

Dowcipna jest, śmieje się zaraźliwie, ale między swoimi, przed nimi potrafi dobrze parodiować na przykład Sarkozy'ego, premiera Chin lub wcześniej papieża Benedykta. A jeśli wypsnie się jej coś, co ją samą rozśmieszy, to robi wtedy minę małej psotnicy, i wtedy jest rozbrajająca. A kiedy jest wściekła, poznać po tym, że jest podejrzanie spokojna. Zamyka się wtedy w sobie jak murena w jaskini. Dyskretna jest jak kotary i pamiętliwa jak komputer, jeśli ktoś nadepnie jej na odcisk. Obowiązkowa jak apteczka w samochodzie, skrupulatna, metodyczna, lojalna. Ciągle głodna wiedzy, uczy się szybciej, niż inni myślą. Chorobliwie prawie pracowita, w nocy śpi cztery do pięciu godzin, odrabia trochę w dzień, w samochodzie, samolocie, helikopterze, zasnąć potrafi wszędzie, na regenerację, jak wielbłądowi, wystarcza jej kilkanaście minut. Rzeczowa, pedantyczna i przy tym wszystkim uwielbiająca wzniosłego i mrocznego Wagnera. Zrozumieć człowieka. Jeśli każdy z nas ma ukryte żagle, które czasami rozpina, żeby puścić się nurtem gdzieś we własne głębiny, to wiatrem byłby dla niej Wagner.

Sztukę kompromisu uwielbia. Negocjacyjne manewry. Pod warunkiem że na ich końcu „wszyscy zainteresowani mają kiepski nastrój. Wtedy muszę się cieszyć z niego sama".

Nie ma politycznych autorytetów, porównania z Margaret Thatcher ją męczą, słowo „żelazna" bardziej kojarzy się jej z kurtyną niż damą. Nie lubi polityków z hucpą, którzy robią wokół siebie zbyt wiele szumu. Nie znosiła Berlusconiego, którego określiłaby mianem małpiego samca, gdyby mogła, i nie lubiła Sarkozy'ego, bo próżne jego ego. Mieszane uczucia ma do Obamy, który w prywatnych kontaktach nie tylko z nią, z innymi politykami również, jest raczej nijaki i charyzmy ma tyle, co kot napłakał. A lubi premiera Indii, słucha jego rad, to rzadkość. A ideałem jej, jedynym, o jakim wspomina, jest Curie-Skłodowska i jej imponująca wytrwałość.

Wbrew pozorom nie przepada za Putinem z jego pozami na siłacza i wojownika. Chociaż życiorys ich jak w lustrzanym odbiciu, ona, dwa lata od niego starsza, nauczyła się perfekcyjnie rosyjskiego i w latach siedemdziesiątych wyjeżdżała z NRD do ZSRR, on zaś w tym czasie wyjechał z ZSRR do NRD, w Dreźnie spędził pięć lat i nauczył się po niemiecku tak, że do dziś Angela bierze u niego korepetycje. Możliwe też, że to ona właśnie prasowała mu mundur, bo jako studentka w Lipsku musiała w ramach obowiązkowych prac społecznych prasować mundury radzieckich żołnierzy i całkiem możliwe, bo przecież z Lipska do Drezna blisko, że prasowała i jego, a jeśli tak, to bardzo niewdzięcznym skurwysynem jest Władimir. Jeśli wiedząc o tym, załazi jej ciągle za skórę. Psami na przykład. Psów Angela nie cierpi. W roku 1995 pogryzł ją jeden, kiedy jechała na rowerze, po czym spieprzył, nie mogąc jeszcze wiedzieć, że udało mu się wyrwać kawałek łydki przyszłej kanclerz

Niemiec. Ofiara musiała udać się do szpitala i od tej pory wara psom od niej. A Putin, kiedy przyjechała do niego od razu po tym, jak została kanclerzem (2006), wiedząc o tym, podarował jej psa właśnie, z pluszu, ale zawsze to. A rok później w jego rezydencji na Krymie do pokoju przez otwarte drzwi wbiegł nagle labrador, o przypadek trudno. Ciekawy zapewne, jak pachnie kobieta *number one* na świecie, obwąchał ją był, po czym położył się u jej stóp. Putin, z głową odrzuconą do tyłu, szerokim uśmiechem i z rozłożonymi kolanami pozował do zdjęć jak łaskawy król, który przyjmuje na audiencji jakąś prowincjonalną księżną, i o to mu chodziło, na zdjęciach nasza Angela siedzi sztywna jak zamarznięty nieboszczyk, z nogami ściśniętymi tak, że dłuto by nie weszło. Od tej pory warunkiem, pardon za kolokwializm, *sine qua non* każdego spotkania jest całkowity zanik psów i nawet jeśli zdarzy się, że zaproszony zostanie jakiś niewidomy polityk, to jego pies przewodnik zostać musi na zewnątrz i wtedy zanim polityk ów domaca się po ścianach do miejsca obrad, to tam jest już po ptokach.

Odważna jest, jeśli nie ma w pobliżu psa. Lub konia, jego też się boi. Lub burzy, jej też.

Ale po locie do Afganistanu w kamizelce kuloodpornej, podczas którego piloci dwa razy przełączać musieli na tryb awaryjny ze względu na sygnały alarmowe, zapytała, czy będą mieli jeszcze więcej takich atrakcji, jest *cool*. I jeśli już wyszliśmy poza granicę Niemiec, najbardziej uprzywilejowane miejsce w polityce zagranicznej ma u niej Izrael, tu akurat, co rzadkie, pełna jest emocji. Izrael uważa za część niemieckiej racji stanu, historyczny dług rozumie się sam przez się, dla tego państwa robi więcej niż ktokolwiek z jej poprzedników. I zgodnie z sugestiami izraelskich polityków i historyków nie używa pojęcia „Holokaust", termin spopularyzowany przez film Lanzmanna, to określenie na całopalenie, dotyczące ofiar składanych Bogu, eksterminacja zaś nie była aktem religijnym. Używa pojęcia „Szoa" („wielka katastrofa, nieszczęście").

Merkel chce, aby Niemcy odnaleźli własną tożsamość, żeby zdobyli się na pełną konfrontację z prawdą, z własną historią, po to, aby powiedzieć móc sobie, „Jesteśmy zadowoleni z bycia Niemcami. Te słowa przechodzą mi już przez usta". Zadowoleni, nie dumni. Ta kobieta jest jak Warszawa, da się lubić.

Druga połowa lat sześćdziesiątych, basen kąpielowy w Templinie. Jedna z klas ma lekcję wuefu, tym razem na pływalni. Skoki do wody przebiegają bez większych zakłóceń, aż do momentu, w którym na deskę wchodzi dziewczyna, która wygląda trochę tak, że jakby ją postawić na polu, to odleciałyby wszystkie wróble. Wchodzi i stoi, boi się, nie skacze. Klasa ją dopinguje, tak musiało być, skacz, Angela, skacz, *keine Angst*! Ale ona się boi, jej wahanie, jej strach z oczami jak wyrak sundajski trwa prawie do końca lekcji, Angela decyduje się w ostatniej minucie, skacze. Znika pod wodą i nie wychodzi, wszyscy skaczą do basenu, ale jej pod wodą nie ma, rozpływa się, i w niej, i w powietrzu.

W roku 2009 koncern Mattel w ramach jubileuszu pięćdziesięciolecia do limitowanej edycji lalek wzorowanych na kobietach sukcesu wypuścił na rynek nową Barbie. Kobietę z polityki, bez precedensu. Jako wzór, drogowskaz dla wszystkich kobiet *in spe*. Barbie ta, podobna do oryginału jedynie z ubioru, a więc nowoczesna, pewna siebie i przebojowa *lady*, przekaz ma następujący: jeśli masz cel i marzenia, nie pozwól im uciec, goń je, łap i trzymaj mocno za gardło, wtedy się spełnią. Marzeniem wielu dziewczynek jest sama lalka, cena detaliczna trzysta euro, ale nie będę się czepiał. Merkel jest fajna.

Marka HB

No i masz, no i wziął i się zwinął. Wypadł z koła. Był i go nie ma, jak w ruskim cyrku. A ja siedzę nad jakimś jeziorem morawskim. I ledwo widzę ekran laptopa, łzy widzę, bo mi krem do opalania wlazł do lewego oka. I piszę tylko prawym.

Które ucho miał słabsze, lewe czy prawe? Nigdy nie mogłem trafić, darłem się zawsze do nie tego. Nigdy też prawie nie mogłem od razu trafić do niego na właściwe piętro. Numer mieszkania 178 i co z tego, na trzecim, na czwartym? Irytował się, kręcił głową i mówił „Co ty, kurwa...?". Tak zaczynały się wszystkie nasze spotkania. I rozmowy przez telefon. Raz zaśpiewałem na początek „Słuchaj, Jezu, jak cię błaga lud!", a on „Co ty, kurwa...". A potem, „Który lud, ten przez „u" otwarte czy zamknięte".

Jego mieszkanie na ulicy Widok. Na pewno w życiu czasem wymiotował, ale na pewno nigdy pieniędzmi. Mieszkanie jak mała łódź z paroma kabinami. Zatopiona przez książki. O swojej kuchni napisał kiedyś: „Za dużo okna w miejscu do stania". Byłem tam parę dni przed, chyba jako jeden z ostatnich, otworzył w marynarce, jak zawsze, ale tak jak zawsze nie było. Nie było gdzie usiąść, stosy książek, a na fotelach złożone numery „Wyborczej". Opowiadał o tym, jak jeden z pisarzy czeskich zaproponował mu bruderszaft, ale tak, że on tego nie zrozumiał, i opisał jak, ale ja tego nie zrozumiałem, popsuła mu się sztuczna szczęka. On mnie ledwo rozumiał, bo uszy i mój fatalny głos, i ja jego, bo jego zęby. Nie wiadomo było, kto z nas dwóch dziadem, kto obrazem. Wyszedłem, czekałem na windę, on jak zawsze, w drzwiach czekał, aż wsiądę i zamkną się za mną drzwi. W drzwiach, w marynarce, na progu. Osoba pierwsza liczby jak najbardziej pojedynczej. Zawsze sobie obiecywałem, że następnym razem zrobię mu zdjęcie, zawsze jest to „następnym razem", ale nie zawsze, cholera jasna, banał ten tak chwyta za gardło.

Z Henrykiem tu, z Henrykiem tam. Kołuje mi teraz wszystko w głowie jak piłeczki z totalizatora, ale żadna nie chce wpaść do dziurki i wyłonić wygrany numer. Pierwsza połowa lat dziewięćdziesiątych, gdzieś na jakimś zamku w województwie wrocławskim, jakieś spotkania literackie. Poszliśmy w przerwie grupą do stajni i tam sfotografowaliśmy się z nim, jako „stajnia Berezy", bo tak się wtedy o grupie z „Twórczości" złośliwie mówiło. To zdjęcie powinien mieć Wiedemann. Ale wtedy już go znałem, więc kiedy ten pierwszy raz? Nie wiem, nie pamiętam, chyba w redakcji „Twórczości". Lub w „Czytelniku". Wkrótce potem przyjechał do Hamburga, z Lisowskim, i dumny był, że lepiej dogaduje się po niemiecku niż on. Nie wiem, ile tych spotkań, widzeń, wspólnych pobytów. Za każdym razem w roli głównej Jej Wysokość Literatura. Książek przeczytał chyba więcej, niż ich Niemcy spalili. Jakby złapał złotą rybkę, to poprosiłby o ciężarówkę książek, a na drugie życzenie o ich karton, a na trzecie, żeby dorzuciła jeszcze jedną.

Rytuał odprowadzania go, od „Czytelnika" do domu, za każdym razem coraz dłużej. Przy końcu stopa za stopą, jakby mierzył odległość. Uparty jak wół, do lekarza nie chciał.

Mail od ks. Andrzeja Lutra: „Na trzy dni przed Bożym Ciałem zaczął mu się plątać czas, w poniedziałek przyszedł do Czytelnika o 15.00, podczas gdy 11.15 to była jego doktrynalna pora. We wtorek myślał, że jest święto, uświadomiłem go, że dopiero pojutrze. [...] Zasłabł na szczęście niedaleko Czytelnika, bo w jego mieszkaniu w samotności, to byłoby straszne. Stwierdzono u niego guza śródpiersia, lekarka powiedziała, że operacja jest ryzykowna, miał trzy zawały, może nie przeżyć. Cały czas był w śpiączce, oddychał pod respiratorem, i tak zmarł".

Jaki napis na nagrobku mu dadzą? Położą go koło Hłaski, „Następny do raju"? Z czym przyjść na pogrzeb? Z wieńcem? Z napisem „Umarła marka HB. Dziąsła Twórczości straciły zęba mądrości"? Czy może lepiej tak po prostu, z kwiatkami, żeby powąchał je sobie od spodu?

Leżę na Morawach i na plecach, w kącikach ust trzymam źdźbło trawy i patrzę w niebo. Widzę jego sen, ten, w którym idzie z psem. Idzie i pies pyta, a dlaczego my nie wstąpimy w związek małżeński? Odpowiada, że to przecież niemożliwe, a pies na to, jak niemożliwe, w tym kraju da się przecież wszystko załatwić!

Słyszę jego śmiech, uwielbiał jeździć ostrymi łyżwami po tematach tabu. Ze śmierci też sobie dworowaliśmy. Umówiliśmy się, że jak umrze, to zagwiżdże, wtedy do niego wpadnę. I jak ma teraz zagwizdać, kiedy jakiś pojeb dentysta spieprzył robotę?

W STRONĘ RECENZJI

Stacja numer 13.
Strony całe krąży ciepła krew

Tomasz Różycki, *Dwanaście stacji*
Wydawnictwo Znak, Kraków 2004

Czytelniku, zgodzisz się ze mną? Że są książki, do których wchodzi się z ociąganiem? Człowiek tak niby idzie, ale nie idzie mu, ten chód. Człowiek się kryguje, człowiek się peszy. Stoi pod drzwiami i przebiera nogami. Puka nieśmiało, cisza, nic. Zagląda przez okno, jest tam ktoś? Jeśli nie ma nikogo, to z poczuciem ulgi odchodzi, ale jeśli jest, to wchodzi i zaraz żałuje, bo znajomość okazuje się dla obydwu stron krępująca.

I są takie, książki, w które wchodzisz od razu, bez pukania. Po co, jeśli drzwi otwarte na oścież? I okna. Wchodzisz i od razu czujesz się jak w domu. Zdejmujesz odzienie wierzchnie, niedbale rzucasz w kąt buty i kładziesz się na kanapę. Ręce założywszy pod głowę. I rozglądasz się, słuchasz. Nastrojowo jest, i swojsko. Jesteś u siebie. I miło jest tak, w domu, w którym nawet cebula jest tak miła, że się sama obiera. Czytasz i uśmiechasz się, na pokraśniałej gębie rysuje ci się torcik złożony z warstw rozbawienia, uciechy, uznania i podziwu.

Jesteś czytelnikiem, strony całe krąży ciepła krew... Czytelnikiem, a więc królem, twoja korona to czapka niewidka, widzisz wszystkich i wszystko, ciebie nikt. Miasto, do którego wpadłeś jak śliwka w kompot, na pierwsze imię ma Opole, na drugie Hassliebe. Uważaj, jesteś w Krainie Różyckiej: na parapetach mieszkań orły stukają dziobem do szyb, koczkodany mieszkają na głowach, należących w sumie do mieszkańców, w sadach rosną wściekłe psy, potrafiące przegryźć na pół samochód najnowszej marki lub przeżreć drzwi, na dnie Odry stoi zatopiona armia w zardzewiałych hełmach, w kałużach osiedlowe drużyny nurkują na czas i wyciągają z nich maszyny do szycia tudzież zaginionego dzielnicowego, jako jedyny czyta książki ogień, a miasto przypomina z góry dziurawą korę mózgową.

Nawet nie wiesz kiedy, a już ranek, a ranek, widzu miły, następuje całkiem niepotrzebnie, zwłaszcza kiedy masz do wyboru pójście na studia lub na zakupy. Niepotrzebnie, jako że w przeddzień piłeś. Dzisiaj też wypijesz, i jutro, dlatego że od dziecka masz uraz do alkoholu. Może dlatego, uciekając, wykonujesz niespodziewane dla siebie samego zygzaki, nic dziwnego, jedną nogę masz przecież krótszą, za to druga porządniejsza.

Czas szepce ci do ucha, żeby ruszyć w drogę, ruszasz. Niebo to wywrócona do góry nogami fontanna, słowem leje.

Leje też słowami, i to tak, że sztorm, że potop, ale nic to, ze starego zegara ściennego robisz sobie arkę i ratujesz po drodze zwierzęta oraz siebie w osobie własnej. Omijasz zacumowane przy redzie taksówki i od razu wpływasz na czwarte piętro, kataklizmy są praktyczne.

Przytkniesz głowę do szyby w autobusie Opole–Puławy. Ona, ta głowa twoja własnościowa, zacznie wydawać wysokie i przejmujące dźwięki, które wprawią w drżączkę język twój i okalające go zęby. Po krótkim wahaniu do telepania tego dołączy się mózg, i to tak ochoczo, że podróż wejdzie w nowy wymiar, staniesz się nowym członkiem pasażerskiego chóru „PKS" na tournée po czerepie własnym.

Uda ci się przejechać pociągiem przez Śląsk, zajść w ciążę jako niepokalana to przy tym mały pikuś. Większość pociągów krąży w tym brzuchu Lewiatana, nie mogąc wyjechać przez lata i sezony, zrozpaczeni podróżni wysiadają na obojętnie jakiej stacji lub starzeją się w nich, lub umierają. W Biurze Pociągów Odnalezionych odnajdywane są pociągi widma, z oszalałymi maszynistami i mundurami konduktorów bez nich samych, jeżdżący przez lata i sezony w kółko, bez ratunku.

Czytanie może być obrządkiem, ceremoniałem, biesiadą, więc zasiądź do niej. Czeka cię dwanaście stacji drogi krzyżowej przebytej przez poetę w wieku okołochrystusowym. Dużo tam o pierogach, więc załóż sobie serwetkę za kołnierz i częstuj się. Wierszami faszerowanymi poezją.

Białoszewski, stacja Chamowo

Miron Białoszewski, *Chamowo*
PIW, Warszawa 2009

Jestem na Dworcu Centralnym. Łażę po nim jak on wtedy. Teraz tłum, a on wtedy sam, bo o świcie. Snuł się tu jak dym po polu. W nocnych lukach w podziemiu dopiero co oddanego wtedy do użytku dworca wiało mrozem, było pusto, z głośników leciała muzyczka. Kiedy uciekał mu autobus nocny, schodził do podziemia i w całodobowym kiosku kupował z nudów na przykład pasztet lub dżem.

Po pierwszym, premierowym wejściu do tego podziemnego Hadesu bał się wyjść. Oto dezercja poety Mirona Białoszewskiego przed drzwiami rozsuwalnymi na Dworcu Centralnym w mieście stołecznym Warszawa w roku tysiąc dziewięćset siedemdziesiątym szóstym:

> Przechodziłem obok ciągu szklanych drzwi, którym przyglądał się młody mężczyzna. Jedne były otwarte i właśnie się same zamknęły.

– A jakby się chciało wyjść? – i stanąłem przed drugimi. Otworzyły się. Prędko odszedłem od tych zaczarowań.

Speszony, cofa się. Idzie na dół, zwiedza nowy dworzec i w końcu natrafia na schody prowadzące do wyjścia. Schody, normalne ludzkie schody, a nie szklane drzwi, rozsuwające i zsuwające się za sprawą podejrzanych, niewidzialnych mocy. „Schody więc, drewniane! I poręcz byle jaka – ucieszyłem się. I wylazłem do autobusu...".

Z Centralnego idę na Wiejską, do „Czytelnika", do stolika, Berezy Henryka. Dochodzi Adam Wiedemann, mówię, że czytam *Chamowo*. Adam kłóci się z Henrykiem o to, jak daleko jest od bloku Białoszewskiego przy Lizbońskiej do Bora Komorowskiego, czyli ulicy Adama, tenże twierdzi, że blisko, Henryk, że nie. Argument Adama logiczny (przecież wiem, gdzie mieszkam, i wiem, gdzie mieszkał Białoszewski!), Henryka również (przecież wiem, gdzie mieszkał Białoszewski, i wiem, gdzie mieszkasz ty!).

Jedziemy z Adamem, spod palmy, autobusem 507. Przystanek „Afrykańska", widzę jego okno. To, na którym wtedy ta farba po zdjęciu rusztowań, wszystkie okna umyte, jego jedyne nie, „z zaciekami białej farby". Dwa i pół miesiąca ma rusztowania i zdejmują, nie ma ich, nagle. Blok jak choinka świąteczna po świętach, żałośnie nagi. Rusztowania lokalizują mu jego okna, „teraz trzeba oko zadzierać, przekrzywiać. Nie te podfruwania. Inne lenistwa i upory". Blok z zewnątrz trochę jak olbrzymie, betonowe drzewo, z poruszającymi się w nim wiewiórkami. A on na samej górze, w koronie. Kiedy przyszedł wiatr letni, duży, „układy korytarzowe fukały, wyły, dęły, schody na dole pozamykane. Każda szpara, niedomknięcie służyły napędowi. Połączenie przelotowe. Blok był jednym instrumentem, dmuchałem". No i widok, ma się rozumieć. Łudzący, „bo z moich nowych okien przestrzeń między blokami w głąb Chamowa wydaje się wąska, syntetyczna, jakby między dwoma parawanami. A zejść – chcieć do któregoś bloku zajść, dojść – nie tak łatwo, ani pusto, ani spodziewanie, przeinaczone układy, rozciągłości, prażenia, faktury od ziemi, nie od nieba".

Lubił świece. Potrafił porozstawiać je pod ścianami na podłodze i słuchając muzyki (*Magnificat* Mikołaja z Radomia), chodzić po pokoju. I przy każdym zawieszeniu głosu zatrzymywać się. Świece i kwiaty, „kwiaty w kupie przeważnie wyglądają łakomiej, lepiej. To samo pomidory. To samo ludzie. Wydaje się wtedy, że między ładnymi każdy bardzo ładny. A wyjąć z tłoku, uroda cienieje. Zabrakło uzupełnień".

Obrazki z PRL-u. Pierwszy: 13 września roku 1975 je na ulicy salceson. Brunszwicki. „Kupiłem sobie i zjadłem od razu na rogu Zwycięzców". Jak on go jadł? Miał go na pewno pokrojony w plastry. Bo trudno przecież, żeby go gryzł, jak jabłko. I co, jadł na siedząco? Ale gdzie usiąść na rogu Zwycięzców? Więc go chyba na stojąco. I zjadł go, cały.

Drugi: dostaje nowe spodnie, nie może się przyzwyczaić. Wcześniej miał inne, ale też mu się źle chodziło, „utrudniały mi ruchy ciasne spodnie, węgierskie, podarowane, muszę w nich chodzić, bo stare okazały się popękane". Świat ma irlandzką whisky, miłość francuską i tak dalej, PeeReL miał węgierskie spodnie. Rarytas. Dostaje je od kogoś, męczy się w nich, Stacha kupuje mu nowe, węgierskie komuś tam daruje i chodzi w tych nowych, do których to właśnie nie może się przyzwyczaić. A nie ma zapasowych, „w razie wypadku to niedobrze". Wypadek ma Tadzio, pękają mu jedne na lotnisku, potem drugie w kinie.

Trzeci: rejonizacja, również w bibliotekach. Chciał się zapisać do biblioteki przy rondzie, bo więcej książek, ale nie mógł, bo pilnują rejonizacji. „A mnie nie chciało się gadać, że literat, że przysługuje". I musiał zostać w tej, która obejmuje jego ulicę, Lizbońską.

Czwarty: trawniki. Święte krowy. Jeśli zdarzy mu się na nie wejść, jest to fakt warty zapisu: „Lecę przez trawę trawnika". Nie wolno ich było deptać. Omijać je trzeba było szerokim łukiem, inaczej milicja wlepiała kary. Ludzie sami się pilnowali. Odważył się ktoś, czasami, zbrukać ten prezent od łaskawych władz, to z okien słychać było: „Nie po trawie!".

Piąty: piąta kolumna, armia mleczarzy. Rycerze świtu. Od wpół do czwartej na nogach. Czujni. Jednej nocy śpi przy otwartych drzwiach, wietrzy, słyszy mleczarza, odgłos postawienia butelki, potem wstaje, idzie do łazienki, zamyka wejściowe drzwi, kładzie się, czyta, słyszy windę, kroki, ruch klamki, do mieszkania wchodzi dwóch milicjantów:

– Tu było włamanie...
– Włamanie? – patrzę na nich z łóżka.
– Mleczarz zgłosił, że drzwi otwarte.

Jak jedna, wielka rodzina. Która w niedzielę słuchała tego samego programu. Przez głośnik, który najczęściej wisiał w kuchni. Czerwiec 1976: „Upały. Całe Chamowo w mszycach. Jasności. Niedziela leżana. Wspólnota głośnikowa. Powietrze wisi. Dno roi się od dzieci".

Patrzę na jego osiedle, jestem pod tym samym kawałkiem nieba, na którym latały jaskółki, do Bacha. „W dwa szyki. Znikały naraz oba. I wracały. I znów rytmicznie. Szeregiem. Jedna, druga, trzecia, pierwsze wracają, Bach idzie". A zaraz potem „leci stare samolocisko. Ciągnie za sobą szybowiec. Lecą w niebo. Szybowiec jest zupełnie czerwony".

Kiedy zaczyna się ruch? Kiedy zaczyna się obrzędowy taniec osiedlowych mrówek? Wyglądał przez to swoje okno jak ptak z dziupli. Miasto jeszcze zamglone, ciche i nagle ktoś na mostku nad jezdnią, jeden, zaraz dwoje, potem ktoś trzeci z rowerem. (Postać z rowerem na mostku zanotował też w *Zawale*). I pierwszy samochód, i z drugiej strony dwa, „myślę sobie: czy to już ruch się zaczął, czy to przypadek? A może od takiego przypadku się zaczyna?".

Chce wychodzić, ale zachwyca go widok, na zewnątrz „mrocznozielono, półmgiełka z powietrza". Widzi sylwetkę kobiety, myśli, że z dzieckiem (widok z jedenastego piętra), niknie mu w zaroślach, u niego, oczywiście, „w zieleniach ukośnie", pojawia się, niesie nie dziecko, ale „samą siebie, swoje popiersie jakby w zmniejszeniu". Optyczne złudzenie, czy jak by to sam zapewne nazwał, oczowe popląsy, plac ciemny, a kobieta ma jasne włosy i jasny sweter.

Czytam, czytam i czasami reaguję dopiero po paru stronach dalej, wracam, czy to możliwe? Żeby zapisał nie tylko, co kto niósł w ręce, ale i w której?! „[...] każde z torbą lub teczką w lewej ręce". No dobra, zapisał, nieśli w lewej, niezłe, a tu jeszcze to, zaraz w następnym zdaniu: „Ja też na przystanku czekałem z torbą, bo w niej kryminały i płyta, i też chyba w lewej ręce...". No co za bestia! W sensie, że podziw.

Czytam, czytam i wracam. Na stronie 343 szuka adresu, gdzieś na Żelaznej, numer 87. „Lecę do jednych schodów, a tu od 1 do 47. Lecę do drugich – od 115 do 140. Lecę do trzecich schodów, do 84". Kiedy to zapisywał te numery, przecież nie mógł zapamiętać? Zapisywał w trakcie? W trakcie szukania? No tak, to nie skrzętność, to skrzętliwość jakaś.

Starzeje się, brzydnie. Dziwne, że twarzy swojej nie komenutuje nigdy, patrząc na siebie w domowym lustrze, goląc się, na przykład, a zawsze na zewnątrz, jako klient lub pasażer.

Spoglądam na faceta w szybie sklepowych drzwi. Gruby, stary, brzydki, obcy. A przecież takiego mnie widzą. Wciąż nie przyzwyczaiłem się do swojego podstarzałego, brzydkiego wyglądu. Nie chcę go uznać. To ja na niby tylko. Od niedawna i na niedługo. Taki nieprzewidziany, dodatkowy. [...]
Ujrzałem w autobusowym lusterku coś brzydkiego: swoją twarz. Od kilku lat brzydka. Dawniej nie.

Dożywotnio skazany na autobusową komunikację miejską, nie ma (chyba) ani jednego zapisu o jeździe taksówką. Raz pędzi do autobusu biegiem, z Tadziem, Tadziu ma stary zegar ścienny, który „mu pod pachą cały czas w pędzie bił a bił". Więc albo pasażer (obcy), albo piechur.

[...] Wkoło, wkoło, nachodzące przedmioty w nagłych powiększeniach, zakręty, nawracania. Jeżeli nie zniżać głowy, a patrzeć po ścianach, to też młyn. Inny, pustoszy, bielszy, ale też młyn i nagłe skręty, nalatywania czegoś wiszącego, załomów, oddaleń i oświetleń. Dopiero po iluś krążeniach trans kołowania. Diabelski młyn na poziomo. Kierat. Jak koń albo dawniej ludzie.

Ludziom przeważnie życie spływa jak kropla po szybie, a on pielgrzymował, łaził po nim jak mrówka po pniu. Odwiedzał ludzkość, pukając do drzwi: „Drzwi się otwierają, pan Julian w wystraszonych okularach i zaskoczonej koszuli na spodniach". Nie tylko jak mrówka, także jako szczur. Śmietnisko Warszawy znajduje „w samym gąszczu piękności traw, drzew, zapachów, okrągłych sadzawek, pagórków pełnych miodownika. W środku raju!". Wplątuje się „w gęściochy", nie może się przedrzeć, po głowę zanurzony w zagajnikach jakichś zielsk, w polskiej mimozie, w końcu dociera, widzi warszawskie góry, „grzbiety śmieciowe" palące się, nad nimi ptaki, wrony, ale najwięcej „czarnych, powoli, równo lecących. To lecą stada palonych śmieci". Znajduje przejście, bo góry śmie(r)ci jak zamki, „otoczone fosą z wodą dziwnego koloru, a pełno w niej topielców płaszczy, płacht i innych niewyraźności", znajduje przejście i wchodzi. Wszystko tu, a najwięcej porzuconych kapci, „setki pantofli". Te proszą się o wiadomą asocjację, ale on tego nie robi, w każdym razie nie od razu, zapisuje, że pokłady śmieci rosną w górę, w cały „łańcuch górski", dopiero kilkanaście zdań później, kiedy mijają go samochody ze śmieciami i po śmieciach, pisze, „jak do krematorium".

To było piekło i raj, teraz raj raz jeszcze, tym razem prawdziwy. Zrywa pod blokiem łopuchy, szczawie i chrzany, bo i tak pójdą na ścięcie, widzi dwie postacie w kuckach, baba i chłop, płoszy ich, wstają, idzie odór, odchodzą, „wygnanie z raju".

Teraz Matka Boska i Biblia. Na Siekierkach, tam wyobraża sobie, że ukazuje się dzieciom Matka Boska, „w krzakach", i że coraz więcej tłumu, szum krzaków, „Wisła wzbiera, wszyscy czekają na cud. Siekierki pasują mi też do Biblii". Między „gęstymi żółtymi guzikowcami" dochodzi do wału i topól, które widzi ze swojego okna, tu pasuje mu scena, w której Abraham składa ofiarę z Izaaka, „tu Bóg wstrzymał siekierę".

Teraz Szekspir. Jeszcze raz jedzie do gór śmieciowych, rwie kwiaty, szuka jakiejś glinianki, znajduje, widzi jakąś rozłożoną płachtę i wpada na inscenizacyjny pomysł, „płaszcz króla Leara!". Tędy właśnie mógłby przechodzić i zgubić go po skoku w dołek ze śmieciami. Zastanawia się, czy Lear, czy jednak Łokietek, czy Wernyhora, czy Wit Stwosz, zostaje jednak przy Learze.

Teraz Sąd Ostateczny. W byłym jego mieszkaniu na placu Dąbrowskiego. Dialog z przyjacielem, nowym lokatorem (Le.). Kęs z wybornego kotła tej prozy wyśmienity. Le. pyta:

– A czy napisałeś już o plamie na suficie w nowym mieszkaniu?
– Nie, bo nieciekawa. Takie przetarcie, jak po gębie szurnęła kopnięta piłka, to zostawiała akurat takie odszorowania.

– Nie szkodzi, że takie. Może być czyjś portret. Przypomnij sobie maźnięcia u Picassa.

– No, może.

– Ja tu wpatrywałem się w zacieki na suficie i zobaczyłem Sąd Ostateczny.

– A, te zacieki, tu.

– Dopiero dziś się przyjrzałem.

– Ee, ile ja się tu im naprzyglądałem.

I tu do mieszkania wpada wielka mucha, wygaszają wszędzie światło, żeby ją wygonić i siedzą trochę po ciemku, i wszystko. Mały, lekką ręką zrobiony zapis, a mi dech zapiera. Już samo pytanie o zapisie plamy dobre, a jeszcze ten Sąd, i mucha, i krótko ciemno i znowu jasno, i koniec. No kurwa była jego mać! W sensie, że podziw.

Teraz kosmos i Bosch. Zima, śnieg, ciemno, coś jedzie wolno i „mruga światłami. Rozgarniacz śniegu. Mruganie międzyplanetarne". Zima z góry: śnieg, domy, domki, czarni, malutcy ludzie, to wszystko „przypomina widoki Boscha, takie też z góry. Skąd oni znali takie piętrowe odległości?".

Teraz księżyc. Środek nocy, chce jechać do byłego mieszkania do Śródmieścia, na balkon, bo księżyc świeci, ale rezygnuje, bo on, bo „ja między ziemią a tym księżycem tu w oknie – że ja stąd wzięty do Śródmieścia na balkon zmienię się. Bo zmieni się cały układ". Zostaje więc na Chamowie, wychodzi z mieszkania, bo sam księżyc to przecież pojedynczość, a ta, jako taka, wiadomo, musi mieć „drugi element", bo „do księżyca musi być coś drugiego. Tak jak do wszystkiego". Wychodzi więc, żeby zobaczyć go w Wiśle i z tych dwóch elementów uzyskać trzeci, „odbicia, spięcia". Trochę tak, jakby był peregrynującą metaforą. Rozczarowuje się, „błyszcząca plama na marszczącej się wodzie, nic więcej", ale parę zdań wcześniej pada takie oto zdanie: „byłem ciekaw, na jaki sposób będę rozczarowany".

I na końcu życie, ten genialny zapis, po którym nie chcę i nie mogę mieć nic więcej do powiedzenia:

> Życie jest życie. Ubezpieczalnia, poczta, sklepy, przystanki, czytelnia, wszystko to razem trzyma człowieka we władzy lokalności jak w podręcznej siatce, nie tamując mu przez wielkie oka reszty świata.

W pociągu z Wisią

Anna Bikont, Joanna Szczęsny, *Pamiątkowe rupiecie*.
Biografia Wisławy Szymborskiej
Wydawnictwo Znak, Kraków 2012

Zaczynam ten tekst, kiedy zaczynają się mistrzostwa Europy, cała Polska bawi się w Polskę. Nasza reprezentacja wychodzi na boisko, a ja do pamiątkowej rupieciarni, po szyję.

Biografia, że zacytuję mojego ulubionego klasyka, czyli mnie, to coś jak podróż pociągiem czyjegoś życia. W charakterze ósmego, względnie ślepego pasażera. Fakt, człowiek wsiada i przemierza kolejne jej przedziały, od kołyski po grób. I wysiada w ostatniej chwili, kiedy pociąg spada w przepaść, w przypadku śmierci nagłej, tragicznej, lub kiedy powoli wjeżdża w tunel w przypadku śmierci naturalnej.

Dwie eleganckie panie, Anna Bikont i Joanna Szczęsny, elegancko oprowadzają mnie, gbura, po eleganckim pociągu, elegancko otwierając i zamykając kolejne drzwi. Pociąg ten ma jedną tylko klasę, pierwszą. Przyjemnie jest, choć trochę się wiercę. Zdania typu: „Po latach wizyta ta zaowocowała wierszem..." uwierają mnie jak za ciasny kołnierzyk.

Ten pociąg *Zapomnianych rupieci* to coś jak Orient Express, buduar dla dam, palarnia dla dżentelmenów i łazienki wykładane mozaiką, pluszowe fotele, aksamitne zasłony i mahoniowa boazeria, i frędzle, i bibeloty. Przyjemnie jest, podoba mi się, choć trochę się niecierpliwię. Rozstanie z pierwszym mężem, a potem dozgonna z nim przyjaźń, co się stało, że rozstanie? Wiem, wiem, Szymborska upierała się przy dwóch biografiach, zewnętrznej i wewnętrznej. W tej pierwszej zawsze w mundurku dobrego samopoczucia („nie spadać z miny"), od drugiej wara, dobrze, ale mówi przecież w rozmowie z autorkami sama, że „co innego po mojej śmierci". A ja nie mogę udawać przed samym sobą, że pewne rzeczy mnie nie obchodzą, jeśli obchodzą. Ja jestem i ja chcę, akurat przy biografii, być wścibskim. Dzieci. Nic, najmniejszego śladu. Piszę do Rusinka, wtedy kiedy przegrywamy z Czechami, kiedy psuje się nam zabawka i Polska ociera sobie łzy polskimi chorągiewkami, jedyny z nich teraz pożytek, piszę więc i odpisuje mi gdzieś spod mostu Brooklyńskiego. Że hm. Że na początku chyba nie chciała, a potem chyba nie mogła. I chyba też, patetycznie mówiąc, była z tych, którzy uważają, że bycie poetą to rodzaj poświęcenia.

Była więc poetką. Jej poezja, przepraszam za kolokwializm, *en bloc*, dla mnie, jeśli przyprzeć miałbym się sam do muru, nieco za wykwintna. To deser, ptasie mleczko, człowiek się nim częstuje i to smakuje, człowiek jest ukontentowany. Ja wolę jednak taką, która jak kawał surowego, oddychającego mięsa, dostaję nią z główki, aż jucha leci. Dobrze, niech biegną sobie sarny przez nienapisany las, to też świetne, wolę jednak konie, które pędzą przez przerażone miasto z łbami czerwonymi od krwi, bo wyskoczyły ze stajni przez zamknięte okna. Raz wiszą kopytami nad ziemią, raz nie, a kiedy nie, to nią kręcą.

Jest jednak parę wierszy, które zapierają mi dech, przy których, znowu cytując mojego klasyka, radość istnienia, kurwa, czuję. Jeśli powstać może coś takiego, to świat nasz „nie zasługuje na koniec świata. Akrobata", który ma takie przyspieszenia, że plecy wciska w fotel, *Przemówienie w biurze znalezionych rzeczy*, które zniewala „genealogiczną" jednią, śmiercionośny, rozsadzający od wewnątrz ładunek w postaci *Kota w pustym mieszkaniu*, no i *Żona Lota*, ma się rozumieć, która mogłaby być tekstem programowym ruchu wyzwolenia kobiet. Co za instynkt! Myśliwa. Nachalnie sygnalizuję tu podwójny sens wyrazu. Ona krąży nad Biblią jak orzeł, zatacza koła, obniża lot, lokalizuję ofiarę, spada jej na głowę i porywa. W retoryczną przestrzeń, żeby zacytować Teresę Walas, która w przepisie na Szymborską ma najlepszy zestaw składników: „Szymborska wyskrobuje z nich [z dzieł, j.r.] zręcznie jeden detalik, zmienia wewnętrzne proporcje, tu miniaturyzuje, tam wyolbrzymia, chwyta jedną rzuconą nieopatrznie przez autora myśl, rozwija poboczny wątek, implantuje w bezbronne ciało książki własne skojarzenia i odbiwszy się od tak przygotowanej trampoliny, szybuje w retoryczną przestrzeń". Szybuje obiema nogami po ziemi, dodam, bo jej wiersze to często małe prozy, miniaturowe nowelki, jak sama to określiła. Meldunki poetyckie, dodam. Lub małe raporty z frontu robót egzystencjalnych.

Pociąg toczy się więc dostojnie, za oknem zmieniają się pejzaże, zakopiański, toruński, krakowski... W jednym z przedziałów ojciec (on dla niej istniał, matka po prostu była), płaci jej za wierszyki, dwadzieścia groszy za sztukę, pod warunkiem że są zabawne, żadnych tam zwierzeń i lamentów. W następnym omija kałuże, żeby nie wpaść do którejś z nich na wieki, to trauma jej dzieciństwa. W innym: jako Ichna (na pierwsze miała Maria, stąd Marychna i Ichna) wiąże sobie bandaż wokół głowy, zaraz spotka chłopaka, w którym się podkochuje. Nic się jej nie stało, ten mały spektakl dla niego, chce wzbudzić jego zainteresowanie. Tego samego chłopca, pod pretekstem zabawy w Indian, przywiąże potem z koleżankami do drzewa, zostawią go i kłócić się będą, która kocha go bardziej, przebiła ją jedna, która wbiła sobie nożyczki w kolano. W innym: stoi zrozpaczona przed kinem ubrana w „dorosłe ciuchy", fortel się nie udał, na *Matę Hari* nie wejdzie. W innym: święci dzień święty, 1 Maja, maszeruje przed trybuną. Cały ten jej okres błędów i wypaczeń, a potem wyjścia z partii komentuje aforyzmem Awerczenki, ludzie głupieją hurtem, a mądrzeją detalicznie. Prawej polskiej prawicy to nie wystarcza, ale do diabła z nimi. W innym: z Kornelem Filipowiczem, na rybach. On wysoki jak świeczka, ona jak jej knot. Na jego pogrzebie gaśnie. W innym: stoi przed domem i płacze. Ścięto wiąz drzewa, które rosło pod jej oknem i sięgało aż czwartego piętra, został kikut. W innym: w towarzystwie z Miłoszem. Ten, ni stąd, ni zowąd, wyjmuje z kieszeni kartkę, czyta wiersz, chowa kartkę z powrotem i czeka na reakcję. Tę skrępowaną ciszę słyszę nawet dziś, teraz, w kakofonii dobiegającej mnie ze sfery kibica. Miłosz, ruchomy pomnik odlany z miłości własnej. W innym: sama, Boże

Narodzenie, ostatnie. Zawsze spędzała je sama, tak chciała, tym razem jednak wdarł się do niej jeden nieproszony gość, tętniak aorty.

Przeczytała pierwsze wydanie biografii i powiedziała autorkom, że ona, ta biografia, pozbawiona jest dramatyzmu. „Tak jakbym prowadziła życie motyla". Chcę powoli kończyć ten tekst i kombinuję z tym motylem. Tym bardziej że pojawia się on raz jeszcze: „Wybredna, nieco kapryśna, w zwiedzaniu przypominała motylka: tam przysiądzie, tu przysiądzie" (Teresa Walas). Motyl więc, fruwa, fruwa i wpada do kałuży. Ta kałuża, ten lęk z dzieciństwa znalazł ujście w wierszu: „Stąpnę i nagle zapadnę się cała, / zacznę wzlatywać w dół / i jeszcze głębiej w dół, / w kierunku chmur odbitych / a może i dalej" (*Kałuża*). Wpada więc do kałuży i już po niej. A z grobu jej ulatnia się papierosowy dym i zatruwa innym śmierć. Coś w tym rodzaju, bo przecież Szymborska to sprawa paląca. Tak chcę zakończyć mniej więcej, aż nagle słyszę zewsząd „Szymborska!" i myślę, że jakieś omamy słuchowe mam, żyję przecież już z nią parę dni. Skąd „Szymborska", jeśli z laptopem na kolanach siedzę na Chmielnej, na podwórzu przy knajpie „Zakątek", naprzeciwko mam ekran i zaraz zacznie się mecz? Jeśli wokół mnie kibice, a drużyny wychodzą już na boisko? I jedyne co słychać to ryk widowni na stadionie? I znowu słyszę „Szymborska!" i teraz wiem, to podniecony głos komentatora telewizyjnego, i podniesiony, bo w huku. Który informuje o tym, że największy sportowy dziennik we Włoszech „La Gazetta dello Sport" zamieścił wiersz *Nic dwa razy się nie zdarza*, ku pokrzepieniu włoskich serc przed meczem Włochy–Irlandia. I zdaje mi się, że na boisko wychodzi ona, i ci, którzy nie wiedzą, kto zacz, dziwią się, co to za kaczka dziwaczka, co to za ciotka maskotka, a ona, witana przez milionową widownię uśmiecha się jak to ona, tym anielskim uśmiechem, i kłania się, jak to ona, jakby dziękowała za świadectwo wzorowej uczennicy.

Adam Wiedemann

Adam Wiedemann, *Czyste czyny*
Wojewódzka Biblioteka Publiczna i Centrum Animacji
Kultury, Poznań 2009

Kiedy „obcuję" z jego poezją, robi mi się swojsko. Jakbym po długiej, męczącej podróży z przesiadkami dojechał był nareszcie do domu, uwolnił stopy z przyciasnego obuwia i wlazł do wanny z aromatycznymi olejkami. I zastygł w niej, z takim uśmiechem na twarzy, jaki miał De Niro po wypaleniu wiadomo czego w ostatnim ujęciu w *Dawno temu w Ameryce*.

Czyste czyny Wiedemanna, wydany w tym roku zbiór jego wierszy z suwerennym posłowiem Andrzeja Skrendo, czytam na Moście Karola w Pradze. Czytam, udając przed samym sobą, że czekam na kogoś, kto się spóźnia. („Samotność czeka na nas cierpliwie w przedsionku i czesze włosy przed lustrem" [z: *O odlewaniu (się)*]). Czytam więc i tak co dziesięć, piętnaście minut wkurwiam się niemożebnie, bo co dziesięć, piętnaście minut podchodzi do mnie Straż Miejska i każą mi zejść z balustrady. Bo nie można siedzieć na balustradzie, ochrona zabytku, a poza tym wtedy pijanych Polaków w wodzie byłoby więcej niż ryb, powiedzieli mi, to ja im, że lepsi oni od trzeźwych Czechów na statku, ale dobra, wstaję, oni odchodzą do innych, siadam i czytam dalej. I na gębie rozlewa mi się znowu ten uśmiech, jakbym go widział, Adama, teraz, tu, jak jedzie przez most na rowerze, bo w wierszu *Wiersz*, jadąc na rowerze, uzmysławia sobie, że nie ma kluczy, ani do roweru, ani do mieszkania, i że będzie musiał, w związku z tym, jeździć do oporu, aż zaśnie, bo jak odstawi rower, to mu go ukradną.

Widzę go więc, jak pedałuje i mija mnie, gryząc coś w ustach. Bo w wierszu *** ma coś w zębach i zastanawia się, rozgryźć to coś czy wypluć? Rozgryza, opłaca się, to pieprz, chyba z kiełbasy. I jakbym słyszał i widział te cztery samoloty nad nim, które przywodzą na myśl jakąś ostateczną katastrofę, a człowiek wtedy upodabnia się do chrabąszcza. Pedałuje więc przez Karola z głową wtuloną w szyję, gryząc coś, nad nim te samoloty, a za nim stado wniebowziętych kurczaków, bo kiedy czuje zapach smażących się udek, piersi i skrzydełek, pisze, że zapach to taki kurczak, który wreszcie umie latać. A na bagażniku wiezie dziewczynkę, tę, którą widzi na klatce pod swoim mieszkaniem, z koszem pełnym marchewek, i o którym to widoku pisze: „tak zaczynają się te wszystkie bajki".

Odjeżdża, znika, w pełnym słońcu. U niego świeci słońce, pada deszcz i pada śnieg, ale mgły nie uświadczysz. Wiedemann ignoruje mgłę, w ciągu lat dwudziestu, to jest od roku 1986 do 2006, nie pojawia się ona u niego ani razu. Najbardziej efektowne wejścia ma słońce, pierwsze w kapitalnej „zbyt niskiej jakości...", on, komentator stanów własnych, leży w czarnej dziurze bytu, w której jeśli światło, to tylko dlatego, że ktoś go zapomniał wyłączyć i niebawem to zrobi, słońce zaś już wzeszło i nie wie co dalej. Drugie w wierszu *Poranek, dzień drugi*, słońce wpada do pokoju takie, że aż chciałoby się umyć szyby i wyjść przez nie na miasto.

Odjeżdża więc, znika, znam go, tak szybko nie zaśnie. Wkrótce krążył będzie na swoim rowerze wokół kuli ziemskiej. Na Karlowym Moście zostawia mi po sobie ślady, dobitne, w postaci zdań: „dręczy mnie doskonałość całkiem pustego siedzenia, która tu była, zanim tu wsiadłem. Utwór z radia tak ckliwy, że w herbacie tworzą się kryształy. Twój wzrok mówi mi, że właśnie wszedłem do pokoju. Ciało to smutny wisior i dynda na gwoździu inteligencji lub głupoty. Idea mleka matki wyprzedza nawet krowę. Radość z nadejścia listonosza mąci jego wygląd. Pamiętajmy: pies nie przebacza, on tylko zapomina".

Adaś w kąpieli, pod koniec tomu taki fragment: „mocz jak płyn do kąpieli ściekał w dół wanny. Za nim flegma, uprzednio wycharkana z płuc, śmignęła w odpływ jak rybka. I gdzie te czasy, kiedy, młody bóg, pluskałeś się w strumieniu swojej własnej chwały?".

Jeszcze się popluskasz, kolego po piórze. A ja będę stał i czekał na ciebie z ręcznikiem. Tak długo, aż mi nogi do dupy wejdą.

Nie marudź, Polaku!

Mariusz Szczygieł, *Niedziela, która wydarzyła się w środę*
Wydawnictwo Czarne, Wołowiec 2011

Otwieram tę książkę, zaczynam czytać i jest tak, jakby wziął mnie za fraki jakiś przenośny dźwig, przeniósł w ciągu paru sekund do środka lat 90. i opuścił na ziemię.

Wstaję, otrzepuję się, chcę się rozejrzeć i nie mam kiedy, zaraz otacza mnie cały zastęp świeżo upieczonych bezrobotnych, prosto z (wolnorynkowej) patelni. Przyciśnięci do muru, nie mając innego wyjścia, zwolnili się sami w zamian za odprawkę. Przez lata całe zakład ich spełniał im nie tylko podstawowe, egzystencjalne ich życzenia, ale też i prestiżowe. Wczoraj „pani księgowa", dziś sprzątaczka biura po sobie samej. Był, ten zakład, a teraz obca firma, drugim ich domem, złotą ich rybką, którą połknął niemiecki wieloryb o nazwie Siemens. Skarżą się, lamentują. Lud, który jeszcze nie rozumie, że jeśli ma być oczkiem, to nie w głowie już, ale w pończosze, i że te nie oddaje się już do reparacji, lecz do likwidacji. Kapitalistyczny spychacz zepchnął ich do rowu z napisem

„Odpadki" i żeby nie było czuć nędzą, posypał zabijającym bakterie zasiłkiem. Nieważcy na tyle, że jedynym dowodem sankcjonującym ich istnienie jest PESEL (*Poczet pokrzywdzonych...*).

Idę do kiosku, kiosk jak lej z kolorowymi bombami. Zrzucanymi z Niemiec na III RP. W postaci kolorowych tytułów kolorowej prasy. W tytułach codziennych barszcz ogłoszeń, z którego Szczygieł wyjmuje te najbardziej smakowite grzyby (*Polska w ogłoszeniach*). Za opłatą jedni zdesperowani obiecują innym zdesperowanym wszystko, milion w minutę (po prostu, na konto włożyć taką sumę, aby jej procent dawał właśnie tyle) i wzrost, jeśli ktoś za niski (dużo chodzić po górach, a jeśli nie ma w okolicy, po schodach). Zdesperowana najbardziej, oprócz tokarza, który przyjąłby się również jako „pan do towarzystwa", jest „atrakcyjna bezrobotna" z Kędzierzyna-Koźla, a więc z miasta, którego ominąć nie mogę. Ta blondynka to facet w średnim wieku, ogłoszenia o pracy nic mu nie dały, więc zobaczyć chciał, co traci, jeśli byłby tą, za którą się podał, ot, taki kędzierzyński transwestyta. Dodałbym do kolekcji Szczygła, dla kontrastu do tej giełdy desperacji ogłoszenie matrymonialne, które kiedyś wyczytałem w Niemczech: „Jestem młody, przystojny, bogaty. Mam dom, dwa samochody, lato spędzam na Karaibach. Nie żebym kogoś szukał, tak tylko, pochwalić się trochę chciałem".

Szczygieł jako pośrednik milionera z Ameryki, Szczygieł jako moderator Radia dla Ciebie, Szczygieł jako moderator na zjeździe Amwaya. Szczygieł wśród ciemnych plemion, czyli w Licheniu. Jak Tomek na tropach. Ale nigdy na wojennej ścieżce. Na to maniery jego za dobre. Tam gdzie ja jechałbym prawdopodobnie po bandzie, on kroczy na koniu w stępie. Dżentelmen. O przednim poczuciu humoru i stylu: „Urząd Pracy nie dał mu szans, a opieka społeczna 500 tysięcy złotych" (*Polska w ogłoszeniach*).

Lub taki zapis: „Spośród trzech fabryk jedną właśnie się zamyka, dwie upadają. Spośród czterech tokarzy, pierwszy jadł dziś na śniadanie bułkę rozdrobnioną w mleku, drugi – salceson od cioci ze wsi, trzeci dziękuje Bogu, że nie ma apetytu, czwarty jadł najlepiej – konserwę Tyrolską" (*Klatka*).

Jak on wpadł na to, żeby zapytać tych czterech, co jedli na śniadanie? I połączyć to z trzema upadającymi fabrykami? I z jakiego nieba spadły mu te trzy staruszki, które przybyły do lumpeksu (*Krystal*)? Gdzie, kiedy on z nimi rozmawiał, w tym lumpeksie był? Żyją razem, w komunie, to jest ich „solidarność", tak taniej. Przechodząc przez jezdnię, trzymają się za ręce: „Jak nas zabije, to od razu trzy". Podział ról w mieszkaniu: jedna czyta, bo „ma oczy", druga gotuje, bo „ma smak", trzecia sprząta, „bo najmłodsza". Te *Trzy siostry* z końca XX wieku w Polsce, ta miniaturka spuentowana serialem *Dynastia* to perełka w koronie tej książki.

Z *Niedzieli, która...* buduję sobie dom z kart wczesnej III RP. Na dachu ma neon, napis „Kantor". Jest wieczór, okna są oświetlone. W jednym z nich chłopiec trzyma pod kranem kromkę chleba, kapie na nią woda, potem posypuje ją cukrem, w ten sposób lepiej przykleja się on do chleba. Rodzina nie ma pieniędzy, ale co z tego, „to jest bardziej smaczne niż różne słodycze". W drugim para małżeńska zamyka i otwiera żaluzje, pierwsi w wieżowcu, którzy je mają. W innym bezrobotny mężczyzna ogląda niemiecką telewizję, nie rozumie nic i o to chodzi, może „patrzeć na ekran, a skupiać się na myśleniu". W innym była pracownica działu zaopatrzenia zastanawia się, z ilu metrów sfotografowała papieża: „A może to nie były cztery metry tylko trzy?". W innym i paru jeszcze innych klasa robotnicza i chłopska, jak to one, mordują się, najczęściej między sobą, w rodzinie. Najczęściej nożem, po pijaku. Siekierą też, widać, jak za parę konserw chłop rąbie pijaną babę siekierą po plecach. Lub, w innym, jak na podłodze leży mężczyzna z kablem wokół szyi, nożem w brzuchu i własnym penisem w ustach.

Ten dom wygląda, jakby pomalowany był do parteru białą farbą, ale to nie farba, on ubrany jest w białą skarpetkę. Znak rozpoznawczy muzyków disco polo. Muzykę tę słychać z każdego prawie okna, ale nie ona stanowi główny *sound*. Szczygłowi dodaję tu głos Boga, który, jak to Bóg, widocznie mu się ulotnił. Głos Boga polskiego ludu z tamtej dekady, wszechmogącego Kaszpirowskiego. Słychać, jak liczy „odin, dwa, tri...", do dziesięciu, a potem od nowa.

Biało-czarne zdjęcia Witolda Krassowskiego (rarytas, negatywy!) są zawstydzające i wzruszające jednocześnie. Dla mnie to jakby jedna i ta sama kobieta i jeden i ten sam mężczyzna w różnym wieku, i w różnych odsłonach. Wydaje się, że to nasi przodkowie z zupełnie zamierzchłej epoki, a przecież to mogłem być ja sam. Lub moi kumple.

Wznowienie książki Mariusza Szczygła uważam za rzecz cenną, między innymi, a może przede wszystkim dlatego, że podróż w czasie, którą funduje nam autor, uwidacznia kop cywilizacyjny, jaki nam się wydarzył. Żyjesz dzisiaj, Polaku, w najlepszej z dotychczasowych Polsk. Nie marudź.

Palę lektury!

Liceum przygotować ma do matury. Pytania maturalne mają charakter ogólny, uczeń pisze pracę na podstawie wybranych przez siebie utworów. Brzmi nieźle, ale repertuar tychże ustalony jest przez MEN. Powstaje błędne koło. Niby dowolność, bo na dowolnie wybranych przykładach, ale te z kolei już wybrane. Wybierz sobie, co chcesz, ale z tej tylko półki. Mamy tu horror, i to podwójny: ze względu na makabryczną ilość obowiązujących lektur i ze względu na absolutną zbędność ich większości. Najprościej zawsze uprościć, a więc darować sobie co najmniej ich połowę, ale zanim to w końcu nastąpi, bo musi, bo inaczej młodzież w ogóle przestanie czytać, i słusznie, zostaje nauczycielowi wykorzystać tę właśnie ilość ze względu na tę ilość właśnie: im ona większa, tym łatwiejsza selekcja. I tu znowu problem, większość nauczycieli ciągle jeszcze trzyma się uporczywie lektur, nierzadko nawet tych uzupełniających, które dla uczniów stanowią drogę przez mękę. Idą oni, nauczyciele, na łatwiznę, serwując uczniom „lektury martwe" (szeroko pojęte Wczoraj), a omijając szerokim łukiem „lektury żywe" (szeroko pojęte Dziś). I do nich to zwracam się przede wszystkim.

Zacznę niewinnie: jest rok 2011.

Siedzę w mieszkaniu u znajomych, w mieście przeciętnym jak długość życia jego mieszkańców. Z sąsiedniego pokoju dobiegają co chwilę oklaski, dziwię się i dowiaduję, że to ich dzieci, raz na tydzień zapraszają inne dzieci i urządzają sobie wspólne czytanie lektur, dla dzieci. Które to czytanie stało się już tak popularne, że czytają te lektury, te dzieci, co drugi dzień, za każdym razem u kogo innego, i oni, rodzice, trochę już się martwią, bo niby mają dzieci, a jest tak, jakby ich nie mieli. I lepiej było, kiedy oglądały *Simpsonów* lub *Chojraka, tchórzliwego psa*, lub *Porę na przygodę*, a nawet już chociażby *Władcę much*, obojętnie, a nie tak jak teraz, spoza książki świata nie widzą, jeść nawet nie chcą. A z tą ostatnią lekturą to już w ogóle, czytają ją po raz nikt nie wie który, od początku do końca i od końca do początku, jak kiedyś komiksy, na przykład tego Gawrona Gawronkiewicza, i mówią nawet jej językiem, na przykład rano, kiedy się budzą komórkami: „Gerda, do koni! Słońce weszło!", a drugie: „Masz rację, w promieniach już wirują, zwijają się, kręcą niespokojnie skrzydlate dzieci powietrza". A trzecie: „Chodźcie dzisiaj nad rzekę, ona płynąc nizinami równymi szerzej się rozlewa wśród błot świeżą zielonością okrytych". I tak cały dzień, do zwariowania, epidemia w mieście.

Idę do drugiego pokoju, otwieram drzwi, staję na progu i rzeczywiście, grupa dzieci i jedno z nich czyta, a inne zasłuchane tak, że nawet mnie nie widzą, i zaraz zmiana, inne czyta, i tak w kółko sobie książkę z rąk do rąk podają. Chrząknąłem, popatrzyły na mnie i jedno przez drugie mówiły:

Co to za głowa się pokazała, cała włosami okryta długimi, zarosła rudo, co to za człowiek słusznego wzrostu, krępy i barczysty długim leżeniem i snem skostniałe wyciągnął członki? Twarz jego ma wyraz przebiegły, na pół zwierzęcy, pół człowieczy, zuchwały razem i ostrożny, oczy biegają żywo...

Dość?

Naokół oprócz noclegowiska śladu człowieka nie dostrzegło oko, bór, jak go stworzył Bóg, ku niebu wyrosły bujno, pnie grube jak słupy proste, oschłe gałęzie od dołu, u góry w zielone wieńce ubrane.

Już? Można jeszcze trochę? Dlaczego męczyć się mają tylko szóstoklasiści?

Gdzieniegdzie zwalona burzą kłoda, na pół przegniła, pół z kory opadła, pogięte od wichru wyrostki i poschłe od zgrzybiałości...

I tak całymi stronami, jedna po drugiej, sto, dwieście, trzysta. Człowiek, kiedy to czyta, nie może uwierzyć, że alfabet ma tylko dwadzieścia cztery litery! A na końcu, jeśli ktoś w ogóle tam dotrze, podrapany, krwawiący od tych wszystkich gałęzi, korzeni, drzew, odurzony, półpijany od tej wylanej na głowę beczki stęchłej, domowej nalewki robionej prababcinym sposobem, kto dotrwa więc, ten dowie się w posłowiu, że:

Jak dziecię po przyjściu na świat rośnie olbrzymio i sił nabywa szybko, tak naród wśród tych mroków pierwobytu, obdarzony jeszcze całą potęgą z kolebki wyniesioną, niepojętym sposobem kształtuje się do przyszłych swych losów.

Nie opłacało się? Takie jajko niespodzianka?

Trzydzieścioro uczniów, którzy rosną "olbrzymio" siedzi w jednej klasie. Pod sufitem z olbrzymiej cegły w postaci *Starej baśni*. Która się miarowo, strona po stronie, obsuwa. Głowy wbija im do klatki piersiowej, kadłuby prasuje z ławkami, ławki z podłogą i tak powstaje wykładzina z fragmentów lektury uzupełniającej dla klas szóstych. Po której przechadza się wiecznie zadowolone z siebie ciało pedagogiczne, bez głowy. Zaprogramowane na program roczny. Zaryzykuję twierdzenie, że o ile poziom czytelnictwa wśród nauczycieli szkół średnich jest zatrważający, o tyle wśród tych ze szkół podstawowych nie ma go wcale. Błędne koło, ci, co sami martwi, ożywić mają zainteresowanie książką wśród dzieci. Przypomina to trochę naukę niemieckiego w Niemczech, nierzadko jest tak, że nowych cudzoziemców uczą cudzoziemcy starzy, to jest językowi półidioci uczą idiotów kompletnych.

Jest rok 2011. Zasmarkane jeszcze szczeniaki wchodzą po raz pierwszy do klasy i od razu dowiadują się, kim są (Polakami), czym jest Polska (wszystkim), w co mają wierzyć (w Polskę) i co są jej winni (życie). *Kto ty jesteś?* to wierszyk na poziomie twórczości plemiennej. Wyryty przez jakiegoś kapłana wojownika. Zakrwawioną dzidą. Na skale. W jaskini (umysłowej). Ich szczęście (tych dzieci), że w tym wieku jeszcze raczej tępawe, bo wyszłyby z pierwszej klasy ze schizofrenią. Bo zaraz dowiadują się, kim jest Bóg (wszystkim), w co mają wierzyć (w Boga) i jakie zajmuje on miejsce w życiu człowieka (całe).

W *Po raz pierwszy w kościele* (ks. Twardowski, *Patyki i patyczki*) dziewięcioletni chłopiec chce kupić flamastry, nie znajduje i zmęczony postanawia odpocząć na ławce w kościele. W którym nie był nigdy, ponieważ rodzice niewierzący. Widzi ludzi, którzy klękają i modlą się do kogoś niewidzialnego, i to właśnie tak zaczyna go fascynować, że w domu nie chce już oglądać ani telewizji, ani znaczków, które pokazać chce mu ojciec. Flamastry chłopiec kupić chce zielone, dlaczego zielone? I dlaczego w ogóle te durne flamastry? Nie lepiej, gdyby na ulicy rozpętała się burza i chłopiec wpadł do kościoła, żeby się przed nią uchronić? Ma lat „dziewięć i dwa miesiące", po co, do czego te dwa miesiące? To jakiś szczególny wiek? Brzmi jak ogłoszenie wyroku. Nie chce widzieć znaczków ojca „z Nowej Gwinei z małpą i Papuasem", dlaczego akurat takie? Kto wpadnie dziś na to, że to atrakcja i nawet taką ignoruje na rzecz Boga? W tytułowych *Patykach i patyczkach* ludzie wynoszą w czasie pożaru najbardziej istotne dla siebie rzeczy, najczęściej, ma się rozumieć, próżności, jeden chłopak tylko, ryzykując zaczadzenie, wynosi i ocala to, co w tytule. No pięknie. Dobrze, że mało kto się lekturami przejmuje i w czasie pożaru nie wynosi jakiegoś badziewia, olewając po drodze dogorywających na przykład dziadków. Od rodziców po dupie by tymi patykami dostał, i słusznie.

Lektury uzupełniające uzupełnią obraz powyższego świata, czyli Polski, czyli świata, o rzecz fundamentalną. Otóż cały świat, czyli Polska, to jedna wielka wiocha. (Z wyjątkiem jednego miasta, ale ono się nie liczy, bo ono w *Gdy miasto śpi* śpi). Co świadczy dobitnie o naszej proweniencji. Jej świadkiem jest nie kto inny jak słońce. W raporcie o ziemi widzianej z góry słonko nie widziało ani jednego miasta. Nie ma nawet najmniejszej o nim wzmianki, co oznacza, że albo go naprawdę nie ma, albo słonko ślepe jest na jedno oczko. Wioska i co kto na niej robi, to wszystko. A wieczorem na wiosce kolacja, wszyscy siorbią barszcz z misy głębokiej. Na wiosce chyba / bardzo biednej / bo mam wrażenie / że jedli go z michy jednej (to ja, nie Konopnicka).

W czasie dalszej edukacyjnej podróży adepci szkoły podstawowej wpadną jak śliwka w *Zaczarowaną zagrodę* (Centkiewiczowie, gdzieś w Grenlandii, łzy do otarcia dowolnym filmem współczesnym o pingwinach); zapoznają się z dziwnym facetem o ksywie Dratewka (dzięki mrówkom, kaczkom i osom dostaje księżniczkę do łóżka); poznają się bliżej, nie wiadomo w zasadzie po co, z bocianem jako takim (*Kajtkowe przygody*, bocian jako drugi egzemplarz obok orła w menażerii polskiej); znowu wpakują ich do Grenlandii (*Anaruk, chłopiec z Grenlandii*. Co jest z tą Grenlandią? Nawet jej rdzenni mieszkańcy nie wiedzą, gdzie ona leży); dowiedzą się paru rzeczy o *Krasnoludkach i sierotce Marysi* (rzecz dzieje się na wsi); trochę się tam pochylą lub nie nad losem *Janka Muzykanta* (patrz nawias poprzedni); pomęczą nad *Legendami warszawskimi* (tu szewczyk nazywa się Lutek, nie Dratewka, ale rzecz dzieje się też, w sumie, na wsi. Miastem Warszawa stanie się dopiero w *Pamiętniku z powstania warszawskiego*, ale tak zburzonym, że to też się nie liczy); przedzierać się będą przez *Pustynię i puszczę* (z różnym skutkiem, większość zatrzyma się na skraju) i jeśli nie dobiją ich *Wspomnienia niebieskiego mundurka* lub *Marcin Kozera*, to uczyni to z pewnością *Stara baśń*.

Przy najlepszej woli, kto wytłumaczy mi sensowność wpychania dzieciom do głowy tego, co powyżej? Choćby były to lektury tylko uzupełniające? Próbowałem czytać je raz jeszcze, po latach, nie dałem rady. Przy każdej z nich oczy rozjeżdżały mi się na boki jak łyżwy i już do siebie nie wracały, głowa mi opadała i ręce. Chciałem wejść w skórę uczniów szkoły podstawowej, przez moment chociażby podzielić z nimi ich los. I doszedłem do wniosku, że wolałbym przestać te lata w kącie, ciekawiej. Lub oglądać w tym czasie, na okrągło, znaczki pocztowe z małpą i Papuasem, ciekawsze. Większość lektur, chodzi mi o pozycje nasze, należałoby wcisnąć w niebieski mundurek i zesłać gdzieś na Grenlandię, tak, żeby nawet ślady *Czarnych stóp* po nich nie zostały (też lektura, rzecz dzieje się w górach, wątek sensacyjny to tajemnicze sygnały nadawane alfabetem Morse'a, ciekawe). Smakują one wszystkie jak kiedyś tran, aż twarz wykrzywia od tych wykopaliskowych, pokracznych, mdłych, kwiecistych i infantylnych ingrediencji.

I po co tych lektur aż tyle? Niech się uczniowie nauczą coś tam jako tako opisać. I jako tako wysławiać. Spytajcie dziecka w przedziale wieku od lat siedmiu do trzynastu o jakiś adres, usłyszycie coś na kształt murzyńskich bębnów, pójdzie pan tam, tam i tam.

Wakacje letnie są za długie, z jednej strony. Z drugiej za krótkie, na kurację po lekturach podstawówki i bezbolesne przejście do gimnazjum. Tym bardziej że zaraz powieje w nim grozą: „Ciemno wszędzie, głucho wszędzie, / Co to będzie, co to będzie?". Nic nie będzie. Między niebem a ziemią pałętać się będą jakieś duchy. Lekkie, półśrednie, ciężkie, trochę jak kategorie wagowe w boksie. Te przebywające w czyśćcu i niemogące zaznać wiecznego spokoju duchy zmarłych to na przykład dzieci, Józio i Rózia. Za dobrze mieli na ziemi, a kto nie doznał goryczy ni razu, ten nie dozna słodyczy w niebie. (To Mickiewicz, nie ja). Co robić dzisiaj z tymi bzdurami? Jedyny ciekawy, bo pikantny wątek to Zosia, pasterka. Skazana na niebyt, bo odprawiała z kwitkiem bardzo nią zainteresowanych. Wyrok: za obojętność wobec uczuć osób innych. Lat dziewiętnaście i po niej. Dosyć niebezpieczny apel do dziewczyn, które jeszcze w gimnazjum, bo morał z tego mniej więcej taki: Zośka, Zośka, dałabyś dupy chociaż raz, nie byłabyś tu wśród nas (to ja, nie Mickiewicz).

Te wszystkie w *Dziadach II* duchy przywoływać będzie i głowę im zawracać ktoś w rodzaju proroka, Guślarz, mistrz tej strasznie nużącej w czytaniu ceremonii. Mnie, starego nużącej, nie dosyć, żem teraz na zesłaniu, z dala od kraju, to jeszcze Mickiewicza muszę czytać.

Najgorsze te typy, które, jak im się wydaje, że coś im wyszło, powtarzają raz jeszcze końcówkę, prawda? Tak też i Guślarz czyni, powtarzając co jakiś czas z bliżej nieokreślonym Starcem ostatnie cztery wersety. Chciałem zaoszczędzić Wam cytatów, ale nie, nie oszczędzę. Tak więc szczebioce Mickiewicz:

> Patrzcie, ach, patrzcie do góry,
> Cóż tam pod sklepieniem świeci?
> Oto złocistym pióry
> Trzepioce się dwoje dzieci.
> Jak listek z listkiem w powiewie

Kręcą się pod cerkwi wierzchołkiem;
Jak gołąbek z gołąbkiem na drzewie,
Jak aniołek igra z aniołkiem.

No i teraz ta powtórka:

GUŚLARZ I STARZEC

Jak listek z listkiem w powiewie,
Kręcą się pod cerkwi wierzchołkiem;
jak gołąbek z gołąbkiem na drzewie,
jak aniołek igra z aniołkiem.

W cytatach męczące, a uczniowie muszą czytać i omawiać to całe, lektura obowiązkowa. Mnie już wtedy, w szkole, kiedy musiałem czołgać się przez te chaszcze zwrotek, „Ciemno wszędzie, głucho wszędzie" kojarzyło się z narządami rozrodczymi woźnej, która kiedyś, w szatni, kazała mi je całować, grożąc, że jak nie, to powie dyrektorowi szkoły, że złapała mnie na paleniu papierosa.

Jeśli to, co tu piszę, wpadnie w ręce tych, którzy dziś muszą czołgać się tym samym torem, proponuję im następujący bryk: *Sonety krymskie*: „Wpłynąłem na suchego przestwór oceanu... Jedźmy, nikt nie woła!", koniec. Wszystkie duże, zalecane dzieła Sienkiewicza: „Quo vadis, Panie Wołodyjowski? Ogniem i mieczem utopić Krzyżaków". I tak dalej.

Wytrzymać tego nie można. Tych wszystkich *Bursztynów*, *Kamieni* (na szaniec), *Balladyn* (rzecz dzieje się na wsi), tej *Zemsty* z jej podkręconym jak wąż tępego szlachciury zidiociałym humorem, tych papierowych *Syzyfowych prac*, których to tytuł adekwatnie puentuje to, co lansować chce wśród uczniów ciało pedagogiczne.

Jeśli szkoła podstawowa kończy się odurzeniem ucznia (przeciwnika), gimnazjum zaś liczeniem, to liceum będzie jego nokautem. Dzisiejszy domorosły literat z małego miasta ma lepsze wiersze w swoim poślinionym i wymiętym zeszycie, niż napisał je na przykład Daniel Naborowski. *Nad Niemnem*, *Gloria victis* i tym podobne, dlaczego nie usunąć tych (ludowych) zębów mądrości? (Dojdzie jeszcze do tego, że uczniowie poczują ulgę przy opowiadaniach Borowskiego, bo nie dzieją się na wsi). Ile one pożerają jednostek lekcyjnych? Ilu uczniów pamiętać z nich będzie cokolwiek? A ilu pamiętałoby na przykład *Przemianę*? Która podziałałaby jak przenikliwy dzwonek w trakcie lekcji, zamieniając śpiących rycerzy w zaskoczoną publiczność.

Ferdydurke jako lektura obowiązująca? Sucha burza, zapowiada się, pogrzmiewa, zanosi się i zanosi i koniec. I ten jej zalecający się, wyleniały już nieco wdzięk. Lepsze byłyby fragmenty *Dzienników*. Proste, klarowne. Nie tak pokrętne.

Dziady III? Patos tak pretensjonalny, że jakby to ode mnie wtedy zależało, w sześćdziesiątym ósmym, to również ściągnąłbym je z afisza. Czkawki chrystusowej można tu dostać, Chrystus Chrystusa Bogiem tu pogania. I jeszcze ta nieszczęsna biała szata, którą naród polski, po wniebowstąpieniu, jak na Chrystusa przystało, pokrywa inne narody (w sensie wyzwala). Ta duchowa i artystyczna pornografia nadaje się dziś na Krakowskie Przedmieście, do recytacji dla przebywających na wolności zdrowo obłąkanych pacjentów Polskiego Zakładu Polskości, a nie do publicznych szkół. No i ta zamiana osobowości, po paru latach absolwentom myliło będzie się to, czy Gustaw zamienił się w Babinicza, czy Kmicic w Konrada. Zastanawiam się, czy Mickiewicz był inteligentny. Tak w ogóle, po prostu inteligentny. Słowacki wydaje się nie aż tak pijany sobą jak Mickiewicz, to zresztą nietrudne, ale zanim skończy się w *Kordianie* Motto, Przygotowanie i Prolog i wygramolą się z tego kotła wszystkie postacie, normalny człowiek zapomni, co było mottem.

Zygmunt Krasiński z *Nie-Boską komedią* podobnie nadaje się do tłumaczenia na jakikolwiek inny język jak dwóch pozostałych wieszczów. Jeśli zgodzimy się, że miarą klarowności tekstu jest jego przekładalność, usprawiedliwi to atrofię eksportu twórczości trzech naszych tenorów. W kraju zaś te manieryczne, pozbawione humoru maszynki do mnożenia słów, te niekończące się, splątane wodorosty niekończących się i nużących fraz narażają nieletnich odbiorców na porażenie nerwu twarzowego. Niechże więc zejdą oni razem do poziomu nadobowiązkowych katakumb, gdzie mogą, jak na konkursie piękności, do woli polemizować między sobą wierszem rymowanym. Zaoszczędzony czas klasa wykorzysta i zapozna się na przykład z *Buszującym w zbożu*. Lub ze współczesną, literacką formą prozy o nazwie *short story* i odetchnie trochę od redundancyjnego zawracania dupy za pomocą liter. Pozna się z jej charakterystyką, protagonistami i autorami. Na przykład z Raymondem Carverem, z którego tekstów Altman zrobił *Na skróty*. Klasa je przeczyta, a potem zobaczy film i dowie się, jak kongenialnie przełożyć można język prozy na język filmu. Klasa odetchnie nareszcie. Klasie należy się przeciąg.

Lektura powinna porywać, być inteligentną rozrywką, taką na rzeczywistym poziomie, a jest labiryntem rozpaczy. Zemstą na niewinnych i bezbronnych. Powinna wywoływać uśmiech, po prostu, śmiech, czasami, od czasu do czasu przynajmniej, tryskać szampańskim humorem, a nie rzewnymi łzami. Powinna być czymś w rodzaju gry wstępnej do późniejszego, pełnego aktu obcowania z literaturą, a jest próbą gwałtu na nieletnich. I to próbą udaną, dojdzie jeszcze do tego, że jego straumatyzowane ofiary wyjdą co prawda ze szkoły, ale nie z pourazowego stresu. W nocy budzić ich będzie na przykład cykl sonetów *Z chałupy* (Kasprowicz).

I po co ich aż tyle, tych lektur? Niech zostaną tylko te, które wywołują przynajmniej jakąkolwiek reakcję, przynajmniej u jakiejkolwiek części klasy. A reszta... Kanon lektur literatury polskiej jest stęchły. Jej samej zaś słoma z butów wyłazi. Ta z kolei nadaje się doskonale na Marzannę.

Skalanie boskie z tymi Cyganami

Z nimi, z Romami lub Cyganami, słów tych używam wymiennie, problem polega na tym, że zawsze jest jakiś problem. Nie chodzą ich dzieci do szkoły, problem, bo nie chodzą. Chodzą, problem, bo chodzą i w mieszanych klasach są skutecznym hamulcem jakiegokolwiek postępu w nauce. A jeśli wymyśli się dla nich klasy separacyjne, też problem, bo na szkołę padają bomby z napisem „segregacja rasowa".

Zawierają małżeństwa tylko między sobą, problem, bo poza swoje getto nie wyjdą nigdy. Zrobią inaczej, problem, bo wyszli poza getto, zdradzili swoich i nie zawsze udaje im się zasymilować z obcymi.

Autor niniejszego tekstu też ma z nimi problem. Omijam kradzieże, bom wspaniałomyślny. Omijam przekręty i oszustwa, chociażby kupowanie w Polsce fałszywych świadectw urodzin i przedkładanie ich w Niemczech w celu pomnożenia zasiłku na dzieci. Niech będzie, że to na otarcie łez po tym, co było. Ale nie ominę faktu, że trzymają się kurczowo swego jaskiniowego kodeksu dotyczącego „magaripen", czyli skalania.

W roku 2013 kobieta jest istotą nieczystą już z samej swej istoty. Bo ma menstruację. I rodzi, fakt, że Romów, nie ma znaczenia. Miesiączkuje, dotknie męża spódnicą lub trzewikiem, choćby przez przypadek, mąż jest skalany. Nikt do niego nie błyśnie złotym zębem, przy jednym stole z nim nie usiądzie, a brat ręki nie poda. Dopóki król romski anatemy nie ściągnie.

Pierwszy dzień okresu to ostatni dzień szkoły, na całe życie. Koniec z plażą, to zrozumiałe, strefę nieczystą widać, ciało widać. Ale cholera wie, dlaczego nie może nosić okularów, że niby te miałyby rzucać cień na rodzinę? Moc kalającą traci kobieta w okresie menstruacji, ale zanim ona, to stołu dolną częścią ciała dotknąć nie może, nie mówiąc już o siedzeniu na nim. Prać swoje rzeczy osobno musi i znajdować się nad mężem nie może. Zarówno w domu, dlatego On zajmuje najwyższą kondygnację, jak i w samochodzie, dlatego jeśli awaria, to On wtedy wejdzie pod auto, kiedy ona z niego wyjdzie.

Romka wszystko co może to może być uprowadzona. I to już koniec tego, co może, bo wtedy, po wspólnej nocy, staje się automatycznie żoną nierzadko gwałciciela. Jeśli jej nie uprowadzą, to ożenią ją z jakimś bykiem jej rodzice. Młoda Romka ma tyle do gadania co krowa, z tą tylko różnicą, że krowy nie idą w welonie do ślubu.

Romowie niereformowalni są jak komunizm, ruch wyzwolenia kobiet interesuje ich tylko i wyłącznie wtedy, kiedy jest rytmiczny. Kobiety zaś, w znakomitej większości, pomocy nie oczekują, małe i duże skalania i wynikające z nich sankcje uważają za rzecz naturalną, podobnie jak aranżowane śluby. I tak to człowiek z wiekiem staje na pozycji rasisty, choć jakoś przecież jeszcze pogodnego.

Piszę to, ignorując przysłowie „Utnij sobie język, zanim język utnie ci głowę", jedno z nielicznych cygańskich porzekadeł, które ma sens i nie jest idiotyczne (oprócz integracyjnie zabawnego „Każdy Cygan to złodziej, a każdy Żyd to Cygan").

Oni, Cyganie, są nie wiedzieć czemu tak przeświadczeni o wyższości swojej rasy nad innymi, że mnie, nie-Cygana, mają w płytszym poważaniu niż ja ich, Cyganów. Chociaż powinno być odwrotnie, za takie chociażby zdanie z książki, o której poniżej: „Gdy mają użyć wyrazu «kobieta», z góry przepraszają, że skalają nim usta".

Jacek Milewski napisał książkę o ludziach, z których mało kto ją przeczyta. Jeśli któremuś z mężczyzn uda się wsiąść do łódki na morzu tego powszechnego, z własnej winy panującego analfabetyzmu, to jest, jeśli skończy on jakieś studia, zostaje prezydentem Światowej Unii Romów. Jeśli któraś z kobiet ma jakiś tam talent, robi się o niej film *Papusza*. *I tak za nami nie traficie* to druga, po *Dym się rozwiewa*, romska pozycja tego autora. I już chociażby dlatego, że romska, opłaca się do niej zajrzeć, w końcu traktuje o naszych najbliższych i najdalszych jednocześnie, etnograficznie egzotycznych sąsiadach.

I tak... to zbiór... No właśnie, czego? Jeśli opowiadań, to nie, za dużo w nich reportażu jeśli reportaży, to nie, za dużo w nich opowiadania. Zdarzają się też teksty w postaci sążnistych artykułów i takie, które lepiej, żeby znalazły się w prasie kolorowej, np. ten o dziewczynie, która dowiaduje się, że jej prawdziwą matką była Cyganka. Tu i ówdzie zalśni sentymentalna pajęczyna, gdzieniegdzie powieje podniosłą „melonarracją", lecz w sumie Milewski wychodzi na swoje, na tak śliskim terenie udaje mu się nie poślizgnąć na żadnym rodzajowym kiczu.

Jak na prawdziwego przyjaciela Cyganów przystało, raz skarci, raz klepnie po plecach, raz pochwali, raz wyśmieje. Nie idealizuje, prawdę powie, oczu nie mydli. Powiedzmy więc, że *I tak nas nie dogonicie* – to opowieści cygańskiej treści. Oto białe króliki, które niestrudzony recenzent "Gazety" powyciągał jej czytelnikom z kapelusza.

Chylę głowę przed zdaniem otwierającym książkę: „...i odrąbali jej głowę". I przed pomysłowością zasady dotyczącej kradzieży: jeśli muzułmanie ściągają buty w meczecie, to sami sobie winni, że im co lepsze giną. Autor recenzji, znajdujący się obecnie w Niemczech, też nie gorszy. Nie dalej jak wczoraj udałem się do sklepu, wypiłem dwie puszki piwa między regałami, puszki, bo te droższe od szkła, wrzuciłem je do automatu i otrzymałem łącznie 50 centów z tytułu kaucji. Kierowałem się tu dewizą z omawianej książki, pewien polski żebrak usłyszał od Cygana: „Nie możesz iść i czegoś po prostu uczciwie ukraść?".

Okazy w tej książce. Jeden z nich, w drodze przez las w nocy, pijany, wpada na kogoś, kto stoi koło drzewa, odpycha go, a ten go kopie, znowu odpycha, uderza raz, drugi, ten oddaje, bezładnie, bo jak się okazuje, to wisielec, który jako taki ilustruje porzekadło „złośliwość rzeczy martwych".

Jeden choruje na głowę, w wieku osiemnastu lat dostaje rentę socjalną, wkrótce wśród Cyganów wybucha epidemia chorób psychicznych.

Innemu życia pozazdrościć: „Szczególnie po tym, gdy dowiedziałem się, że ojciec umarł (na pogrzeb mnie w kajdanach przywieźli, ech, widzieliście przecież), a po roku matka Polaka wzięła. Tak, tego skurwysyna sąsiada naszego, co tak się zawsze na nią gapił. Do kogo miałem wracać? Ojciec w grobie, matka szmata się okazała...". Ale jakoś idzie, jakoś toczy się to życie, tym bardziej że „Niemcy już nam wybaczyli wszystko, co nam zrobili".

Nie wierzcie piosenkom, przede wszystkim cygańskim, a już w szczególności nie wierzcie cygańskim piosenkom o miłości, obojętnie ile trafień miałaby *Cygańska miłość* w sieci. Oto cygańska Julia, lat trzynaście, adorowana uparcie przez piętnastolatka, który tak w niej zakochany, że uczy się szybko czytać i pisać, żeby uwieść ją epistolarnie. Martwią się jej rodzice, bo z chłopaka chuligan, lecz przestają się martwić, kiedy matka znajduje u rezolutnej córki swojej do niego taki oto list: Ja też cię kocham, Karpiuniu, ale nie ucieknę z tobą, bo sam wiesz dobrze, że miałabym z tobą przesrane życie.

Oto cygański Romeo, zdesperowany, bo nie chce go ani ona, ani jej rodzice. Porywa więc ją, zakrada się do mieszkania, widzi ją w słusznej pozycji kobiety romskiej, to jest, myjącą na kolanach tyłem do niego podłogę w kuchni, zarzuca jej koc na głowę, wiąże, wynosi i ucieka. Samochodem, w którym ją uspokaja i w którym oświadcza się, przysięga miłość i coś równie ważnego – obiecuje, że nie będzie jej bił, za co powinien jako mąż Cygan dostać pokojową Nagrodę Nobla. Rozwiązuje ją w końcu, żeby mu się nie udusiła, i widzi, że to nie ją porwał, córkę, ale wściekłą, wyglądającą „jak bogini gniewu" matkę. Każda Cyganka myjąca podłogę wygląda w tych spódnicach tak samo jak każda podłoga, którą Cyganka myje. Nie kupuj, głupi Cyganie, Cyganki w worku.

Nie wierzcie też w cygańską solidarność, chociaż wydaje się, że takowa być musi. Cyganie z Polski gardzą nie tylko tymi z Bałkanów, bo żebrząc, wstyd im przynoszą („Brudna suko, jak się nie wstydzisz!"), gardzą też sobą nawzajem. W Polsce jest ich niewiele, około dwudziestu tysięcy, a mimo tego, podzieleni na cztery grupy, wyniośle się ignorują („Gdziekolwiek spotka pani Cyganów, to zawsze tych najprawdziwszych. A reszta to hołota"). Ich stowarzyszenia i organizacje istnieją po to, żeby się nawzajem zwalczać, donoszą na siebie, „pouczają się, lżą i poniżają nawzajem publicznie, licytują, kto jest lepszym Romem. Plują na siebie i wszystkich dookoła".

Jeden z głównych ich aktywistów, czarujący cygańskim czarem w mediach, odpowiedzialny za rozdział odszkodowań, które przyznały Niemcy za swoje bestialstwa, „pilnował dystrybucji tych pieniędzy, odbierając – zdarzało się, że pod lufą pistoletu – znaczną ich część dożywającym swych dni starcom, poniewieranym niewolniczą pracą na chwałę III Rzeszy i niedorżniętym w konclagrach. A potem jeszcze – w obecności prezydentów, premierów i ministrów – odczytywał wzruszające przemówienia nad prochami tysięcy Cyganów, którym przeżyć się nie udało". I tak sobie jadą, wozy kolorowe z takimi potworami.

Mają dwa słowa na wczoraj, dziś i jutro. Najważniejsze to dziś („dadywes"), zaś dwa pozostałe określają jednym („tajśa") i dopiero odpowiedni kontekst ustala czas, przeszły lub przyszły. Jeśli już czas ten paść musi, bo liczy się tylko tu i teraz. Zamknięci są na pokoleniowe spusty, Morze Martwe w porównaniu z nim to progresja. „Są zakonni i hermetyczni tacy, są jak – nie przymierzając – marynowane prawdziwki w słoiku".

W opowiadaniu tytułowym, po konstatacji, że świat się zmienia i coraz bardziej krętymi pędzi drogami, jego bohater mówi, „myślę, że my też sobie znajdziemy jakąś drogę". Po czym dodaje, „chyba za nami nie traficie". Jeśli mieliby szukać jej z ich przegnitym kodeksem pod pachą, to szerokiej drogi.

Mulat w pegeerze

Mulat w pegeerze. Reportaże z czasów PRL-u,
pod red. Krzysztofa Tomasika
Wydawnictwo Krytyki Politycznej, Warszawa 2011

Reportaże o stylu uczesanym na gładko, z równym, starannym przedziałkiem między zdaniami. Poprawne, wzorowe wypracowania dla najbardziej wymagającej nauczycielki polskiego. Często za szczegółowe i przeładowane nazwiskami, ale nic to, o PRL przecież chodzi. O mój PRL. Ilekroć coś z niego w TV i akcja na ulicy, oczy wytrzeszczam na drugi plan. Wytrzeszczam do bólu, nie wiedząc, co dzieje się na pierwszym. Te żuki tam, te fiaty. Te fryzury, te ciuchy. Te wystawy, ludzie na przystankach (stoję gdzieś?). Podobni jak jeden wielki klan. Film niby kolorowy, a szary. Jakby ciągle zmierzch (wszedł cicho przez sień). I kiedy ścieżką dźwiękową są na przykład Novi Singers, otwiera się nade mną spadochron melancholii, lecę sobie i ląduję pośród nich, na autobus lub tramwaj czekających ludzi.

O dwóch twarzach PRL-u dziś pisze we wstępie Krzysztof Tomasik, tak bym go ujął: jedna jego twarz to czerwony ryj (reżym, cenzura, więźniowie polityczni, stan wojenny itd.), druga zaś to coś jak nostalgia.prl (a więc filmy Barei, tygodnik „Razem", itd.). Taka to hybryda z tego PRL-u. Z przewagą twarzy drugiej, co udowadnia, że człowiek to istota nie aż tak pogięta, bo zło zapomina, a dobro pamięta (Goethe, w moim wolnym przekładzie).

Ten zbiór reportaży to mała podróż w czasie. Dla młodych, którzy PRL-u nie znają, niezły egzotyczny wieczorek zapoznawczy. Dla starszych i starych powrót do „krainy czarów" na kartki.

Reportaż tytułowy ma narrację o napędzie na cztery koła. Klapa, scena pierwsza i *action*! Od początku do końca bez cięć, na jednym długim ujęciu. Szpital; miasto małe (jak horyzonty mieszkańców), dziewczyna rodzi, dziecko czarne, narzeczony biały, dziewczyna sina (z przerażenia). W szpitalu sensacja, nikt nie widział Mulata na żywo, tłumy, naprzód personelu, potem pacjentów, potem okolicznej ludności pegeerowskiej, na końcu wycieczka szkolna. Wszyscy pędzą jak do zoo, salowe za opłatą wynoszą dziecko na korytarz. Gehenna młodej matki, nie wmówi narzeczonemu, że to jego; czarno na białym widać, że czarny. Przyznaje się narzeczonemu, niech wybaczy to niefortunne zbliżenie na niefortunnej prywatce; z obojętnym jej Nigeryjczykiem, wybacza. Ona chce dziecko z powrotem, on nie chce, ona jedzie do Domu Dziecka, chce, dyrektor nie chce, odwiedza synka potajemnie i dalej, i dalej. Rozprawy sądowe, dramaty, jedno wydarzenie wskakuje na plecy drugiemu. A główni aktorzy żadne tam kukły jednowymiarowe, każdy z nich złamany, raz dobry, raz zły, jak na Mazurach pogoda. Szkoda jedynie, że reportaż bez małej chociażby aktualizacji, co z nimi wszystkimi dzisiaj, przecież „Bambuś" to facet dziś trzydziestoparoletni.

Zabawne jest *Rolnicze matrymonium*, single na aranżowanych dla nich wczasach. Nad morzem, w Ustroniu, w listopadzie. Pada nazwa „gmina Jedwabne", wtedy jeszcze byliśmy niewinni. Wieczorek zapoznawczy, składka na oranżadę i wodę sodową, wódka we własnym zakresie. Pani Krysia, pan Tadzio, wszyscy przysłowiowi. Seks w oparach perfum „Wars", czar peerelowskich par. W jednym z pokoi duet jak z Mrożka, człowiek wykształcony pan Bronisław (inżynier agronom), „władczy i nieustępliwy" oraz pan Rysio, „uosobienie pokory i dobroci". Pierwszy wyeksmitował drugiego z miejsca przy oknie, choć przyjechał jako drugi. Poczynają obydwaj „niepokojące odkrycie", że koresponduje z nimi mianowicie ta sama kobieta...

Okazuje się (znowu), że front walki narodu z reżymem w stanie wojennym przebiegał nie tylko na ulicy, lecz także i na plaży. I to mniej między nim, narodem, a władzą lokalną, a bardziej między społecznością lokalną (nie tylko Chałup), z którą to o wiele trudniej było siąść do okrągłego stołu niż z ekipą Jaruzelskiego. Naturaliści przegrali, choć o „podstawowe prawa człowieka" walczyli mężnie („Ruch gołych"). Oto jeszcze jeden dowód na to, aby zaprzestać projekcji PRL-u w kategoriach westernu, uzmysłówmy sobie, dla ilu milionów „gnębionych" Polaków największym przeżyciem w stanie wojennym była premiera *Wejścia smoka*.

Na linii między drzwiami a tradycją

Małgorzata Szejnert *My, właściciele Teksasu.*
Reportaże z PRL-u
Wydawnictwo Znak, Kraków 2013

„Gdzieś w stolicy muszą być sklepy, w których mięso i wędliny są stale. Wytypowano więc sklepy ciągłego zaopatrzenia – Sezam, Halę Mirowską, Koszyki, Merkurego i Supersam". Małgorzata Szejnert zdanie to napisała w roku 1977, a ja, dzisiaj, teraz, stoję w kolejce do kasy w Sezamie właśnie. Jakiś mały on, kiedyś wydawał mi się olbrzymi, dlatego że sam byłem mały. Za mną żul, z jednym piwem. Kolej na mnie, pakuję rzeczy szybko, ale ten nie może wytrzymać, panie kochany, nie można szybciej? Wychodzę z Sezamu i idę w prawo i zaraz znów w prawo, jestem pod McDonald'sem, który w baraku, który wkrótce mają zburzyć. Parę metrów od niego stoi pan Kuba. Każdego dnia, przy stoliku z płytkami i kasetami. Przechodnie omijają go jak dziurę w jezdni, mało kto przystaje, może go też wkrótce załatają? Z głośnika wylatuje Sipińska, Przybylska, Niemen.

Pomieszkuję na skrzyżowaniu Marszałkowskiej ze Świętokrzyską, w wieżowcu, na trzecim piętrze. Przez jedno okno widzę na dole mały sklep spożywczy, zamknięty na amen, likwidacja, a na dachu budynku z McDonald'sem neon „Joanna". Wszystko wokół mnie i pode mną wygląda jak kamień na żółtych zębach PRL-u, jestem w samym środku jednej z jego enklaw i nie ma takiej wykałaczki, która by mnie z niego wydłubała.

Pod Pałacem Młodzieży lodowisko. Małe i duże postacie w korowodzie. A na dole u Kuby *Karuzela*. „Starsi już poszli, a młodsi jeszcze nie", a mi idą ciarki, w kondukcie, bo ta karuzela, która czeka, dzisiaj, to dla mnie śmierć, która woła z daleka.

Krążę od okna do okna jak tygrys w klatce i czytam Szejnert. Wstęp napisał Mariusz Szczygieł. Błysnął humorem (reporterzy w PRL-u starali się pisać tak, „by móc sobie samym spojrzeć w oczy, w lustrze oczywiście"), powybierał z książki rodzynki i zostawił mi ciasto. Czasami ono przednie, czasami wyborne, czasami... Nie, daruję sobie tym razem to tradycyjne porównanie kulinarne, tym razem książkę porównam do jazdy pociągiem. Start znakomity, szybkość coraz większa, widoki za oknem wspaniałe. Potem pociąg lekko hamuje, trochę się wlecze, trochę postoi w szczerym polu. A potem znowu rozpęd. Podróż się opłaca, przestoje można wkalkulować, bo kiedy jazda, to taka, że z okna się nie wychylać, bo łeb urwie.

W otwierającym książkę reportażu Szejnert bierze pod lupę pierwszy numer gazety regionalnej z roku 1951, tropi słowa („walka", „bojownik", „bohater"), licząc, ile razy powtarza się które (!), przytacza bohaterów tamtych artykułów, po czym w roku 1974 idzie jak Indianin po ich śladach i trafia na los każdego z tych bohaterów. W gazecie stoi o Jagódce, lat siedem, rówieśniczka Manifestu Lipcowego. Marząca o tym, żeby zostać dentystką. Czy nią zostanie, nie wiadomo, wiadomo jedynie w tamtych durnych czasach, że „przed Jagódką stoi otworem nowe, lepsze życie". Jedyne co Jagódce po latach w życiu wychodzi, to włosy. Nosi perukę, „w peruce lepiej człowiek wygląda, nie?", nosi też zeszyty ze szkoły, jak zrobi dzieciom klasówkę, „chociaż trudno je do domu zadźwigać".

Szejnert ich wszystkich słucha, nagrywa, spisuje i puszcza niemal, *pardon*, że znowu użyję kolokwializmu, *in extenso*. Prawie we wszystkich tekstach, w całej książce samej autorki jak na lekarstwo. Niewidzialna, niesłyszalna. Co za ulga dla mnie, taka reporterka w czapce niewidce. Nareszcie teksty bez narracyjnego dobosza, który dwoma pałkami bębni bez przerwy o własny styl. Mam tu na myśli szerokie rzesze uprawiających prozę, ze mną samym *inclusive*. I nareszcie same fakty, a nie jakieś tam projekcje, jakieś narcystyczne kółka z fantasmagorycznego dymu. I to fakty „raczej razowe niż pszenne".

Tytułowi właściciele Teksasu to szerzące się rzesze Polaków chcących udowodnić, że spokrewnieni są z krajanem zza wielkiej wody, który zginął w Ameryce w jednej z bitew i zostawił po sobie drakoński majątek. Sensem ich życia jest czekanie na legendarny spadek. Nawet jeśli nie mieli z nim nic wspólnego: w jednym z tysięcy listów, którymi szturmowano urząd, „autorka oświadczyła od razu na wstępie, że żaden spadek jej się nie należy, nikt z rodziny do Ameryki nie jeździł, ale skoro ministerstwo ogłasza o spadkach, to chętnie wzięłaby jakiś i uprzejmie wnioskuje o przydział".

Przepis na reportaż w roku 1977: wstać o świcie i pójść z magnetofonem do Supersamu na placu Unii Lubelskiej. I mieć talent. I dar do kompozycji dania. *Na samie i na tradycji* czyta się, a widzi – film dokumentalny. Dobry film dokumentalny. Świetny film dokumentalny. Ma sekwencje i najazdy. Plan o świcie wygląda jak „tajemnicze akwarium pełne złotych rybek z neonu i nieruchomych rozgwiazd wentylatorów, które się unoszą nad sztucznymi skałami towaru". Poszczególni aktorzy zajmują na nim miejsce, dyrektor, cytujący wiersz Mickiewicza o kawie, „zdrowa jeszcze jak koń" szefowa sali, sprzedawczynie, pielęgniarka, która ma pokój najlepszy, bo większy niż ona sama, kontrolerzy, inspektorzy i statyści.

Szejnert jest mistrzynią drugiego planu, statyści gromadzą się za oknem już godzinę przed otwarciem, zaraz będą ich setki. Hasło „akcja!" padnie o siódmej rano, drzwi zaczną niebezpiecznie trzeszczeć, statyści napierać, aż te się w końcu otworzą, lecz nie całkiem, w tym dniu otwierają się tylko „boczne skrzydła tryptyku", blokują drzwi środkowe, czyli, nie bójmy się słów, ołtarz. Dziać się zaczną sceny myśliwskie w centrum Warszawy, Polacy wypuszczą się na *tradycję*, to jest na tradycyjną ladę, gdzie sprzedawany jest najlepszy łup. Wypuszczą się tak, że aktorzy muszą uważać, żeby nie znaleźć się na linii strzału, to jest „na linii, która łączy drzwi z tradycją". A potem będą kraść, nie tak, żeby nie płacić, lecz sobie nawzajem z koszyków. Podprowadzać sobie będą, jeść sobie z rąk, bo „tradycja" nie obsłuży wszystkich. Widzieć to będą wielkie oczy Maryli,

„patrzałki, która wypatruje złodziei od piętnastu lat. Bo człowiek ten jeden raz w życiu musi ukraść. Nawet ta zakonnica, co potem u dyrektora krzyżem padła. – Pożałowaliśmy jej i schowaliśmy protokół do szuflady". Ale z oczami u Maryli coraz gorzej, i głowa boli. I brzuch, a konkretniej wątroba, „zesztywniała mi całkiem, bo się wcale nie ruszam". I co tu komentować? Wystarczy opowiedzieć parę scen i już. Jak dzieci, które wychodzą z kina i po to, by przeżyć to jeszcze raz, serwują sobie jeszcze raz to samo.

A ten monolog kucharki to jest coś! Z zakładowej stołówki (*Zjadacze chleba, nie anioły*). Jak ona tam mówi, jak im te noże giną, a „zastawów nie możemy brać, bo aż wstyd". Albo kiedy mówi, jak wszyscy to mięso rwą łyżką, widelcem albo scyzorykiem. No nie wszyscy, „od niektórych osób, inteligentnych, nieprzyjemnie jest brać przepustkę za nóż". Też niezłe.

Albo ten ogrodnik, ten badylarz, też monolog (*Róża i strelicja*), jak mówi, że życie nie opiera się na jednostce, ale na rodzinie, dlatego ma aż czterysta klonów, które obserwuje. Albo jak mówi tak: z palmy się będę wycofywał! Całe kino się śmiało, nie słychać było dalej, co mówi. Albo o tym, jak ogórki szklarniowe uprawiał, wstawił ul, pszczoły zapyliły i padły, „ale się opłaciło, rój kosztuje tylko tysiąc, ogórki ten koszt oddały z nawiązką. Takie jest życie". Tak jest, zapylaj, człowieku i padaj, niech żyją następni. Co to jeszcze, co to jeszcze... Ach, dużo. „Natura ciągnie człowieka". Albo „kuli ziemskiej nie przetniesz na pół piłą mechaniczną". Albo jak dostał ten podatek wyrównawczy za róże, milion dwieście tysięcy, to musiał wykopać ileś tam tysięcy krzewów i rozebrać ileś tam szklarni, i jak on to niszczył, bo za duże, jak sam niszczył to, co sam zasiał i postawił, i dostał przy tym zawału, serce to nie ziemia, pękło na pół.

PRL-u, PRL-u, gdzie się podział ten język, który wystawał z ciebie jak słoma z butów? Ten pokraczny i rozbrajający, sam do siebie robiący miny, w lustrze oczywiście. Gdzie jest towarzysz Ogonowski, który wspiął się bez liny na szczyt swoich rozległych możliwości i twierdził, że „mentalność ludzka jest bez granic"? Gdzie się podziały tamte kobiety, co rano, gdy nie mają czasu, by się ładnie ubrać i umalować, „zaniechane są"? Gdzie ojcowie, z których dzieci są w szkole dumne, bo „tata ma pieczątkę, a to swoje znaczy"? Gdzie samobójca Michał Radliński, który „zszedł dobrowolnie przez powieszenie z powodu cierpień umysłowych i braku środków do życia"? Tutaj akurat odpowiedź jest prosta, ale gdzie tamten świat, w którym zachodzi „wydarzenie pamiętne, Koszewski Antoni na zabawie w świetlicy wyjmuje z kieszeni młotek do klepania kosy i dawaj klepać po głowie Kowalczuka Antoniego, ledwie go żywym zostawił, nawet uszy sklepał, ale wszyscy prędko zapomnieli o tym, bo człowiek z planety Ziemia stawia stopę swoją na Księżycu"? I jeśli tak wszystko przemija, to „Człowiek zapytuje, jaki sens ma to życie"?

Krążę od okna do okna jak tygrys w klatce PRL-u. Burzenie budynku na dole zaczną od zdjęcia neonu dawnych Zakładów Chemicznych „Joanna". Przestanie świecić jeden z ostatnich neonów tamtego czasu. Mało tego, że jedliśmy wtedy tę samą zupę, i mało tego, że z jednego talerza. Jedliśmy ją wtedy jedną łyżką.

Miłość blondyna

Mariusz Szczygieł, *Zrób sobie raj*
Wydawnictwo Czarne, Wołowiec 2010

Na początku zacznę od końca. Na końcu mianowicie pisze Mariusz Szczygieł, co i o kim napisać jeszcze mógłby, a nie napisał. Pisząc, że nie lubi „książek z gumy" (282).

Dobra, w porządku. Przełykam to, że nie ma Jana Wericha, aktora, scenarzysty i co tam jeszcze (to od niego młody Miloš Forman dostał spinki, bo rękawy koszuli wiązał drutem), ale nie mogę przełknąć tego, że nie ma „Teatru Járy Cimrmana" (jeden z jego twórców to Zdeněk Svěrák, główna rola w filmie *Kola*, reżyserował jego syn). Ten fenomen w postaci teatru istnieje już lat kilkadziesiąt i do dzisiaj stać trzeba za biletami jak w kolejce na otwarcie nowego supermarketu.

Jára Cimrman urodził się w połowie XIX wieku, ostatnio widziano go żywego w roku 1914. W przeprowadzonym w roku 2005 telewizyjnym plebiscycie na dziesięciu największych Czechów mógłby znaleźć się na samej górze, gdyby można było na niego głosować. Nie można było, nie pomogły petycje i akcja protestacyjna w internecie (zastrzegła BBC, bo to jej format). A w przeprowadzonej w tym roku ankiecie na „Siedem cudów czeskiej republiki" Jára Cimrman wygrał. Z piwem, Karolem IV i szkłami kontaktowymi. One wszystkie są, a Cimrmana, najlepszego czeskiego wynalazku, nie ma. Choć ma swoją stronę w czeskiej Wikipedii. I był o nim film (*Jára Cimrman, leżący, śpiący*). I w „Divadle Járy Cimrmana", gdzie chodzą podpisane jego nazwiskiem sztuki, trzeba ciągnąć wpierw numerki, żeby mieć szansę na kupno biletu! I w Muzeum Narodowym od paru dni wystawione są eksponaty jego wynalazków (np. piła z zębami, ludzkimi). A jego nie ma. Chociaż zaprojektował Kanał Panamski łącznie z libretto do opery o tym tytule, z hrabią Zeppelinem konstruował pierwszy balon, Edisonowi udoskonalił żarówkę, minął się z biegunem północnym o siedem metrów... Do czego zmierzam?

Otóż *Zrób sobie raj* (na ziemi) to w znacznej mierze rzecz o Czechach i Bogu, to jest jego braku. I jeśli zdarzy się Czechom uwierzyć w coś nadprzyrodzonego po czesku, to ja bym tego nie lekceważył, nie zbywał w posłowiu. Bo przecież ten wymyślony przez Svěráka i przyjaciół, przy piwie, uniwersalny czeski geniusz, to nie tylko trochę Monthy Pyton, trochę baron Münchhausen, a trochę *Zelig* Woody'ego Allena. To również, jakoś tam, z racji tego, że niewidzialny i wszechobecny, że dokonujący czynów na granicy cudu, to także więc, no nie bójmy się tego słowa, Chrystus (Cimrman to z niemieckiego „cieśla"). To znaczy jego czeski, odlotowy model.

Szkoda więc, że tak efektownie buszujący w Czechach autor (*Gottland*) nie wprosił się na śliwowicę do Svěráka.

I nie wcisnął tej wizyty do książki, nie muszącjej rozciągać. Kosztem skrócenia partii środkowej, w której prowadzi czytelnika po najważniejszych palach historii politycznej Czech. Zgoda, prowadzi, konsekwentnie, tym szlakiem, który wiedzie od wiary kiedyś do ateizmu dzisiaj, ale te strony książki za bardzo wikipedyczne, nieco.

W rozdziale *Chcesz rozśmieszyć Boga?* przytacza Szczygieł wywiad, jakiego udzielił dla „Mladá fronta DNES". Mówi w nim, że naród polski do życia potrzebuje nieszczęścia, że krzywda nas wywyższa ponad narody inne, polska kultura jest kulturą nekrofilską i w celebrowaniu śmierci i tragedii jesteśmy mistrzami świata. Rzeczywiście? Nie powtarzamy tu z jakąś masochistyczną zapamiętałością – szczególnie wobec cudzoziemców – zatwardziałego stereotypu? Nie jest tak, że on się nam podoba? Bo prosty i efektowny? I mówiąc o nim, sami stawiamy się poza tymi, którzy tacy są? Rzeczywiście jesteśmy fanami nieszczęścia? To naprawdę facjata Polski w wieku XXI? I kto to jest „my", ci, którzy demonstrowali pod krzyżem, czy ci z kontrdemonstracji? I kogo jest więcej? Naprawdę ci, którym do porcji szczęścia potrzeba tyle samo nieszczęścia? Z jaką to zapalczywą ochotą sami sobie kopiemy groby, po to, żebyśmy sami mogli do nich, z satysfakcją i widowiskowo, w zwolnionym tempie wpadać.

To wszystko, koniec z uwagami, *Zrób sobie raj* połknąłem jak kefir na kaca. Dla czechofilów rzecz w sumie výborná, innych zaś obsłuży autor postaciami tak zakręconymi, że kręcić będą głową z niedowierzaniem. Piszę „obsłuży", ponieważ Szczygieł podaje, serwuje swoich bohaterów jak wytrawny kelner starej daty, dyskretnie i z kurtuazją. I wycofuje się, prawie że bezszelestnie, to jest prawie bez komentarza.

Egon Bondy, pierwszy do „Raju". Legenda czeskiej opozycji i lider undergroundu (zespołu The Plastic People of the Universe), filozof i pisarz, który, uwaga: w roku 48 potrafił zdobyć się na coś takiego, jak zamiana swego nazwiska, Zbyněk Fišer, na Egon Bondy właśnie, na znak solidarności z prześladowanymi znowu Żydami; już w roku 49 współzałożył jedno z pierwszych podziemnych wydawnictw, za co groziła wtedy kara śmierci, a w którym jako antytezę rewolucyjnego optymizmu propagował koprofagię i fekalizm (co u nas wtedy?); w latach 50. był dozorcą wieloryba w Muzeum Narodowym i czytał tyle, że został filozofem; wulgaryzmy uważał za część integralną literatury i na krytykę reagował, pisząc: „Srasz, nie trafiając do muszli" (28); mając usuniętą część odbytu, dostał na tym punkcie fiksacji i męczył wszystkich dookoła relacjami z jego frontu robót fekalicznych (29); o nowych czasach napisał (rok 92): „Najgorzej jest rano i wieczorem / i w dzień / Kiedy śpię, można wytrzymać" (31); zdesperowany, że Czechów niczym nie można sprowokować, miał spalić przed publicznością tysiąc koron (35). I który... no cóż, donosił sobie. Za forsę. Na kolegów. Co kto czyta. Na początku dobrowolnie. Jego rozbrajający komentarz poznacie na stronie 38, Szczygieł nie komentuje, a mnie to mierzi, bo jego „immunitet" (nie siedział) brał się nie tylko z wariackich papierów. Bohater naszych czasów.

Jan Saudek, drugi do „Raju". Saudek robi swoje owiane kultem zdjęcia na trzeźwo i po pijanemu. Odwaga do niego przychodzi, jak się upije. Saudek to chorobliwy kobieciarz, ilość, które posiadał, jest odwrotnie proporcjonalna do książek, które przeczytał, takie mam wrażenie. Kiedyś zamienił się na kobiety z jednym pisarzem, „dałem mu chudą, on mi dał grubą" (68). Saudek, który modelki swoje ustawia najczęściej pod brudną i odrapaną ścianą, olśniony jest interpretacją Szczygła, że to być może ma związek z jego pobytem w dzieciństwie w obozie koncentracyjnym. Saudek sam na to nie wpadł, za trudne (72). Ale wpadł na to, że „wszystko zostaje w rodzinie", kiedy okazało się, że kobieta, z którą żyje, zaszła w ciążę z jego synem. Jakiś tam czas mieszkali razem, więc wyobrażam sobie zdjęcie Saudka, coś jak Trójca Przenajświętsza na český způsob, on, mały diabeł jako Ojciec, nagi tak jak na stronie 75, Syn i Duch Święty w postaci wspólnej kobiety w ciąży.

David Černý, następny do „Raju". Rzeźbiarz, kontrowersyjne bożyszcze. Polska jako kartoflisko z duchownymi to on (*Entropa*). Składniki tożsamości narodowej Czechów? Niewymieszana, nieciekawa, lekko sknedlikowana, nasiąknięta piwem, nieopalona masa (234). Efekciarskie, ale niezłe, gorzej z wystrzałami typu „Dobry komunista to martwy komunista" (245). Coś w tym nieprzystojnego, dzisiaj, żenuje takie zajadłe kopanie dawno już leżących. I gorzej z artystycznym credo w rodzaju, że seks mianowicie jest najważniejszą sferą twórczą, w związku z czym „lata twórczości przeliczyć można na ilość wyprodukowanej spermy" (249). Ot, łobuz jeden. Który „każde wypowiedziane przez siebie zdanie kończy śmiechem" (121). Koszmar, to już lepiej, żeby mówił cały czas głośno, jak Pepin z *Postrzyżyn*.

Wiem, ja bardziej relacjonuję tę książkę, niż recenzuję. Daję się (u)wieść autorowi, który bohaterom swoim wchodzi do mieszkań lub u nich pomieszkuje (z kotem, 54), do pracowni, do łóżka i o zgrozo, do prywatnej cesny, pilotowanej przez półpijanego właściciela (powyższy Černý, 246). Relacjonuję, ale co zrobić, kiedy *Zrób sobie raj* to łąka z tyloma motylami, że ja, czytelnik niepostronny, bo sam w Pradze pomieszkujący, latam po niej z siatką i nie wiem, którego mam do niej złapać, a którego puścić. Najbardziej efektowne, jak zwykle, to te hrabalowskie. Z Bondym nacierali sobie w gospodzie włosy pianą z piwa, jak „Żydzi, kiedy smarują pejsy wodą z cukrem" (14). Kiedy pisać zaczął na nowej maszynie, to starą przykrył pierzyną, „aby nie była zazdrosna, że jest jej niewierny" (44). To fragment z kapitalnego rozdziału *Pod nieobecność Pana Hrabala*. Lub Pavel Kohout, przeczytajcie jego odpowiedź na pytanie Szczygła, skąd taka wyrozumiałość wobec tych, którzy na niego donosili (42, lektura obowiązkowa dla psów gończych z IPN-enu). Lub Seifert i jego dni, które „skapują powoli, jak miód z drewnianej łyżki" (31). Lub guru czeskiego surrealizmu, Karel Teige, którego dwie jednoczesne kochanki, kiedy umiera, popełniają prawie że jednocześnie samobójstwo (277). Lub policjant, który ze swoją wiarą katolicką ukrywa się tak, jakby miał AIDS, i kiedy wyznaje to w końcu żonie, ta oddycha z ulgą, bo bała się już, że ma kochankę (185).

Zrób sobie raj to szklana kula, w której Mariusz Szczygieł zamknął Czechy i Czechów. I obracając ręką, to jest pisząc kolejne rozdziały, pokazuje tych naszych bliskich i dalekich sąsiadów z różnych stron. Z jednej niewierzący do szpiku, z drugiej zabobonni jak plemię Zulu. Wierzący w znaki, jakie powstają na dolnej części tostera, w wahadełka i różdżki, horoskopy, świętego Antoniego, karmę i proroków z Libanu. Jak Květa Fialová (158), hrabianka z *Pociągów pod specjalnym nadzorem*. (Autorowi podpowiem, że nie tylko, Tornado Lou z *Lemoniadowy Joe* to też ona. I że mógł spróbować rozmawiać z nią o jej traumatycznym przeżyciu z końca wojny, o gwałcie dokonanym na niej, nieletniej, przez sowieckich żołnierzy). Sąsiedzi, dla których religią prawie jest jazda po zamarzniętej wodzie i walenie kijami w gumowy krążek (96) i którym – to opinia jednego z pisarzy czeskich – walka o demokrację nie przyszłaby do głowy, gdyby na ich osiedlu był zawsze dobrze zaopatrzony sklep, McDonald's i kolorowa prasa (165). Tak jakby u nas stoczniowcy zaczęli strajk, bo chcieli, żeby *Mała apokalipsa* sprzedawana być mogła w każdym kiosku. Sąsiedzi, u których wychodzi łamiący wszelkie tabu komiks *Zelený Raoul*, w którym na przykład prawicowy, przeciwny homoseksualizmowi poseł odbywa stosunek z Chrystusem (119). I którzy jako jedyni na świecie mają hymn, w którym..., ale o tym poczytajcie już sobie sami (na stronie 127).

Na końcu skończę na początku. Na okładce mianowicie. Ta rozkoszna łobuzeria Černego w postaci Chrystusa jako modelu do składania, z przyrodzeniem włącznie, ma swego rodzica. To Eugeniusz Get-Stankiewcz już gdzieś w roku 1981 uplasował obok Syna gwoździe i młotek i opatrzył hasłem „Zrób to sam". (Polecam tylną ścianę kamieniczki „Jaś" zaraz przy wrocławskim Rynku). Tytuły kłaniają się sobie z daleka, a Chrystusy uchylają kapelusza. Korony, znaczy.

Jeżeli porno, to takie właśnie!

Petra Hůlová *Plastikowe M3, czyli czeska pornografia*
przeł. Julia Różewicz
Wydawnictwo Afera, Wrocław 2013

Część oficjalna

Recenzentów porównam do stada bezpańskich psów. A dobrą książkę do kości z mięchem. I teraz stado to jej szuka, gorączkowo, tej kości. Po wszystkich śmietnikach miasta, czytaj w każdej księgarni. I tym razem szczęście mam tylko ja, bo znajduję *Plastikowe M3*. Biorę je szybko do pyska i w nogi, za pierwszy lepszy róg, z podwiniętym ogonem, żeby nie wyrwało mi książki tej żadne inne psisko. I za rogiem, strosząc włos na grzbiecie i nastawiając uszu, czy mnie kto nie ściga, pożeram ją, trzymając mocno w dwóch łapach. Po długim okresie głodówki, co za uczta! Już po pierwszym kęsie pierwszej strony ogon kręci mną całym, i tak będzie do końca, do szpiku kości.

Autorka, Petra Hůlová, ma dziś lat trzydzieści cztery. I stosunek do czytelnika ma jak najbardziej zdrowy, bo przerywany. W jednym z wywiadów, w wolnym tłumaczeniu: „Też oczekuję jakiegoś rodzaju interakcji, ale to polega paradoksalnie na tym, żeby czytelnik z założenia był zniechęcony i zniesmaczony. Mówię mu «wal się» i mam nadzieję, że on to przyjmie jako swego rodzaju katharsis".

Studiowała coś, co u nas brzmi jak choroba, mongolistykę. Czasami prowadzi *creative writing* w Pradze, kandyduje do rządu z ramienia Partii Zielonych, żyje z pisania i ze stypendiów. Obywatelka świata, globtroterka, w domu nie usiedzi, chociaż w nim dwoje małych dzieci. Może właśnie dlatego, jak tu pisać przy rozwrzeszczanych, czeskich bachorach. Nie znaczy, że złą matką jest, na międzynarodowych konferencjach potrafi zabrać głos z dzieckiem przy piersi. Ubiera się... Hm, trochę nijako, basic T-shirty z H&M, czasem jakaś bluza z kapturem. Jej fryzura podobnie jak ciuchy, przemija z wiatrem. Jedyna rzecz, która ją czasami wyróżnia z tłumu, to duży naszyjnik z wielu sznurów czerwonych korali. Ale Czeszki już tak mają, jeśli przywiązują do czegoś wagę, to rzadko do stroju. Lepiej wygodnie niż modnie, mówiąc górnolotnie, mają one programowo wyjebane na własny image. Są, oczywiście, wyjątki, ale rzadko na ulicy, częściej w prozie.

Bohaterka książki. Ma lat trzydzieści. Ubiera się przemyślanie, wyrafinowanie, o image dba jak matka o chore dziecko. Ma lat trzydzieści, mieszka pod numerem trzydziestym i tyle mniej więcej klientów na miesiąc. Domatorka, przyjmuje u siebie. Oferuje wszystko, gość w domu, On w niej. Ma tylko dwie stacje života swego, dom (łóżko) i galerię. *Fucking and shopping*, dokładnie tak. Z łóżka prosto do galerii, z galerii do łóżka, po drodze telefony i nowe terminy. W drodze zawsze rowerem, żeby mięśnie, żeby ciało, żeby cellulit, bo chce jak pomarańcza wyglądać, a nie jak tejże skórka. Na ramkę bierze czasami koleżankę po fachu, jeśli klient zażyczy sobie Trójcę. I to w zasadzie wszystko, w kwestii fabuły.

Konstrukcja książki? Osiem rozdziałów, każdy z nich z nagłówkiem pierwszy, drugi i tak dalej „odcinek telewizyjny", bo narratorka kręci serial, w myślach, lecz nie ten trop ilustracji serialowego zidiocenia mnie tu obchodzi, to dobre dla dziennikarzy i publicystów w ciąży z misją. Ani nie ten, że świat nasz dzisiejszy i wszystko co nas otacza jest „digi", jako że słowo to pada tu tak często jak pielgrzym w Indiach na moście, to dobre dla tych powyżej. Ba, nie obchodzi mnie nawet fabuła, jako że ona tu zbędna, nawet nie na miejscu. Tu w roli głównej język, i jemu to należy się aplauz.

Monolog, na który wspięła się Hůlová, jest jak wytrysk, talentu, w jej przypadku. To zjazd na sankach ze stromej góry, powietrze aż świszczy, taka prędkość. I nie muszę się wcale wysilać, żeby udowodnić, że książkę tę przeczytać należy, wystarczy parę cytatów, którymi oto ochoczo służę.

Część artystyczna

Już od pierwszego akapitu ta czeska spisovatelka idzie jak burza: „Czy ją też ktoś tak wyhebluje na gładko? [...] Czy jej dziura też jest jak lornetka teatralna skierowana na czarny hol, gdzie spaliła się żarówka, na długi, wąski korytarz potrafiący wilgotnieć do śluzowatości, kurczyć się i uciskać jak gumka od majtek, czy ją też?". Jej znakiem firmowym jest złożone, wielopiętrowe porównanie, którego człony autonomizują się i żyją życiem własnym. Tak mniej więcej, jakby od rakiety oderwała się samodzielna kapsuła. O wiedzy ze szkoły: „Teraz jest zmagazynowana w płacie mózgowym, jedna informacja na drugiej, jak w lodówce, a kiedy chcę sobie jakąś starą przypomnieć, muszę wziąć tasak, tak mi już tam zamarzły na kość, ale przynajmniej się nie popsują". Lodówka, tasak i puenta. Te człony rakiety lub jeśli kto woli, kręgi po rzucie kamieniem w grze „kto ile zrobi kaczek" widać wyraźnie, kiedy wchodzi do galerii. Podmuch, wiatrak między rozsuwanymi drzwiami burzy jej fryzurę i wygląda, jakby przyjechała pociągiem z głową wychyloną przez okno. Nic specjalnego, ale zaraz pada, ni stąd, ni zowąd, zdanie o tym, że cieszy się, że nie oberwała flaszką, wyrzuconą przez menela, wtedy „czekałabym w poczekalni pogotowia ratunkowego, aż w dyżurce skończą jeść kanapki i zszyją mi twarz". Kapitalne, starczyłoby, ale jeszcze raz dokłada do pieca, wyobraża sobie, że ktoś całuje ją w policzek, po uszkodzonej stronie twarzy, tam, gdzie flaszka urwała kawałek płatka usznego. I jeszcze raz, o płatku, jak to leży między torami, a ptaki wydziobują go ze żwiru. Co można zrobić z głupiego podmuchu w drzwiach...

Lub z refleksji o małżeństwie. Ono nie dojrzewa jak wino, raczej jak woda mineralna, z której można zrobić „słony roztwór do płukania gardła, chociaż nie wiem, czy ktoś chciałby pluć do zlewu swoim własnym małżeństwem".

Lub z kłopotów ze wzwodem, który „podnosi się powolutku jak inwalida zrzucony ze swojego wózka". Dalej idzie tak, jeden korzeń musi całość udźwignąć sam, „bo posiłków brak. Ani skrzyni biegów, ani koła, które, niczym młyńskie, mogłaby rozkręcić para oddanych wołów".

Lub z małej misji, której się podjęła. W porównaniu z nią „bernardyn z GOPR-u, przedzierający się przez zaspy z połówką rumu na szyi, żeby orzeźwić nim lekkomyślnych fanów biegówek, którzy oczekują go pod lawiną, jest tylko pieskiem na spacerku rekonwalescencyjnym po zabiegu kardiologicznym".

Ta mała jej misja to pedofile, „stryjkotatule". Przebiera się dla nich za uczennicę, aby detonowali w niej, a nie w swoich ofiarach. „Możliwe że taki zbok chciałby [...] wleźć do tego jej małego mózgu i [...] z niego wszystkie myśli tak jak ten jej mały sprężysty tyłeczek, bo kto wie, czy w tym dziewczęcym móżdżku nie jest tak samo ciasno jak w cipce i czy nie [...] się go tak samo dobrze". Wychodzą więc od niej rozminowani, być może uratowała jakąś dziewczynkę, być może o jeden lej po bombie mniej.

Kiedy wychodzi z łóżka do galerii, sąsiadki, „ciężkodupiaste babyschaby", obracają się za nią, jakby „ćwiczyły pływanie synchroniczne". Potępianie to ich hobby, podobnie jak „domykanie drzwi do pokoju, w którym śpią dzieci, albo gaszenie światła w salonie, do którego za chwilę wróci mąż, który potem musi macać ściany w poszukiwaniu włącznika". Są wierzące na wszelki wypadek, bo jeśli cały ten religijny kram to prawda, to co wtedy, jak „pewnego dnia szatan zapuka w okno i zapyta, jak leci, ty stróżowska łajzo?". Bohaterka też ma w mieszkaniu ołtarzyk, ukryty, pod zlewem, jeśli zobaczy go jakiś klient, od razu chce się mu pod nim, mężczyźni w tej książce spuszczają się nawet z tonu. Czasami przychodzą do niej pary, jest regulamin, nie mogą się krzyżować, pilnuje tego, kręci się „jak baba przerywająca bilety na autkach w wesołym miasteczku". Przeważnie jednak duet, jej „rzepka wyciągana jest bez pomocy żony, ani wnuczka, ani pieska, ani kurki". Jej marzenie to „malutka kosiarka do krasnorostów", bo odrasta jej ciągle nabłonek macicy. Jej problem to siniaki, klienci są różni, a siniak jest „jak wrona, do której przysiada się od razu druga wrona". Poza tym „sina twarz dodaje mężczyznom odwagi, aby uczynili ją jeszcze bardziej siną". Na ogół jednak łakną klienci jej odrobiny człowieczeństwa, oni „nie chcą czuć się jak pies badacza Arktyki, któremu ktoś rzucił zamarzniętą rybę". Czasami potrafi czytać w ich myślach, udaje jej się wymacać je „niczym tampon, nim przesiąknie krwią, a ja wyłowię go zwinnie dwoma palcami". A jeśli zdarza jej się zboczyć w monologu z tematu, to nieumyślnie, „kto więc posądza mnie o kłamstwo, kurewskie oszukaństwo, niech idzie sobie beknąć i wróci, kiedy już będzie dobrze wychowany".

Protagoniści: Ona. Czasami jest „mokra jak jamnik, który przeszedł pod rynną, wtedy wszystko, wtedy weź mnie i wymłóć aż po krtań". A czasami wygląda na to, że „nigdy już się nie otworzy jak parasol". Lub wygląda „jak chucherko. Ma ptasi kształt i absolutnie niewinny uśmiech. Kiedy indziej jest ze szmaty, jak zacerowana w pośpiechu piłka nożna, zresztą, aż prosi się o kopniaka, nim zostanie uzgodnione, co z nią dalej będzie". Ma jeszcze język, nie obeszłaby się bez niego, nie chce go jednak brać na języki, „kolegi z pracy nie powinno się obgadywać. Język jako klient jakiejś głowy", ona jako lokatorka jej własnego ciała.

On. To kropidło lub zegar z kukułką, kiedy jądra pełne, to duża wskazówka idzie na dwunastą. Podmiotowość ma również, złapać go można w rękę i „zawracać mu głowę w przód i w tył, żeby się rozgadał i wszystko wychlapał". Lecz kiedy straci wiarę w siebie, „nie da się podnieść nawet lewarkiem". Przeważnie jednak nie traci, Ona i On „będą rzępolili swoją kolędę, po której jego soki przeleją się na moją kartę kredytową".

Julia Różewicz jest nie tylko szefową wydawnictwa Afera i nie tylko wnuczką wielkiego Dziadka. Jest tłumaczką, to wiadomo, ale od teraz wiadomo, że jest też wyśmienitą stylistką. Inaczej nie podołałaby tak karkołomnemu zadaniu jak tłumaczenie tego erupcyjnego monologu. Jej inwencja do pozazdroszczenia, z rzepką, na przykład. W oryginale jest marchewka, rzepka w polskim lepsza, bo Tuwim. Omijając już eksploratorskie neologizmy, Różewicz wyczynia piruety frazeologiczne i robi to tak, że we łbie się kręci.

Plastikowe M3..., które wystawione zostało w Pradze na deskach, to trzecia pozycja Hůlovej na naszym rynku. Bez czytania dwóch poprzednich (*Czas czerwonych gór* i *Stacja Tajga*, obie W.A.B.) zaryzykuję, że najlepsza. O lepszą trudno. To niemożliwe.

Lot nad czeskim gniazdem

MIEJSCE: dom.
CZAS: niedzielne przedpołudnie.
OSOBY: matka, ojciec, dziadek, dwóch synów, córka.
AKCJA: Matka zaczyna piec gęś. Ojciec przygotowuje się do podkucia konia, boi się, bo koń zły, żałuje, że obiecał to sąsiadowi, ale wycofać się za późno. Dziadek, szczotkując swój niedzielny kapelusz, przygotowuje się do wyjścia do gospody, jak co niedzielę. Będzie grał w mariasza. Córka wychodzi na strych, a potem na dach, jest wysoko i widzi wszystkich i wszystko, jej nie widzi nikt. (Będzie trochę tak, jakby w oczach zainstalowaną miała kamerę). Córka chce być chłopcem, wcześniej, przy śniadaniu, obwieściła wszystkim, że każe się zoperować, myślała, że ich to zaszokuje, ale wyznanie jej spływa po nich jak tłuszcz po gęsi, którą smaruje potem matka. Synowie wychodzą na podwórko. Jeden, dorosły, siada na ławce i czeka na swoją dziewczynę. Myśli o niej, o jej ciele. Drugi syn, dziesięcioletni, gra sam w odbijanego, kopie piłką w mur. Na podwórko wychodzi matka, rozwiesza pościel, musiała ją

wyprać, bo w nocy zmoczył się do niej ten młodszy. Śniło mu się coś, sen był „podstępnie realistyczny" i nie wytrzymał. Ojciec dosiada się na chwilę do syna na ławkę, syn widzi, że ojciec się boi konia, ojciec znika w kuźni. Chłopiec stawia na ziemi pieniek, na nim puszkę i próbuje z odległości zestrzelić ją piłką, wmawia sobie, że jeśli nie trafi, znowu zmoczy się w nocy. Dziadek wychodzi do gospody. Syn na ławce buszuje myślami po ciele swojej dziewczyny, robi zeza z rozkoszy i kiedy wyobraża sobie jej piersi, nie wytrzymuje, krzycząc na cały głos „Jezus Maria!". Z okna wychyla się matka, myśli, że coś się stało. Dziadek gra w gospodzie, obok siedzi miejscowy wariat, łapie muchy i wrzuca je pod stół, jego pies dobija je łapą i zjada. Chłopcu udaje się trafić w puszkę, ale kopie dalej, raz to może być przypadek. Ojciec w kuźni, w strachu przed narowistym koniem. Syn na ławce, w nerwach, bo dziewczyna nie przychodzi. Matka przy gęsi, córka na dachu. Na podwórko wchodzą z koniem. Dziadek wchodzi w gospodzie do toalety. Wjeżdża motor, kolega z listem od dziewczyny, dziewczyna z nim zrywa. Ojcu udaje się podkuć konia, zły jest na siebie, że się bał, dziadek wchodzi do toalety i nie może oddać ani kropli, ból, wzywają karetkę. Syn na ławce w rozpaczy („Co mam zrobić? Mam sobie położyć fiuta na torach i czekać na pociąg"?). Pary opozycyjne: jeden na ławce chce się wykastrować, druga na dachu chce, żeby jej przyszyli członka. Jeden nie może oddać moczu, kiedy musi, drugi oddaje, kiedy nie powinien. Dziadka wnoszą „na aniołka" do karetki, chłopiec nie może trafić w puszkę, matka wchodzi ze śliwowicą do kuźni, żeby uczcić zwycięstwo nad koniem, lekarz wprowadza dziadkowi cewkę, chłopiec trafia w puszkę i z radości wykopuje piłkę do góry.

Wysoko, aż nad dach kuźni, piłka ląduje na nim z impetem, obsuwa się parę dachówek, dachówki spadają prosto na zad konia, koń wierzga nogami i trafia ojca w szczękę. I ten leci w powietrzu nad podwórkiem. A jeden jego syn siedzi na ławce i płacze. A drugi szaleje z radości nad puszką. A córka na dachu myśli, że to całe rodzinne *show* dla niej, żeby nie zmieniła płci. I podnosząc na dachu palce, ślubuje, że tego nie uczyni.

KSIĄŻKA: *Gówno się pali*. Wybrałem opowiadanie drugie, *Bellevue*.

AUTOR: Petr Šabach. To w oparciu o jego teksty powstał kultowy, znany i u nas film *Pod jednym dachem*.

CYTAT: „Każdy Czech wie, kto to jest Petr Šabach. Chyba każdy Czech go czytał, a jak nie czytał, to widział w kinie film podstawie jego opowiadania" (Mariusz Szczygieł).

UWAGI: Literatura czeska *par excellence*. W sensie humoru owianego melancholią. I tego, że wszystko, co się w niej dzieje, zanurzone jest po szyję w dniu powszednim. Tak, ona z życia wzięta, ale nie w sensie naszych seriali. W niej chodzi o to, co zakręcone, nieprawdopodobne, niewiarygodne. O normalne szaleństwo, po prostu. Lub szaleńczą normalność. Šabach to wędkarz, który łowi – od członków rodziny, znajomych, sąsiadów – tylko takie ryby (czytaj historie), które w głowie się nie mieszczą. A są. To autor spod znaku facecji. Kolekcjoner anegdot, uwielbia je, szczególnie te z puentą. Przykład (z książki) kobieta w ogródku pada nagle na kolana i przeczesuje trawę obiema rękami, jak furiatka, mąż pyta, o co chodzi, ona mówi, że zgubiła kolczyk, szukają razem, bez skutku, on ją pyta, zły już, jak to się mogło stać, ona, wściekła za tak głupie pytanie, mówi „a tak!" i zdejmuje drugi kolczyk z ucha i rzuca go na trawę. Po półgodzinie znajdują, ale tylko ten pierwszy.

TŁUMACZENIE: Julia Różewicz (myślę, że *Bellevue* byłby jeszcze lepszy w czasie teraźniejszym). Wydawnictwo Afera, Wrocław 2011.

PS Petra poznałem dopiero co, był gościem na tegorocznym Międzynarodowym Festiwalu Opowiadania we Wrocławiu. Jeśli Petr miałby być barem, to o nazwie „Świat". Jeśli ja, to jakimiś jego okolicami. A jeśli Petra porównać by do dania barowego, to byłby golonką (dobrą) z piwem (dobrym). A ja kaszą gryczaną z sosem i pięćdziesiątką (niedopitą). Raz Petr wyszedł na miasto beze mnie, potem już nigdy tego nie robił. Wszedł do jakiejś, wydawało mu się, że restauracji, chciał tylko piwo, a kazano mu okazać dowód, spisano jego adres i personalia. Trochę był przerażony, ale myślał, że tak u nas trzeba. Wypił piwo, wyszedł, obrócił się i zobaczył, że wszedł do kasyna. Trzymaliśmy się więc razem, między centralnymi planetami festiwalu, księgarnią „Tajne Komplety" a restauracją „Literatka", bujaliśmy się jak dwaj sczepieni ze sobą kosmonauci. Dokumentnie ignorując przyciąganie ziemskie.

Książki najlepiej smakują z dżemem

Petr Šabach, *Masłem do dołu*
przeł. Julia Różewicz
Wydawnictwo Afera, Wrocław 2013

Drogi Petrze,
    na Dworcu Centralnym w Warszawie kupiłem Twoją trzecią już u nas książkę[*], *Masłem w dół*. Wsiadłem do pociągu, otworzyłem i zacząłem, po czym w Katowicach zamknąłem i skończyłem. Zrobiwszy tym samym z Ciebie autora literatury wagonowej. I browarowej, jakby było mało, miałem cztery piwa, ostatnie skończyłem na zdaniu zamykającym książkę: „Dopisać jakiś ładny koniec!".
    Uraczyłeś mnie znowu swoją gawędą literacką, bo przecież gawędziarz z Ciebie biesiadny. Opowiadasz o dwóch podstarzałych kogutach, którzy ze względu na lęk wysokości nie wskoczyliby już na żadną kurę i którzy w wieku lat stu dwudziestu podzielić przez dwa chodzą sobie po swo-

---

[*] Poprzednie: *Gówno się pali*, przeł. Julia Różewicz, Wydawnictwo Afera, Wrocław 2011, *Podróże konika morskiego*, przeł. Julia Różewicz, Wydawnictwo Afera, Wrocław 2012.

jej zagrodzie i wydziobują z niej okruchy dnia powszedniego. Jeden z nich to malarz, specjalista od instalacji ruchomych, ponieważ kiedyś przewoził autostradą swój obraz na bagażniku samochodu i tenże mu spadł. Drugi to narrator, którego ulepiłeś na podobieństwo Twoje, klon Twój.

Masz ojca, którego odwiedzasz w Domu Starców i golisz, lecz Twój ojciec nie ma syna, bo Cię już nie poznaje. Poza tym jest zjadliwy, podczas jednej z wizyt łapiesz go *in flagranti* z ulubioną Twoją książką, którą on je, karta po karcie. Danie bogato urozmaicone, ilustracjami. I wcale nie postne, każda strona posmarowana uprzednio dżemem. Zazdroszczę Ci, że tak od niechcenia potrafisz rozszerzyć definicję mola książkowego. I zazdroszczę tych przednich anegdot jak ta z Muzeum Figur Wojskowych Madame Tussaud mąż chce wystraszyć żonę, kiedy ta gdzieś skręca, on niby się gubi i ustawia się jako jedna z figur, udaje mordercę, dusiciela, wyciąga przed siebie ręce, wykrzywia twarz i czeka, żona jednak nie trafia do tej sali, a naprzeciwko niego staje starsza kobieta i się patrzy, z lornionem, dziesięć minut lustruje każdą część jego ciała, a mąż nie może drgnąć, bo boi się, że jak się ruszy, to ta dostać może ataku serca. Długie minuty tortur, bez ruchu, z wykrzywioną twarzą i wyciągniętymi rękami, z potem na twarzy i plecach, a żona gdzieś tam na kawie.

Pierwszą połowę książki czytam tyłem do jazdy, Twój narracyjny ogień raz pali się, raz tli, czasami sam sobie wpadasz w słowo. Drugą połowę czytam przodem do jazdy, bo muszę się przesiąść (kobieta z dzieckiem), wtedy dokładasz do pieca i z ogniska bucha. Masz wnuczka, któremu kupujesz na urodziny szczudła, i na tych szczudłach dojdzie on do piekła, w którym smażyć się będziecie w dwójkę. Masz córkę, córka ma męża, Twojego zięcia, ale on nie ma jej, Twojej córki, ani jego, tego wnuka Twojego, który ma ojca, ale nie tego, który nim jest. Rozrzucone bierki, wiem, ale Ty je precyzyjnie od siebie pooddzielasz.

No dobra, Šabachu, dzięki za podróż. Do świata, w którym ktoś dostaje prezent oprawiony we własną skórę. A dwoje ludzi, którym brakuje na dwa bilety, kupują półtora, normalny i dla psa, grając w „kamień, papier, nożyce", kto będzie na smyczy (barmanka zamawia u nich szczenięta). W którym rogale kładą się na talerzu bokiem, jak umęczone zmęczeniem bawoły, ludzie głowią się nad tym, ile waży bocian, rodziny siedzą przy stole jak kukiełki, które ktoś zapomniał schować do szafy, obudzeni telefonem ludzie przeczą temu, że spali, jakby spanie było czymś wstydliwym. W którym nagle pojawia się Tadeusz Różewicz, a głównym rynkiem, na którym dokonuje się transferu myśli, jest knajpa o nazwie „Cisza".

Pietuszki

Wieniedikt Jerofiejew *Moskwa–Pietuszki*
przeł. Andrzej Drawicz
Wydawnictwo Literackie, Kraków 2007

Książka niewielka, a wymiar: o Jezu. Słynna ona i sławna na świecie całym, słynne już pierwsze jej zdanie lokatora, który od Kremla na rzut kamieniem mieszka: „Wszyscy mówią «Kreml, Kreml», od każdego to słyszę, a ja sam ani razu Kremla nie widziałem".

Jeśli zdarzy się wam być w Moskwie, idźcie na Dworzec Kurski. Zobaczycie tam faceta z walizką, którą trzyma na piersiach. Walizka jest z kamienia lub brązu, ten, który ją trzyma, również. Pod pomnikiem tym, u nóg pisarza, często stawia ktoś wypitą flaszę.

Pod koniec życia, kiedy był już sławny, udzielając wywiadów dla ekip telewizji zachodnich, mówił do kamery przez mikrofon przytkany do gardła, miał raka.

Moskwa–Pietuszki to poemat o chlaniu, ekscesywnym. Autor/narrator, sam siebie „Wienia", względnie „Wieniczka" zwący, jedzie pociągiem z Moskwy do Pietuszek, kilometrów około stu piętnastu, żeby odwiedzić swoją ljubę, z rudymi warkoczami do samego zadu. No i jedzie, to wszystko, a jaka odyseja!

W dzień wyjazdu Wienia budzi się o świcie w jakiejś bramie, na jakichś schodach. Świt to czas poniżenia i hańby człowieka. Bo sklepy zamknięte, alkoholu ni chuja. Wyimaginowani aniołowie jego w ilości sztuk trzy mówią mu, żeby szedł na dworzec, tam w knajpie może się nad nim politują i poleją mu jerezu, ale tam się nie litują i Wienia przy pustym stole siedzi, i cierpi. Wszystko na świecie powinno się dziać powoli i nieprawidłowo, żeby człowiek nie wpadł w pychę, żeby człowiek był smutny i zagubiony. Żeby nie zwariować, żyrandolu się czepia, żyrandol nad nim duży i ciężki, jakby tak się zerwał i spadł komuś na głowę... Człowiek sobie siedzi, pije swój jerez, a tu żyrandol! No tragedia. Ale czy naprawdę tragedia? Bo jeśli na przykład człowiek sobie siedzi, a nie pije jerezu, bo mu nie dali, i nie może on pozbyć się kaca, a tu nagle żyrandol, to jest myśl, którą nie każdy wytrzyma! A już na pewno nie ten, który ma kaca... A jakby tak, jakby tak zaproponowano mu coś takiego, dostaniesz zaraz osiemset gramów jerezu, ale za to odczepimy żyrandol nad twoją głową...

Rosyjski pijany pociąg Jerofiejewa wlecze się z Moskwy do Pietuszek na pijanych szynach. Pijani pasażerowie nie mają biletów, pijany konduktor wystawia im mandat w wysokości jednego grama za przejechany kilometr, karę tę kasując na miejscu. Pijane kobiety mają wybite przez pijanych kochanków zęby przednie. Wśród tej otępiałej alkoholem ludzkiej bryły są tacy, którzy wyglądają, jakby dostali właśnie karę śmierci. Chlanie na zabój, czasami z klasą, to jest, co prawda, wprost z butelki, ale odrzucając głowę do tyłu jak pianista. Picie jako religia, wódą czuć tu nawet Pana Boga.

Ludzie, weźcie to i przeczytajcie. I pamiętajcie, nie można polegać na opinii człowieka, który nic jeszcze nie wypił na kaca.

O szczurach i ludziach

Stig Dagerman, *Niemiecka jesień.*
Reportaż z podróży po Niemczech
przeł. Irena Kowadło-Przedmojska
Wydawnictwo Czarne, Wołowiec 2012

Są dwa powody, dla których warto przeczytać tę małą książkę. A każdy z nich wystarczyłby osobno. Po pierwsze, po to, żeby dowiedzieć się i zrozumieć, że ci nasi sąsiedzi, patrząc na mapę ci z lewej, też wtedy cierpieli. Cierpieli w czasie wojny, żyjąc jak roztocza pod dywanem alianckich bomb, cierpieli po wojnie, żyjąc w ruinach i piwnicach. W nocy w stadach jak szczury, w dzień jak węszące za żarciem wygłodniałe psy. Oni sami sobie zgotowali ten los? Odpowiedzialność zbiorowa? No właśnie, ma sens czy nie w przypadku Niemców? Można się nad tym zastanawiać, po raz enty, fakt, ale temat to przecież zawsze frapujący. Uprzedzając komentarze jadowitych internautów w rodzaju „dostali nauczkę", odpowiadam za autorem, że „głodni za głód nie winią siebie". I jeszcze to, warte przemyślenia, jakby dedykowane nam, Polakom:

„Własne cierpienie przytępia wrażliwość na cierpienia innych".

Po drugie, warto dlatego, żeby poznać szwedzkiego protoplastę Jamesa Deana i Marka Hłaski. Ten pierwszy miał, tak jak on, sławę, samochody i w samochodzie skończył, drugi miał sławę i jak on, popełnił samobójstwo. Młody, bardzo młody, bo dwudziestotrzyletni szwedzki pisarz przyjeżdża w roku 1946 do Niemiec. Wysiada w Hamburgu, patrzy, słucha i zapisuje, jedzie na południe, aż do Monachium, robi to samo, potem wraca przez Zagłębie Ruhry do Hamburga i stamtąd do Szwecji. Z kilkunastu korespondencji, które wysyła do szwedzkich gazet, wychodzi książka *Niemiecka jesień*.

Hamburg, Stig Dagerman, a w zasadzie Stig Halvard Jansson, bo Dagerman to pseudonim znaczący po szwedzku „światło dnia", jedzie kolejką. Pasażerowie wiedzą, że on nie stąd, że obcy. Obcy patrzą przez okno, miejscowi przed siebie. Kupił bilet i jako widz, nie pasażer, patrzy na scenę, po której przeszła wojna. Widzi ją jak scenografię, ściana frontowa jednego ze zbombardowanych domów wygląda jak „w popularnych sztukach teatralnych, widz oglądać może życie na kilku planach jednocześnie". A za chwilę: „Ale życia w nich nie ma". Ręka świerzbi, żeby zamienić mu to na: „Ale aktorów nie ma, zniknęli ze spalonego teatru". Nic za to ani dodać, ani ująć tu: „Kaloryfery wczepiają się w ściany jak duże, przerażone zwierzęta". A dalej takie zdanie: „Zdarza się, że opadają i zabijają kogoś, kto szuka węgla". Wchodzi mi ono w krew, ale nie od razu dochodzi do mózgu. Może dlatego, że jadę mniej więcej tą samą trasą, którą on wtedy, bom akurat w Hamburgu. Po czasie dopiero przedstawiam sobie sytuację następującą: ktoś przeżył horror tej niemieckiej wojny, powiedzmy, że jakiś niemiecki komunista więziony i torturowany w Dachau, udało mu się przeżyć i wrócił do swojego miasta. I zginął. Od spadającego kaloryfera. Ponieważ szukał węgla. Żeby nie zamarznąć. Taki absurd właśnie to jeden z najśmielszych numerów, jaki wywija nam nieobliczalna rzeczywistość.

Niemcy żyją jak „w zimnym deszczowym piekle". Twarze ludzi mieszkających w bunkrach są jak „ryby wynurzające się na powierzchnię, żeby zaczerpnąć powietrza". W lesie wraki wypalonych samochodów wyglądają jak „puszki po konserwach", jakby „niechlujni kempingowicze zaśmiecili najlepiej utrzymane lasy świata". Z całego zbombardowanego domu zostaje tylko brama z numerem, zasypane gruzem szyldy byłych sklepów wyrastają spod niego jak „napisy nagrobne". Okna pociągów albo zabite płytami, wtedy źle, bo ciemno, albo bez płyt, wtedy też źle, bo deszcz leje się do środka. Dagerman jedzie w przedziale na osiem osób, w sumie jest ich dwadzieścia pięć, wszyscy skąpani w pocie własnym i cudzym, stojący na jednej stopie, ale „można w ogóle nie stać na żadnej stopie, i tak się nie upadnie".

Gdzie indziej takie coś: rodzina idzie do dentysty, mężczyzna wychodzi do ogrodu, w poczekalni zostaje jego mała córka, żona i matka, w dom trafia bomba, giną wszyscy, dentysta, pielęgniarka i trzydzieści osób, i teraz on „krąży po wiosce jako wędrujący kamień upamiętniający drugą wojnę światową".

Polecam też rozdział *Sprawiedliwość*, o procesach denazyfikacyjnych. Niemiecki ruch oporu polegał z grubsza na tym, że wszyscy słuchali zagranicznego radia. No i przyjaźni byli wobec Żydów, na co po wojnie mają świadków, tychże właśnie. (Żyda, który odciążał oskarżonego, kupić można było za kilkaset marek).

Akcent polski: „Duże czerwone plakaty na słupach peronu: poszukuje się zbiegłego polskiego mordercy, byłego strażnika w obozie koncentracyjnym, wzrost sto sześćdziesiąt osiem centymetrów, uzbrojony w pistolet".

W pewnym momencie podróży poznaje młodą węgierską Niemkę, która tęskni do Budapesztu. Pada zdanie: „Dwa razy usiłowała odebrać sobie życie [...]. Teraz cały dom czeka na trzeci raz". Zapisując je, autor musiał mieć chyba mieszane uczucia. Streszczam życiorys Dagermana: jego matką była babcia, ojcem dziadek. Ponieważ prawdziwy ojciec zmył się od razu, matka jeszcze trochę z nim sobie pobyła, ale kiedy skończył siedem lat, tak się z nim zabawiła w chowanego, że nie znalazł jej już nigdy. Pierwszą próbę samobójczą podjął już w wieku młodocianym, pierwszy sukces literacki też przyszedł szybko, po *Niemieckiej jesieni* pisze *Wyspę przeklętych* (pięciu mężczyzn i dwie kobiety na bezludnej wyspie, ich halucynacje, dramat spod znaku „piekło to inni"), ostatnią część, sześćdziesiąt stron, w jednym ciągu przez czternaście godzin. Fetowany, ubóstwiany, hojnie opłacany. Kupuje samochody, opętany nimi pędzi z maksymalną szybkością, pokazuje śmierci język, droczy się z nią, flirtuje. Dopada go blokada, nie może pisać, następują kolejne próby samobójcze. Nie udaje mu się ani pierwsze małżeństwo, ani drugie, miota się, jego stany emocjonalne zapętlone są jak rollercoaster. Wchodzi do garażu i z niego nie wyjeżdża, w ostatniej chwili próbuje się ratować, za późno, dusi się spalinami. Dosyć blada wtedy literatura szwedzka pobladła jeszcze bardziej.

Temat gruzów i grasujących po nich szczurów i ludzi okupuje dla mnie jednak inny autor. Nadzieja literatury niemieckiej w czasach powojnia. Krótkotrwała, Wolfgang Borchert umarł na gruźlicę, mając lat dwadzieścia siedem, w 1947 roku. Z jego opowiadań najbardziej znane jest *Przecież w nocy szczury śpią! (Nachts schlafen die Ratten doch!)*. Niespełna trzystronicowy ten tekst jest dziś w Niemczech lekturą w klasach licealnych. Pozazdrościć. Mamy dobrą literaturę obozową (Borowski, Pankowski), lecz bitwę o czasy powojenne przegrywamy. Streszczam opowiadanie: ruiny, starszy mężczyzna znajduje siedzącego na ziemi dziewięcioletniego chłopca, który nie je i nie śpi, chłopiec wyjawia mu, że pilnuje leżącego w gruzach młodszego martwego brata, żeby go szczury nie zjadły, mężczyzna pyta, czy pan w szkole nie mówił, że w nocy szczury śpią, bo jeśli nie, to niech ten nauczyciel zmieni zawód. Chłopiec mu wierzy, mówi, że popilnuje brata do zmierzchu i pójdzie sobie.

Zamaskowany demaskator

Günter Wallraff, *Z nowego, wspaniałego świata*
przeł. Urszula Poprawska
Wydawnictwo Czarne, Wołowiec 2012

Jutro wychodzę na Polskę, jako ksiądz. Nerwowy jestem. Ćwiczę krok. Chodzę po pokoju ze złożonymi dłońmi i lekkim przechyłem ciała i głowy. Nie chodzę, sunę. Bezszelestnie, jak łabędź. Twarz zrobioną mam na jabłuszko pociągnięte przez krowę językiem, sutannę mam, świadectwo święceń mam, wszystko mam, przygotowany jestem perfekcyjnie. Przyjechałem na krótki urlop, z plebanii za granicą, jakby co.

Pojeżdżę sobie po kraju i zbratam się z tymi braćmi w wierze, którzy mają predylekcje. Którzy dzieciom do połykania podają nie tylko hostię. Rzucę żartem typu, że chory jestem na AIDS i że co to za czasy, że własnym ministrantom nie można wierzyć. Pokażę parę rysunków, na dowód, żem z tej samej branży. Taki na przykład, pierwsza komunia, dzieci klęczące z otwartymi ustami. Coś w stylu, pijcie ze mnie wszyscy.

Mam ukryte minikamery i mikrofony, chodzą za mną moi ludzie, z kamerą. Mało tego, zgłoszę się sam do najwyższych władz Kościoła i przyznam moją ułomność, nic mi przecież nie zrobią, zainkasuję zjebkę i to wszystko.

Moje nagrania będą emitowane w TV i odbiją się takim echem, że nie pozostanie mi nic innego jak wydanie książki (*Rudnicki Undercover!*). Będę *wanted*. Lis zaprosi mnie do swojej nory i nie będzie się mógł nadziwić, jak przechytrzyłem wszystkich, Wojewódzki, trzęsąc się i krzycząc „aplauz, aplauz!", zapowie mnie jako najważniejszego gościa w swoim „Muppet show".

A potem zniknę krótko z medialnej powierzchni, a prasa dociekać będzie, jakim to nurtem popłynąłem i gdzie wypłynę. A ja zdemaskuję się znowu, jako dziennikarz brukowy „Faktu" i „Super Exspressu", i wyłożę brudne metody ich pracy na stół, ale będzie. Od mojego nazwiska powstanie czasownik, „rudnickować" będzie znaczyło tyle co kompromitować, uprawiać ryzykowne dziennikarstwo zaangażowane. A dzieci mówić będą „nie rudnickuj" zamiast „nie podskakuj".

Książka odniesie niebywały sukces. Zostanę człowiekiem instytucją. Zamożną, i szlachetną, tantiemami obdaruję potrzebujących, tych, którzy tak jak ja kiedyś, spłukani są jak muszla klozetowa (na dworcu w Kędzierzynie-Koźlu). Tak mniej więcej wyglądałaby moja kariera, gdybym był polskim Wallraffem. To jest, gdybym przebrany na przykład za Wallraffa wykonał to, co powyżej.

Günter Wallraff to człowiek, którego nazwisko nawet w języku szwedzkim służy jako synonim zbierania (kompromitujących) materiałów przy użyciu fałszywej tożsamości.

Ten niesamowity gość, uosobienie dziennikarstwa uczestniczącego, był moją pierwszą miłością po przyjeździe do Niemiec w latach 80. Jego książkę, demaskującą robienie szmaty pod tytułem „Bild", łyknąłem jak setkę, na raz. Z podobnym skutkiem, zatkało mnie tak, że zapomniałem o popitce. *Der Aufmacher* (nagłówek, wstępniak) był bombą, której eksplozja zmusiła ten megadziennik do remontu, „Bild" ucywilizował się. To jest nadal jest szmatą, ale już nie tak brudną. Ucywilizował się więc, a co za tym idzie, ucywilizowali się jego czytelnicy. A co za tym idzie, ucywilizował się niemiecki lud prosty.

A potem Wallraff znowu zatonął i odezwał się, z samego dna Bundesrepubliki. Sondował rzeczywistość, wypożyczając sobie tożsamość Turka. Zszargał sobie zdrowie, wykonując najbardziej podłe prace w zakładach Thyssena. W książce *Na samym dnie* Wallraff alias gastarbeiter Ali był niewolnikiem, kolonizatorami – niemieccy przedsiębiorcy. Pomyślałem wtedy, jak mocno ten Wallraff kochać musi Niemcy, żeby ich aż tak nienawidzić.

A teraz jego najnowsze kreacje *Z nowego, wspaniałego świata*. Osiem rozdziałów, pięć razy Wallraff jako kto inny, z premierową rolą na wózku inwalidzkim. Całość pilotuje *Czarne na białym*, tu wędruje sobie po Niemczech pewien Somalijczyk stosunkowo dobrze mówiący po niemiecku. Dla naszego ksenofobicznego skansenu: „Lecz lęk przed odmiennością, podobnie jak antysemityzm, ma niewiele wspólnego z realnymi doświadczeniami, występuje nawet tym częściej, im rzadziej ludzie stykają się z obcymi". Lub to: „Wiadomo, że niemała część społeczeństwa potrzebuje rasizmu jako ideologicznego spoiwa, żeby umocnić się w swojej narodowej tożsamości i wspaniałości. Badania mówią, że trzydzieści do sześćdziesięciu i więcej procent ogółu – to ogromna rozpiętość – ma uprzedzenia rasistowskie. Można więc przyjąć, że około jedna trzecia Niemców to rasiści".

Parę rodzynków. Z brawurową odwagą miesza się w pociągu z kibolami. Czarny w paszczy lwa. Gdyby nie interwencja policjantki, tytuł rozdziału zyskałby dodatkowe znaczenie ze względu na gips. Chce wynająć mieszkanie, właścicielka odmawia, a następnym, podstawionym zainteresowanym mówi: „Co państwo myślą, jak taki zacznie gotować, to cały dom będzie czuć tymi ich przyprawami!". I tu, wcale nie mała, uwaga. W Luksemburgu piętro niżej wprowadzili się czarni. Paliłem w oknie, teraz już nie, smród smażonej jakiejś ryby chwyta za gardło i dusi. Przez korytarz przebiegam, zatykając nos palcami. Co teraz, udawać przed samym sobą, że nie śmierdzi, kiedy śmierdzi? I jak z tym żyć, kiedy zapach ten penetruje moje mieszkanie, kiedy tylko otworzę okno lub drzwi? To nie jest takie proste, lieber Herr Wallraff, ja Panu takich sąsiadów nie życzę. Jako bezdomny prosi koczujących o miejsce na noc w bramie przy ulicy, w zimie. Robią mu miejsce, to nasi menele, ambasadorzy Polski za granicą. Nie dość, że robią mu miejsce, to jeszcze jeden z nich oddaje mu kubek z pieniędzmi, które wyżebrał przez dzień: „Bierz, bracie, powiedział i zaproponował mi swoje miejsce do spania nad kratą, gdzie z piwnic wydostaje się ciepłe powietrze. Chce mi się płakać ze wzruszenia...". Gest, którego na drugi dzień nie pamięta, mało tego, nikt z polskiej „delegacji" nie może przypomnieć sobie nawet samego Wallraffa. Gest mamy, po pijaku, jak Unia wobec Grecji. Przykład *par excellence* na zamknięty obieg pieniądza, który tu, tą drogą, wraca do niemieckiego podatnika.

Świat telemarketerów. Ci, którzy mają za mało „strzałów", czyli wyłudzonych od rozmówców numerów kont bankowych, telefonować muszą na stojąco, za karę. Żeby widzieli ich ci, którym ilość „strzałów" pozwala siedzieć. Stoją jak w klasie, tylko że nie w kącie, ale pośrodku.

Fanatycy zysku, opętani nim jak islamiści Koranem. Jakiś rodzaj telefonicznego obozu koncentracyjnego, odszczepieńcy zamiast wisieć, stoją.

Napisałem „rodzynki", bo całe ciasto przełyka się jak tabletki bez popicia. Dwa pierwsze rozdziały (czarny i bezdomny) do czytania zdatne. Potem jakby ktoś przebił książce dętkę, powietrze z niej uchodzi. Rozdział, w którym autor pracuje jako telemarketer, jeszcze się broni, plaga niechcianych telefonów zalewa nas również, ale potem już coraz większy syk. Czytając ostatnie, o nieuczciwych prawnikach i niemieckiej kolei, zastanawiam się, dlaczego wyrządzam sobie samemu taką krzywdę, czytając to. Co mnie obchodzą te wszystkie tam mobbingi, kruczki prawne, problemy rad zakładowych i przepisy BHP? Ostatni rozdział o niemieckiej kolei to tak silne wyzwanie dla mojej tolerancji, że ta kapituluje, czytam samymi tylko oczami, bez mózgu. I myślę samym tylko mózgiem, bez oczu. Dlaczego nie zdecydowali się na wydanie czegoś w rodzaju „The Best of"? Duże fragmenty z *Aufmacher*, z *Na samym dnie* i pierwsza połowa *Z nowego wspaniałego świata*. A wydali to, co wyszło. Żebym ślęczał nad tym. I myślał, dlaczego to wydali, a nie wydali czegoś w rodzaju... i tak dalej.

Trudno. Książka jest. I nie wiem, co z tym fantem zrobić. Mocno, bardzo mocno interesować trzeba się tym, co tam w niemieckiej trawie piszczy. W tym sensie rzeczy tylko dla znawców tematu i zagorzałych fanów naszego Wielkiego Sąsiada.

Ja tam wracam ochoczo do *Toksymii* Małgorzaty Rejmer. Przegapiłem, nadrabiam. Czytam i coraz myślę tak, to ja ciebie szukam i szukam, a ty tu jesteś, prozo polska!

Szekspir? to nie on!!!

Kurt Kreiler, *Der Mann, der Shakespeare erfand*
(pol. *Człowiek, który wymyślił Szekspira*)
Insel Verlag, Frankfurt am Main 2009

Niech was ręka boska broni przed przeoczeniem tego tekstu! I nie osuwajcie się po nim pionowo, jak kropla deszczu po szybie. Tylko poziomo, zdanie po zdaniu. Bo ważny on jest. Nad wyraz. I nic z tych rzeczy typu, ach tam, już o tym słyszałem, dziennikarskie sensacje. Nie, nie. To prawda, pokroić się dam, powsadzać do słoików i zamknąć w gablocie, S z e k s p i r a   n i e   b y ł o! To znaczy był, ale to nie był on! To Edward de Vere. Fakt, ten spór toczy się już od dawna, od roku 1920, są dwa obozy, oksfordzki i stratfordzki, zaraz wam wszystko wyjaśnię, ale dowody na to, że to de Vere, są dziś nie do zbicia. Udowadnia to ostatnia na ten temat praca, *Człowiek, który wynalazł Szekspira*. U nas coś już się tam na ten temat bąkało, za mało jak na taką sensację. Z Szekspirem Williamem było tak, że urodził się w miasteczku Stratford-upon-Avon i żył rzeczywiście, ale to już w zasadzie wszystko. Ojciec ze stanu chłopskiego, później radny, ale ponad swój stan nie podskoczył, poza tym źle prowadził interesy, rodzina zubożała. Matka ze stanu szlacheckiego, ale bez znaczenia, jedyne, co jej wyszło, to dzieci z brzucha, William miał ośmioro rodzeństwa... W przeciętnym mieście kończy coś w rodzaju dzisiejszej przeciętnej szkoły średniej, w której, poza łaciną, poziom jest przeciętny. Potem żadnych studiów, nic, koniec edukacji geniusza dramatu. Jeszcze niepełnoletni żeni się w trybie przyśpieszonym z osiem lat starszą kobietą, która sześć miesięcy później rodzi im córkę, a po dwóch latach bliźniaki, i to w zasadzie wszystko, co Szekspir uczynił był dla ludzkości. Dalej jest dziura jak Berlin, opuszcza Stratford, nurkuje gdzieś i po latach wychodzi na powierzchnię w Londynie. Trochę występuje jako aktor, ale bez sukcesu, udaje mu się za to zdobyć małą fortunę, inwestuje w kamienice, udziela pożyczek, staje się dobrze prosperującym udziałowcem teatralnym („The Globe"). Pieniądze posyła do Stratford, rodzinie, tam też inwestuje w nieruchomości, tam też wraca i jako bogaty człowiek, w wieku lat pięćdziesięciu dwóch umiera. Gdzie, kiedy, jakim cudem ten samouk z prowincji, w ciągu tych paru lat, o których nic nie wiadomo, stać się mógł dramaturgiem o nieporównywalnej sile języka, nieziemskiej wyobraźni, dogłębnej znajomości sztuki, ludzkiej natury i niesamowitym wykształceniu w literaturze klasycznej, naukach przyrodniczych i wysublimowanych manierach dworskich? Hę? Jak? Dlaczego nikt z ówczesnych w Londynie nie odnotowuje spotkania z nim, jeśli miałby być w tym czasie już sławnym autorem? Również w jego rodzinnym mieście, nigdy, do samej jego śmierci? Nie zachował się też żaden rękopis, żaden pisany ręką szkic, nie ma niczego, co napisane byłoby jego ręką, nikt też, żaden z ówczesnych pisarzy i luminarzy kultury, nie odnotował jego śmierci, dlaczego? Ponieważ nikt nie łączył go z autorem kongenialnych sztuk. Jedyne, co zostało po nim namacalnego, to testament. Ma trzy strony i tyle wspólnego z ostatnią wolą wielkiego twórcy co on sam z Hamletem. Jest praktyczny i przyziemny jak piorunochron, córka dostaje na przykład dom wraz z „zastawą stołową i sprzętem gospodarstwa domowego", żona zaś „drugie najlepsze łóżko w domu". No rzeczywiście, testament światowego geniusza, ostatnia, cała wola życia największego poety wszech czasów, tylko i wyłącznie szczegóły związane ze stanem majątkowym. Ani słowa o dziełach, prawach autorskich i niewydanych jeszcze sztukach! Nieprawdopodobne, że przez tyle stuleci ten Szekspir ze Stratfordu funkcjonował jako wiekopomny autor. Być może tylko dlatego, że nikt tego nie kwestionował. Aż do roku 1920, wtedy dopiero pojawia się nazwisko Edward de Vere i powstają dwa obozy: stratfordczycy optują za dotychczasowym Szekspirem, oksfordczycy za Edwardem. Prosiło się, żeby był to dworzanin, arystokrata o literackich zainteresowaniach i odpowiednim wykształceniu. Arystokrata, bo tenże właśnie miałby powody, aby ukrywać swoją namiętność do teatru, kunsztowne sonety wtedy jakoś jeszcze mu uchodziły, okazjonalne pisanie dla teatru dworskiego tudzież, ale już klecenie sztuk dla plebejskich teatrów skompromitowałoby go doszczętnie. Prosiło się i jest, Edward de Vere, hrabia von Oxford. Gwiazda na dworze Elżbiety I, poeta, entuzjasta teatru, podziwiany przez ówczesnych krytyków, którzy nazywali go najlepszym autorem komedii, przy czym teatru dworskiego, nie zaś tego dla plebsu. Wykształcenie na najwyższym, renesansowym poziomie, już od dziecka. Po śmierci ojca, w wieku lat dwunastu, wychowuje się w londyńskim pałacu, pod pieczą skarbnika królewskiego, prawej ręki królowej. Jego tutorem jest wujek (Gording), sławny tłumacz łacińskich klasyków, przede wszystkim *Metamorfoz* Owidiusza, czyli najczęściej cytowanej lektury „Szekspira"! Ślub bierze z córką ministra, na bankiet do zamku prosi królowa, która później daruje mu zamek i, na znak najwyższej łaski, publicznie całuje go w usta. Nie znaczy to, że życiorys jego bez wybojów, rujnuje go luksusowy tryb życia, ale dostaje od królowej dożywotnią rentę, nie wiadomo w zasadzie za co, grupa oksfordzka przypuszcza, że za obietnicę nieogłaszania dzieł pod własnym nazwiskiem. Rozchodzi się z żoną, ma romans i nieślubne dziecko, królowa wtrąca go do wieży, skazuje na banicję i dopiero po dwóch latach, po formalnej zgodzie z żoną, pozwala powrócić mu do łask. De Vere, że się tak wyrażę, celował w turniejach rycerskich, szczególnie w miotaniu włócznią. Autor książki stawia przekonywującą tezę, że Edward, aby móc publikować, wymyślił sobie pseudonim Shake-speare, z myślnikiem właśnie, co oznacza po prostu miotacz włócznią i stanowi też aluzję do jego bogini literackiej Pallas Ateny, z włócznią przecież tudzież. Po jakimś czasie mogło dojść do pomyłki łudząco podobnych nazwisk, nie całkiem jednak takich samych nazwisk, kupiec z miasteczka Stratford nazywał się William Shakspere, nie zaś Shake-speare. Dalej, spis sztuk pod nazwiskiem Shake-speare zaczyna się w roku 1598, kończy zaś 1612, w roku, w którym umiera Edward, co za przypadek, prawda? Omijam inne wątki („łabędzi z Avon"), jedno tylko jeszcze: problemem obozu oksfordzkiego było to, że de Vere był o czternaście lat starszy, co nie pasuje do hipotezy chronologii dzieł, musiałyby powstać one wcześniej.

I powstały, czas powstania samej sztuki nie jest przecież znany, znana jest jedynie data stempla cenzury, dopuszczającej sztukę do publicznego wystawiana. Jeśli de Vere pisał przede wszystkim dla dworu, mogły minąć lata, zanim tekst, za jego cichym przyzwoleniem, jako anonimowy trafił na sceny powszechne. Jeśli komuś z was mało, służę deserem: rodzina de Vere ma w jednym ze swoich herbów lwa, który dzierży włócznię (*skahe spear*). A jeżeli ktoś z Was ma jeszcze wątpliwości, to – tu powtórzę się za pewnym angielskim krytykiem – niech niedowiarek ten, przy okazji jakiejś nowej, poronionej szekspirowskiej premiery otworzy dwóch tych ludzi trumny, przewrócony na bok leżał będzie na pewno Edward de Vere.

MIEJSCA

Luksemburg (Rue Jean Origer)

Znajduję się pod prysznicem, prysznic znajduje się nade mną, łazienka wokół mnie, wokół niej dom, wokół niego inne, wokół nich pola, lasy, autostrady i lotniska, słowem, jestem wrzuconym do wody kamieniem, który roztacza kręgi, im dalsze, tym słabiej widoczne. Woda kapie, nie leci, dlaczego? Jeśli ktoś myłby naczynia, rozumiem, ale nie mogę przecież jednocześnie stać pod prysznicem w łazience i przy zlewie w kuchni. Nie wiem nawet, czy jedno ma wpływ na drugie, to znaczy, czy woda lecąca w jednym pomieszczeniu osłabia własne swoje ciśnienie w pomieszczeniu drugim, skąd mam wiedzieć? Wiedzą to tylko ludzie, którzy mieszkają z ludźmi innymi. Więc przyglądam się temu wężowi jak obrażony myśliwy i widzę, że leci po nim woda, że ma jakieś upławy i ona, ta woda, po nim się snuje. Czego efektem końcowym jest strużka na otarcie łez, którą dostaję na łeb z góry.

Teraz znajduję się w drodze do odpowiedniego sklepu, w którym w atmosferze wielkanocnych zakupów zamierzam kupić odpowiedni wąż. Gehenna z prysznicem trwa nie od dziś, ale dziś „wal się", powiedziała do mnie cierpliwość, po czym wyszła, trzaskając drzwiami tak, że została mi tylko wnęka między nimi a licem ściany, czyli framugą. Nie dziwię się jej, ile można stać na przystanku „Boże, zmiłuj się" i czekać, aż niebo przestanie skąpić suchemu człowiekowi kropli deszczu?

W sklepie, w odpowiednim dziale, po uprzednim rozdarciu folii z produktu nowego, porównuję ze sobą dwie końcówki dwóch węży. Dlaczego dwóch? Opuściła mnie cierpliwość, ale nie inteligencja, jak, kiedy wrodzona? Aby mieć pewność, że kupię wąż należyty, wziąłem ze sobą stary. Mało tego, odkręciłem go uprzednio, żeby nie wlec za sobą całej ściany. Ściana nie drzewo, sklep nie las. Wracam więc do domu z wężami w kieszeniach i podśmiechujki sobie urządzam, że niby jaki to ja skąpy. Po drodze nawiedza mnie myśl o kupnie świątecznych wiktuałów, skoro opuściłem już swoje jednoosobowe koszary. Kupuję trójcę przenajświętszą, chleb, masło i kiełbasę.

Pod domem, gdzie mieszkam, a gdzie rzeczka sobie nieopodal płynie, inteligencja nabyta podsuwa mi myśl przednią, po cóż ci, baranie, stary w domu wąż? Żeby ci zalegał wciąż? I jak się nie zamachnę jak lassem, jak się nie odwinę, jak on nie poszybuje do góry! A potem na dół i wprost do rzeczki nieopodal, i do wody, i do wody, i po nim, i koniec, płyń po morzach i oceanach! Wylewaj teraz swoje gorzkie łzy pod wodą, ty pogięta ruro!

W domu przykręcam wąż i odwlekam wejście pod prysznic. Postanawiam uraczyć się jadłem. Chleb jest, masło jest, gdzie ona?! Wypadła? Musiała wypaść po drodze, co za pech, to nie jest dobre dla człowieka. Chleb smaruję masłem i zaczynam jeść, ale nie w smak mi taki sandwicz z PRL-u. A na obiad zrobię sobie co, ziemniaki z kartoflami? Ubieram się, udaję w poszukiwaniu zaginionej, w końcu po węchu jakoś dojdę. Drzwi windy otwierają się, a ona sobie leży, w rogu, i uśmiecha się, ale niepewnie, wygląda jak źle nacięta, jakby widziała, żem zły i że takie numery mnie nie bawią. Jem, i to jest dobre dla człowieka, a następnie w łazience celebruję wejście pod prysznic. Rozbieram się, rzeczy składając pieczołowicie, jakby były to szaty liturgiczne. Wodę odkręcam i pysk rozanielony nadstawiam i czekam na śmigus-dyngus. Czekam jak kania dżdżu i co? I nic, kroplówka, i to nie jest dobre dla człowieka. Śniło mi się, że byłem w sklepie?! I śni mi się dalej, że wyrzuciłem to, co kupiłem, a zamontowałem to, co miałem wyrzucić? Zły jestem na siebie tak, że wymierzam sobie siarczysty policzek, nie pomaga, nadstawiam drugi. Co za dzień! Jaki kapłan wymyślił mi taką liturgię?

Teraz jestem nad rzeką. Rozglądam się, może nie popłynął, może się o coś zaczepił i wije się w miejscu? Już chcę iść za nim, rzeką, rzeka jest płytka i wszystko widać. Mam do wyboru dwa kierunki, iść pod prąd lub z biegiem, waham się, dochodzi do walki inteligencji wrodzonej z nabytą, lecz nie trwa to długo, wiem, już wchodzę do rzeki i nagle go widzę! Wisi nad wodą, zaczepiony o gałąź. Jak się do niego dostać, od strony wody czy drzewa? Zimno, jednak za zimno na wodę, wchodzę więc na konar drzewa i ostrożnie posuwam się naprzód. Na nogach, następnie na kolanach, bo konar coraz bardziej cienki, następnie czołgam się. I mam go w ręku, dziada, mam! I chcę się wycofać ze zdobyczą, robię ruch do tyłu i konar też, w dół. Miałem być bliżej brzegu, jestem bliżej rzeki. Coraz bliżej, jeden mój ruch, jedno tąpnięcie. No to kaplica, leżymy.

Czas, bo czas jak rzeka płynie, tylko ja wiszę. Jak tygrys w Afryce na drzewie, z czterema łapami w dół. Jak tygrys polarny w Afryce, bo mróz. Może spaść? I z tej wody się jakoś wydostać? A jak w niej zesztywnieję i nie wstanę? Jak zamarznę i płynąć będę siłą inercji? Z rozkrzyżowanymi ramionami? I obijać się będę o brzegi, i wracać do środka, i kręcić się wokół siebie samego, jak fala popchnie i wiatr zawieje? Aż wyciągną mnie, jednostkę dryfującą, osęką jacyś chłopi. I postawią na polu, i wbity w ziemię strach będę wzbudzał wśród okolicznych wróbli. I lewym bokiem będzie mi takie życie wychodzić, i będę próbował mimo wszystko śpiewać *Zawsze patrz na jasną stronę życia*, ale mi nie wyjdzie, bo z zimna nie będę mógł niczego wyartykułować. O nie, to już lepiej tu, trzymać się tego konara jak brzytwy i czekać, może się ktoś w tym pustym, cholernym Luksemburgu w końcu pojawi.

Ktoś się pojawia. Ojciec i syn. Ojciec jest starszy, syn jest młodszy. Widzę ich kątem oka, ale nie mogę się już odezwać ani poruszyć, zdrętwiałem.

– Tato? A co to jest, tam na drzewie?
– To rzeźba.
– Rzeźba? Że niby co?
– To rzeźba, która przedstawia Polaka.
– Polaka? Skąd wiesz, że Polaka?
– Byłem raz w Polsce. To dziwny kraj, dziwne zwyczaje, dziwni ludzie. Wszystko dziwne, nawet balkony. Niektóre udają, że nimi są, czekając na łatwowiernych, sęk w tym, że nikt nie wie które. W jednym mieście balkon pokazał swoją prawdziwą twarz wściekłej windy, kiedy weszła na niego cała rodzina, dziecko, ona w ciąży i on. I pod brzemieniem tej rodziny runął w dół, dziecko zmarło w szpitalu na od-

dziale reanimacyjnym, on wyszedł z tego z uszkodzonym kręgosłupem i tylko ona obronną ręką. Więc widzisz, synu, w Polsce palmy z kokosami nie rosną, rosną za to domy, z których opadają balkony, kiedy już dostatecznie dojrzeją. Roztrzaskują się o ziemię i tryska z nich czerwone mleko. A Polacy są trochę leniwi, u nas na przykład ogłaszają się w gazecie, że szukają pracy w charakterze „śpiącego policjanta", na nocki, wtedy jeździ im mniej samochodów po brzuchu. A jak byłem w Polsce, na Wielkanoc właśnie, to widziałem, że Wielki Piątek spędzają na drzewach. Wiszą na konarach z wężami w rękach. Polacy tak mają.

Trewir (Porta Nigra)

Czasami jest tak, że tematy zachowują się jak gołębie odchody, spadają mi po prostu na głowę. Oto teraz, obok mnie, wyrostek o wyglądzie robaczkowym rzuca kamieniem w mur. Od niechcenia, ale silnie. Nie przestając rozmawiać z innymi, bo siedzą w małej grupie, idzie po kamień, wraca, dalej rozmawia, znowu rzuca, wraca.

Ci inni tacy sami jak on, imigranckiej proweniencji. Ich niemiecki to ten dla napływowych charakterystyczny, gardłowe poszczekiwanie, przy czym szczekanie psa ma o wiele więcej wariacji. A ten mur to Czarna Brama (Porta Nigra), najstarsza rzymska budowla w Niemczech, z II wieku, a więc mająca o wiele więcej lat, niż liczy sobie zasób ich słów. A to miasto to Trewir. A ten, który siedzi i pisze, to ja, korespondent, który jak tak dalej pójdzie, stanie się wojennym. Bo te mniejszości narodowe w Niemczech idą mi coraz bardziej na nerki, jasna cholera, jak tak dalej pójdzie, to nie wiem, jaki tor przeszkód powstrzyma galopującego we mnie rasistę.

Spod Czarnej Bramy idę w kierunku dworca, przede mną idzie jakichś dwóch, coś do siebie pokrzykują w języku, którego ani nie chcę, ani nie umiem rozpoznać. Naprzeciwko idzie przechodzień, pokazują go sobie palcem i wyśmiewają. Obracają się za nim i komentują, pokazują sobie na jego skarpetki. Wyśmiewany to mężczyzna w średnim wieku, z klasą, stylem. Ma przykrótkie, wąskie spodnie i czerwone skarpetki. Niemiec, prawdopodobnie miejscowy. Oni to karłowate przykurcza z fizjonomią, która skutecznie przyprawia o radość z cudzego nieszczęścia. Pany chodnika, pany miasta. Wzorzec tego, jak się ma wyglądać. Jury, szeryfowie, policjanci z obyczajówki. Oni ustalają. Inni mogą wyglądać co prawda inaczej, ale nie aż tak za bardzo inaczej. Żeby nie było aż tak widać, że aż tak inaczej. Jeśli za bardzo inaczej, za bardzo nie tak jak oni, to oni, jako normalni, będą interweniować. Wpierdol na przykład mogą spuścić, jak się wkurwią. Wystarczy, jak podejrzany popatrzy na nich krzywo.

Idę dalej, na ławce żule. Nasze żule, nie wiem, czy z Polski, czy stąd. O twarzy tępej jak zima stulecia. Niegroźni troglodyci, zero agresji, nieszkodliwe chwasty i tak zaśmieconego już pejzażu, mało ich i nikogo nie pokłują.

Dworzec, przy nim Burger King i Kaufland. Siadam na stopniach do wejścia, zaraz obok grupki młodocianych kolorowych. Jeden z nich, nie przestając rozmawiać z innymi, pluje w dal. Od niechcenia, ale daleko, ślina leci aż pod słup z tekstem witającym turystów. Fragment:

Serdecznie witamy! Trewir jest najstarszym miastem w Niemczech. Monumentem historii czasu. Na fundamentach jego ponad 2000-letniej przeszłości ta była rezydencja rzymskich cesarzy prezentuje jedyną w swoim rodzaju kulturowo-historyczną ofertę. Historyczne pomniki o światowej randze UNESCO, dziedzictwo kultury światowej...

Najazd barbarzyńców. Nie widać go aż tak w dużych miastach, w tych siedzą oni jak w brzuchu wieloryba, widać w mniejszych. Prastarych, z dumną historią i architekturą. Kontrast go eksponuje. Tak, tak, naturalnie, wśród nich pełno również niemieckich autochtonów, roi się od byczych karków młodych Niemców.

Cała ta „śmietanka towarzyska" to wstępująca w dorosłe życie, szeroko pojęta klasa robotnicza. Poszczególni jej przedstawiciele specjalizują się w pluciu na odległość. W Trewirze, spod dworca, tam nie doplują, ale to blisko. Parę ulic dalej znajduje się dom, w którym urodził się pewien naiwny gość, który wierzył, że może ona, ta klasa, sama rządzić państwem, w którym odwala czarną tylko robotę. I który nie spodziewał się, że kiedy przejmie ona, ta klasa, ster w swoje ręce, to okażą się one, te ręce, zagarniającymi wszystko pod siebie morderczymi grabiami.

Idę do domu jego, dzisiaj w nim muzeum. Chodzę po pokojach, w których dorastał, oglądam zdjęcia, na których pozuje z rodziną. Miał ośmioro dzieci (jedno ze służącą). Z których troje zmarło, a dwie dorosłe córki popełniły samobójstwo (jedna z nich, Laura, wspólnie z mężem). W Londynie, jak tylko miał jakieś pieniądze, najczęściej od Engelsa, szastał nimi. Zastaw się, a postaw się. Natychmiast nowa służąca, skrzynki szampana i przyjęcia. I zaraz znowu bida, nieważne, ważne, że choć przez chwilę ten snob udawać mógł arystokratę.

Idę do ogrodu, gdzie bawił się w chowanego, siadam na ławce pod drzewem i myślę sobie o ludzie. Który zawsze jak niewinny baranek. Zawsze jakiś Hitler winny, Stalin, ale nie on. On zawsze męczony, wyzyskiwany, oszukiwany, choć bez niego tamtych by nie było. Święta krowa.

Hamburg (Dorotheenstrasse)

Usiadłem na krześle i oto siedzę. I czekam. Na coś, co się być może wydarzy lub nie. Myślę: ciekawe, jak się rozwinie ten dzisiejszy mój dzień. Nie bardzo mu się chce, rozwinąć. Nic się nie dzieje. Rozglądam się, po meblach, ścianach, suficie, wzrok mi opada, prosto na domofon w przedpokoju. Wstaję, biorę go do ręki, kabel długi, mieszkanie małe, jestem prawie przy oknie, otwieram, mieszkanie na pierwszym piętrze, zaraz nad klatką, więc słyszę, co na dole. Na dole słyszę jakiś idiotyczny głos:

– Halo! Halo, kto tam?

To mój głos, przez domofon. Teraz wychylam się z parapetu jak mogę i krzyczę do drzwi wejściowych:

– To ja!

W mieszkaniu słychać w domofonie głos, który jest moim. Teraz znowu ja, przez domofon:

– Jak ja? Ja jestem tutaj.

Chcę sprowokować dialog, mający na celu pogłębienie tego, co piszę. Chcę uczynić się bardziej istotnym. Zadać sobie parę fundamentalnych pytań. Dokąd czołgamy się przez całe życie? Gdzie dotrzemy na zdartych łokciach i kolanach? Lecz nie udaje mi się. Nie należy wychylać się za mocno w czasie prowadzenia dialogu zewnętrznego. Aż klucze z kieszeni mi wypadają. Nie umiem wrócić do mieszkania, trochę za dużo mnie na zewnątrz, trochę za mało wewnątrz. Ani w tę, ani we w tę. Trzymam się jedną ręką framugi i wiszę, nieruchomy, zastygły, przyklejony do muru, jak płaz. Akurat dziś, kiedy pierwszy dzień lata. I co tu robić? Na powyższy dialog bilateralny nie pozwala sytuacja, w której nagle zaistniałem, w takim pomiędzybycie stać mnie tylko na powtarzanie sobie ulubionego wiersza ulubionego mojego poety, czyli mnie, który to wiersz toczy się tak: ciach pach, Mańkę w piach, ojciec na piwie, matka w Tel Awiwie. Nareszcie, idzie sąsiadka z naprzeciwka, Kaśka Monka, lat czterdzieści, urodzona w Grudziądzu, zamieszkała w Hamburgu. Nie idzie, biegnie tak jakoś specyficznie przez podwórko oficyny, za nią pies. Widzi mnie, pyta, co robię na murze, coś tam bąkam, że instalacją jestem, coś jak żywy bluszcz, ale ona na mnie nie patrzy, nie słucha, szuka gorączkowo kluczy w torebce i stoi tak, jakby miała jedną nogę. Nie znajduje, posikam się, mówi, więc proponuję. Żeby podniosła moje klucze z ziemi i weszła do mnie, wciągnie mnie przy okazji do wewnątrz. Wpada do mieszkania, za nią pies, wyciąga mnie z okna i wpada do łazienki. I po chwili z łazienki płacz, szloch, Kaśka, wołam, co się stało?! I teraz Kaśka będzie mówić, do końca tekstu, a ja w tym czasie karmił będę psa w kuchni, kuchnia blisko łazienki, wszystko słychać. Będę rzucał psu kawałki wędliny, a on łapał je będzie w powietrzu.

– No stało się. Usiadłam na zamknięty sedes i nie wytrzymałam, zaraz ci wszystko wymyję. Nie wytrzymałam, cały ten dzień... Nie uwierzysz mi, i teraz jeszcze ten sedes. Płaczę, ryczę, bo już nie mogę. Za dużo. Ta woda, pralka, myjnia, pies, kwiaty, za dużo. Znajomi zostawili mi psa, na dzisiaj, wyjechali gdzieś, i wymyśliłam sobie, że wezmę rower i pojadę z nim, oddam rzeczy do pralni chemicznej, pies się przeleci... Zaczęłam szukać kluczy, no i nigdzie, ani śladu! I pomyślałam, że mogą być w jakiejś kieszeni w pralce, bo zrobiłam pranie, i, i, i pomyślałam, że dobrze, że tak pomyślałam, bo rozwieszę to pranie szybko, zanim wyjdę, i otworzyłam drzwiczki, i cała woda chlusnęła na podłogę, zapomniałam, że drzwiczki można otworzyć w trakcie prania, coś tam się popsuło, no i akurat trafiłam w przerwę przed wirowaniem. Zebrałam wodę, wytarłam i puściłam pralkę jeszcze raz, i wtedy mi zabrzęczały, w środku. Odczekałam cały program, ale pies nie wytrzymał, nasikał pod drzwiami i znowu wycierałam. Raz po psie, raz po mnie, ty tu masz jakiś płyn do podłogi? A jest, widzę. I potem do tej pralni, z kostiumem, bo na urodziny otworzyłam sobie źle szampana i pół się na mnie wylało. Przywiązałam psa, oddałam kostium, wyszłam i zobaczyłam obok w kwiaciarni kwiaty, ładne, tanie, kupiłam i jak odwiązywałam psa, to położyłam je na drodze, i przejechał je... Rowerzysta je przejechał, bo to był pas dla rowerów, tak je przejechał, że zostały mi same łodygi, i z tymi łodygami, i z tym głupim psem wróciłam pod dom, patrzę na moje auto, a ono całe z zielonego pyłu, bo je znowu postawiłam pod tym najgorszym drzewem. Klucz do auta miałam przy sobie, kwiaty wyrzuciłam do kosza i pojechałam na myjnię, siku mi się chciało, ale pomyślałam, że wytrzymam, to branie klucza na stacji, wiesz, no i nastawiłam program, i wjechałam, stanęłam i wtedy... Znowu woda, chlusnęła przez okno jak ze strażackiego węża, zapomniałam zamknąć, bo ten upał... Pies dostał paniki, szczekał, latał po całym aucie, a ja, Kaśka Monka, lat czterdzieści, urodzona w Grudziądzu, zamieszkała w Hamburgu, mokra siedziałam jak szczur. Nie mogłam zamknąć okna, bo bałam się włączyć silnik, nie można przecież, to co miałam robić? Przesiadłam się do tyłu, do psa, trzymałam go, bo trząsł się cały ze strachu, i tak przesiedziałam, cały program... Już masz wszystko czyste. I musiałam usiąść na mokre siedzenie i jechać, i już nie mogłam pod domem, myślałam, że nie dobiegnę przez to podwórze do klatki, ale jakoś dobiegłam, tak trochę jak w worku, były takie wyścigi, pamiętasz... I resztę już wiesz... Idę szukać tych kluczy, wszędzie, gdzie byłam, zostawię ci tu psa, co?

Wraca za pięć minut.

– W aucie były! Wypadły, jak się przesiadałam w myjni. Co za dzień. No to idę. I nie wychylaj się przez okno, w życiu jak w pociągu. Tylko nie ma hamulców bezpieczeństwa.

Hamburg (Steilshoop)

Wakacje, dokąd tu jechać, dokąd iść? Może odwiedzić stare kąty? No to odwiedzam stare kąty, lecz długo to nie trwa, minutę może, mieszkanie ma trzydzieści osiem metrów. I tak szczęście, że kwadratowych. Wróciłem więc, skąd wyszedłem, na środek pokoju gościnnego. I stoję, na nogach, i nic. Słońce za oknem wyszło, może popuszczać sobie zajączki? Puszczam zajączki, lusterkiem po ścianach, na ścianach parę zdjęć, parę kobiet, z którymi byłem parę lat. Może się znowu ożenić? Ale jak, ślubu w pojedynkę jeszcze nie dają. Miłość. Miłość jak listonosz, przychodzi i odchodzi. Małżeństwo. Małżeństwo jak kromka z pomidorem na drugi dzień. Namokłe jakieś takie. Pomidor przeszedł chlebem, chleb pomidorem. Zjeść nie można, wyrzucić szkoda.

Słońce zaszło i po zajączkach, co robić, może stanąć na rękach? Stoję na rękach, ciekawa perspektywa, meble jakby nie moje, ja sam jakby nie ja, lecz, przyznam, miałem już lepsze wakacje. A poza tym, no ile można stać na rękach? Trzy dni, cztery, góra tydzień, dłużej nie.

Tydzień później: stoję na nogach i nic, może stanąć na krześle? Staję na krześle, doświadczenie nader ciekawe, wszystko nagle jakby małe, ja sam nagle jakby duży. Efekt obcości we własnym domu. Kosmonauta na obcej planecie. I tak stoję, na samym froncie robót egzystencjalnych. I tak lecą mi te wakacje.

W dalszej ich części postanowiłem opuścić nareszcie mieszkanie i dokądś się udać. Za miejsce docelowe wybrałem skrzynkę pocztową na parterze, pomysł ten okazał się wybornym. W skrzynce nareszcie coś, pismo, chcą, żebym odczytał stan licznika na wodę, wpisał w rubrykę i odesłał, poczułem się jak znudzony wolnością dziki koń, któremu ktoś nareszcie narzucił chomąto.

Nie mogę odczytać tego stanu wody w moim prywatnym Zawichoście, szybka zaszła parą od wewnątrz, widać dokładnie nic. Dzwonię pod podany na piśmie numer, niech przyjdą i zmienią mi licznik, głos z automatu, mam wybrać opcję, czy chcę to, to lub tamto, wybieram tamto i czekam, przy muzyce. Bo czas jak rzeka... Ktoś odbiera, mówię, o co chodzi, łączy mnie z kimś innym, czekam. Jak rzeka płynie... Nareszcie głos, przedstawiam w czym rzecz i słyszę pytanie, ma pan suszarkę? Nie rozumiem. Powtarza, no suszarkę, do włosów. Co jest? Agencja reklamowa? Wywiad środowiskowy? Niech pan spróbuje ogrzać licznik suszarką, wtedy zobaczy pan cyfry!

Widok jest taki, że klęczę, z tyłkiem do góry wypiętym, i w ręce trzymam suszarkę, której powiew kieruję na licznik, który przy samej podłodze. Nie skarżę się, miałem już gorsze wakacje. Słuchając przy tym Polskiego Radia, gdzie mówią, że Izrael na nas się dąsa. Przez te cholerne krowy wypala nam na zadzie etykietę z napisem „Antysemici".

Izrael razem ze swoim ubojem rytualnym może nam skoczyć na kant. U nas panuje demokracja totalna, przeprowadzone wśród krów referendum wykazało, że preferują one śmierć od obucha, a nie noża. Licznik nic, ale powoli, powoli, jakby zza mgły wyłaniać się zaczęło coś. Suszarką definiuję pojęcie palimpsestu. Przejmuje mnie radość z odkrywania tekstu, widzę stan mojego licznika, wspaniały dzień! Co z tego, kiedy następny fatalny.

Następnego dnia postanawiam opuścić dzielnicę, w której mieszkam, Winterhude, i udać się do tej, w której mieszkałem kiedyś, zaraz po przyjeździe do Hamburga, na Steilshoop. Włosy mam za długie, wyglądam jak stary, skasowany bilet, a tam fryzjer o wiele taniej. Pół godziny jazdy i jestem, w samym środku kolorowego, wegetującego sobie na marginesie plebsu, z przewagą Turków. Zachciewa mi się usiąść z piwem pod kioskiem, dawnych wspomnień czar, siadywałem tu jeszcze wtedy, kiedy nie wyglądałem tak, jakby nie otworzył mi się spadochron.

Siedzę więc i nagle zbliża się w moim kierunku grupa Turków w tempie oszałamiającym. Na czele młody mężczyzna, za rękę trzyma płaczącą dziewczynkę, za nimi grupa osób starszych. Odwracam się za siebie, nikogo nie ma, idą, biegną prawie do mnie, już są. I wtedy przewodnik tego rozwścieczonego stada przykłada mi nóż do gardła i pyta dziewczynki, to ten?! I ona patrzy na mnie uważnie i całe moje szczęście, że zaczyna kręcić powoli głową, przecząco, i mówi, tamten miał krótsze włosy, ten wygląda jak mop obrotowy, i wtedy oddycham z ulgą, bo jeśli powiedziałaby, że to ja, wtedy nie musiałbym już iść do fryzjera. Co wcale zresztą, jak się zaraz okaże, nie byłoby takie złe. To najszczęśliwszy dzień w twoim życiu, mówi przewodnik i odchodzą. A ja, szczęśliwy, że ominął mnie los pedofila, udaję się do fryzjera.

Trafiam na mężczyznę, trudno, przeżyję. Kończy ciąć klienta, już, już, mówi, zaraz pan. No i zaraz ja, i zaraz robi mi się niedobrze, bo nie pozamiatał włosów z podłogi, siedzę w nich prawie na boso, bo mam otwarte sandały. Jak tniemy? Mówię, żeby skrócił o centymetr, nic więcej, nachyla się nade mną i zaczyna, i od razu robi mi się niedobrze, bo zalewa mnie szeroka fala jego spod pachy zapachu, bo musi się nade mną nachylić, a ja nie mogę się cofnąć. Głową jak masztem tkwię w samym środku zatoki ostrego, kwaśnego potu, chce mi się wyć. I chce mi się śmiać, bo tłuste, poskręcane kłaki łaskoczą mi stopy. Chce mi się płakać, bo jego pot jest tak penetrujący, że jedna przez drugą cisną mi się do oczu łzy. Zamykam je, zaciskam tak mocno, że mój prywatny kosmos pod powiekami ledwo mieści oszalałą armię esów-floresów. I kiedy je otwieram, te powieki, widzę w lustrze kogoś, kto siedzi na moim miejscu. Gdzie jestem ja? Dokąd poszedłem i kiedy wrócę? Jestem w szoku, dlatego mówię cicho, sylabizując słowa, pan mi skrócił włosy na jeden centymetr, a nie o jeden. No tak jak pan chciał, mówi łamaną niemczyzną Turek.

Siedzę w tym samym miejscu, pod tym samym kioskiem, zbliża się do mnie ta sama grupa. I ten sam nóż, do gardła, i to samo pytanie, to ten?! Dziewczynka przygląda mi się uważnie i mówi, podobny... Przewodnik nachyla się nade mną, nóż przyciska mocniej i mówi, a więc to ty. To nie ja, charczę, ja to ten sam, sprzed półgodziny, u fryzjera byłem. Nachyla się jeszcze bardziej i mówi, faktycznie, to ty. Masz szczęście, to najszczęśliwszy dzień w twoim życiu. Ale kto cię tak obciął, człowieku?! Wyglądasz jak cewka moczowa z obciągniętym napletkiem. Nawet twoja matka by cię nie poznała. Kup sobie perukę. Albo idź do domu, zamknij drzwi na klucz i tak długo nie wychodź, aż ci włosy odrosną.

Poznań (Zamek)

Na okoliczność "Poznania Poetów", aby się nosić odpowiednio w miejscu spotkań rekordowej ilości ludzi robiących w poezji, nabyłem sobie byłem nowy garnitur, który to wkrótce ucierpi srodze przez to, że udam się podczas jednego z paneli do toalety w celu pospiesznego skorzystania z niej.

Co uczyniwszy, ręce chcę umyć, a krany w "Zamku" działają tak specyficznie, że trzeba wiedzieć jak, i kiedy udało mi się w końcu odkręcić wodę, to ta wyleciała takim strumieniem, taką fontanną na mnie, że garnitur mój zamienił się w coś nader mokrego po prostu, w związku z czym zamiast wrócić na salę, udaję się na zewnątrz celem podeschnięcia sobie, tam zaś, na zewnątrz, przed głównym wejściem, jest słońce, niebo jest i leżaki są.

Zająwszy miejsce na jednym z nich, schnąć więc zaczynam, oczy od słońca mrużąc i paląc, i zaraz, jak spod ziemi, jeden z żołnierzy armii bezrobotnych palaczy przerywa mi schnięcie:

– Przepraszam, kolego, można prosić o jednego? Papierosa?

Wszędzie mnie dorwą, jak komary, pierwsi już na dworcu, to ich teren, zrozumiałe, ale tu? Daję z ciężkim wyrazem twarzy i schnę dalej. Oczy mrużąc, udaję się w mój prywatny kosmos. Obserwuję moich małych, bezrobotnych kosmonautów. Mam oczywiście na myśli latające bezładnie esy-floresy. Kiedyś wzruszyłem się na myśl, że jest to widok, który widzą wszyscy ludzie na ziemi. Przejąłem się unijnym charakterem tej myśli.

– Przepraszam, mógłby mnie pan...

Znowu, jak spod ziemi, zjazd tu jakiś mają? Daję, z odpowiednim wyrazem twarzy i schnę dalej, kosmonauci mi się znudzili, więc próbuję myśleć. Jakoś idzie, chociaż myśli te niekoniecznie tak szybkie, żeby się aż goniły. Ani deptały sobie po piętach. One suną sobie powoli, jak chmurki pod przyjaznym niebem czaszkoskłonu. Jedna na przykład, znowu chyba dotycząca miłości, taka: nie ma takiej wody, która nie wyparuje. Inna zupełnie inna: im szybciej czas leci, tym mniej człowiek wydaje pieniędzy. I jeszcze taka, chyba pocieszająca: nie ma takiej koszuli, której nie można wyprasować. I takie pytanie, które każdy człowiek musi sobie prędzej czy później postawić: czy cały ten spektakl pod tytułem *Życie* wart jest biletu, który się za niego płaci, to jest umiera? Moja odpowiedź, tak, bezapelacyjnie. Przykład? Służę małą scenką, rodzajową. Małą, lecz w kontekście całego spektaklu? Oraz w ujęciu, nie bójmy się słów, międzyplanetarnym? Otóż: nie dalej jak wczoraj po wyjściu z lotniska Chopina zatrzymuję się w miejscu natychmiast, aby natychmiast zapalić papierosa. Co czynię, poza tym, oprócz tego, że ktoś przygodny prosi mnie o papierosa, nie dzieje się literalnie nic. I nagle wiatr, jego silny podmuch, i bilet samolotowy w powietrzu, który leci, i kobieta, która też leci, za nim, próbuje go złapać, ale o parę centymetrów za mała, a on o parę centymetrów za wysoki, dotyka go raz palcami, już prawie ma, ale nie ma, bilet kołuje i opada, i frunie nad ulicą, ona za nim, próbuje go przydeptać, nie zważa na trąbiące taksówki, nie złapie, wyleci donikąd, pochylona goni za nim jak chłopka za kurą przed niedzielą i w końcu jej się udaje, ma go, i trzymając go w ręku, wysoko jak znicz olimpijski, pokazuje go chyba mężowi, i krzyczy, mam, mam! I w tej samej sekundzie traci go znowu, bo nowy podmuch... – Przepraszam, mógłby mnie pan... Uwaga, teraz uruchamiam swój gniew. – Nie no, człowieku, to już trzeci w ciągu pół godziny! Czy ja wyglądam jak fabryka tytoniu?!

Klnę, krzyczę, ton mój władczy tak, że ustawia go w szeregu złożonym z żołnierzy, z których każdy to on. I stoi tak, ofiara wyrazów, którymi go ostrzelałem, a na ziemi, wokół stóp jego, pełno dymiących po nich łusek. Reflektuję się, częstuję go papierosem, tłumaczę, że to naprawdę już któryś tam dzisiaj, a on na odchodnym rzuca mi przez ramię, nieraz tak bywa.

Postanawiam, celem szybszego wyschnięcia, opuścić leżak i zrobić rundę wokół „Zamku". Widzę dużą dosyć wodę w kształcie prostokąta, zatrzymuję się, schnę sobie, stojąc. Uwagę moją zwracają dwie unoszące się na wodzie kaczki, skąd one tu? Kto je tu przeniósł, kto je karmi? Przecież to nie jezioro ani staw, ani nawet sadzawka? Rozglądam się, widzę knajpę o nazwie „Stajenka Pegaza", udaję się, pytam o suche jakieś pieczywo, widząc zdumione oczy barmanki, mówię, że chcę dokarmić kaczki, dostaję pokaźną ilość i udaję się z powrotem.

Karmię kaczki. Rzucam pierwszy kawałek, bez reakcji, kaczki go ignorują. Kątem prawego oka widzę stojącą mnie nieopodal parę staruszków, chichoczą tak, że trzęsą im się ramiona. Rzucam drugi kawałek, reakcja jak wyżej, to jest żadnej reakcji, takie nażarte? Kątem lewego oka widzę stojące nieopodal mnie dzieci, też chichoczą. Dlaczego te kaczki takie nieruchome? Rzucam raz jeszcze, chleb trafia w jedną z nich, żadnej reakcji. Mam pewne przypuszczenie, ale nie jest mi ono w smak. Człowiek ma tylko siebie, więc nie może tego siebie aż tak kompromitować. Rzucam raz jeszcze, ale bez przekonania. Dlaczego ciągle jeszcze mam zaufanie do mojego wzroku, skoro ten wywiódł już mnie tyle razy w pole? Im bliżej do prawdy, tym bardziej ociągam się z jej akceptacją. Postanawiam sam do niej się zbliżyć, woda jest płytka, zdejmuję buty, skarpetki, podwijam nogawki i ruszam. Słyszę, jak jedno z dzieci mówi, może ten pan też sztuczny? Tak, to nie ma sensu, ale jeśli już wszedłeś na drogę, to idź, obojętnie, po jakich tragikomicznych wybojach. Jestem już prawie w środku i w tym momencie ze środka wystrzeliwuje woda. Której wcześniej nie było. Nie wiem, gdzie była, może na przerwie technicznej? Stoję pod fontanną w strumieniach wody i myślę, ile z tego, co zrobiliśmy, co robimy i co zrobimy, będzie takim właśnie karmieniem sztucznych kaczek.

Warszawa (Powiśle, Wielkanoc)

Prawie noc, z Marcinem Sendeckim w kolejce do sklepu nocnego. Wcześniej w parku, słońce, ławka pod drzewem (człowiek jest jak drzewo, w sensie musi się wyszumieć). On wydmuchiwał dym i patrzył, jak wypełniają się nim promienie słońca, te, którym udało się przedrzeć przez liście. Powiedział, jesteśmy rycerzami słowa, nasze zdania błyszczą jak nagie miecze w słońcu. Powiedziałem, ale nigdy nie będziemy tak sławni, żeby nasze nazwiska wystukiwały pociągi relacji międzynarodowych. Powiedział, ale pracujemy dla pokoleń, a nie dla siebie, a poza tym skąd wiesz, może będzie tak, że kiedy zejdziemy, cmentarz nie pomieści armii naszych fanów.

Tyle ludzi, że kolejka stoi na zewnątrz. Kolejka do kraty, sprzedawczyni za nią. Nie pamiętam, kiedy ostatnio stałem w takiej długiej wspólnocie interesu. Poczucie przynależności do zbiorowości? Dobre sobie, zbiorowość jak Szare Szeregi, z paroma kolorowymi syfami na twarzach. Jak Polacy brzydcy, to jaka Polska ma być?

Kupiliśmy dwa wina, odeszli, zreflektowali się, dwa to mało, wróciliśmy, stanęliśmy jeszcze raz i po drodze do okienka, żeby nie tracić czasu, wypiliśmy je. Kupiliśmy dwa nowe, odeszli, zreflektowali się i ta sama sekwencja. Przy trzecim obrocie miałem wrażenie, że posuwamy się i do przodu, i w głąb ziemi, my coraz mniejsi, inni coraz więksi. I że w pewnym momencie wystają nam z chodnika tylko głowy. I że rano jakaś staruszka dzieli się z nami jajkiem, wpycha nam po jednym do ust. A potem obsikuje nas pies, a Marcin mówi, żebym się nie wściekał, że taka jest tradycja w lany poniedziałek na Powiślu. Nasze głowy wystawały z chodnika jak kamienie pamięci, co chwilę potykali się o nie spieszący do Łazienek lub kościoła warszawiacy.

Warszawa (plac Trzech Krzyży i Wiejska)

Azjatycka buda o nazwie „Qchnia", ogródek, południe. Słońce, piwo, gazeta, wywiad z Kozakiewiczem i taka myśl, że życie jest jak skok o tyczce. Młodość jest rzeczywiście durna i chmurna, leci się do góry, stojąc na głowie, wariactwo. Potem jest apogeum, człowiek osiąga je na poziomo, ale z tak wygiętym w pałąk kręgosłupem, że kości trzeszczą. No a potem spada, z głową mniej więcej normalnie. I widzi, co mu się udało, czego dokonał. A czego nie. I w końcu ląduje na plecach, to koniec. Już nie wstaniesz, koleżanko i kolego. Nie wyrzucisz rąk do góry, kłaniając się oklaskującej cię frenetycznie publiczności. Lub jeśli strąciłeś poprzeczkę, nie opuścisz stadionu w ciszy, ze zwieszoną głową. Będziesz leżał bez ruchu tak długo, jak długo grać zamierza Wielka Orkiestra Świątecznej Pomocy.

„Qchnia" na placu to moja ambona, dobry punkt do obserwacji. Wcześniej czy później zawsze ktoś tędy przemknie. To także moja łódka stąd do przeszłości, wiosłuję do tych, którzy skoczyli już o tyczce. Rosły Jerzy

Lisowski sunął przez plac jak okręt, obijałem się o niego jak szalupa ratunkowa. Najczęściej przez plac z Berezą. Z każdym moim przyjazdem chodził coraz wolniej, ja coraz szybciej. Irytowała go moja gorączkowość, nadpobudliwość, ale jak miałem iść i mówić wolno z bombą zegarową w głowie? Nie mogłem wytrzymać jego żółwiego tempa, on szedł do przodu, a ja robiłem wokół niego koła, on Słońce, ja Ziemia. Tracił mnie z oczu, obracał się za mną, wściekał i klął. Co ty, kurwa, gdzie ty, kurwa, jesteś? Pod sam koniec dreptał prawie w miejscu, aż raz stanął, przewrócił się i nie podniósł.

Koło ambony przechodzi Agata Passent. Dialog przez płot ogródka mniej więcej taki: a ty co tu? A nic, siedzę i taki nie wiem, taki jakby dziennik piszę, a ty? A ja do mamy idę, a ty gdzie się zatrzymałeś? A nigdzie jeszcze. Nigdzie? A to klucze ci dam, u mnie możesz, jak chcesz, a ja zostanę u mamy na noc. A, to fajnie, dzięki. No to masz, adres znasz, Wiejska 16.

Przechodzi Andrzej Chyra, z komórką przy uchu. Cześć, a ty co tu? A nic, piszę, a ty? A ja Cieleckiej szukam, umówiliśmy się tu, na cmentarz mamy razem jechać, nie przechodziła tędy? Nie. Dzwonię do niej, cały czas zajęte. *Kabaret Warszawski* gramy, chcesz bilet? A chcę. No to masz, no to lecę, poszukam jej, gdzieś tu musi być, cześć.

Przechodzi Magda Cielecka, z komórką przy uchu. Cześć, a ty co tu? A nic, a ty? A ja Chyry szukam, umówiliśmy się, na cmentarz mamy jechać, nie przechodził tędy? Dopiero co, tam jest, gdzieś za kościołem, szuka cię. No dzwonię do niego i cały czas zajęte! No to lecę, aha, *Kabaret Warszawski* gramy, chcesz bilet? A chcę. No to masz, lecę, cześć.

Chodzą wokół kościoła św. Aleksandra i nie mogą się znaleźć. Ona z telefonem przy uchu i on. Dzwonią do siebie i cały czas mają zajęte.

Wiejska 16, wejście to samo co do „Twórczości", redakcja na dole, mieszkanie Agaty na górze. W nocy stoję na balkonie i palę. Słyszę muzykę z dołu, *Masz takie oczy zielone...* W oknach redakcji palą się światła. Schodzę, otwieram drzwi, idę prosto i w lewo, sekretariat. Małgosia Brodacka mówi, że już nie wytrzyma, „Czytelnik" zamknięty do poniedziałku, bo długi weekend, więc dokąd ma teraz iść, do jakiej toalety? Tę w redakcji okupuje Zadura, pracuje tam i po kryjomu pali, bo po zawale i nikt mu nie pozwala. Telefon, dzwoni Darek Foks, spóźni się, pociąg mu uciekł, idzie ze Skierniewic piechotą, wzdłuż torów, zatrzymuje pociągi, może któryś stanie. Idę do drugiego pokoju, przy szafie stoi Aneta Wiatr i trzyma drzwi, na moją uniesioną brew odpowiada szeptem, ciii, kochankowie z Marony. W szafie Iwaszkiewicz chowa się ze swoim Jureczkiem, żeby nie zaskoczyła ich delegacja górników. Na małym balkonie Tadeusz Komendant obcina sobie paznokcie u rąk i mówi, jak spadną na ziemię, to może potem jakieś dłonie z nich wyrosną? Janusz Drzewucki mówi, twoje wyrosną, będziesz miał cztery. W ostatnim pokoju przy biurku Lis układa pasjansa, chcę ściszyć adapter, ale nie pozwala, to dla Henryka, nie wiesz? Hłasko miał oczy zielone. Bereza przy swoim biurku udaje, że nie słyszy, czyta „Życie Warszawy" i pyta nagle Lisa, przekrzykując Demarczyk, czy ty wiesz, jak wygląda polska racja stanu? No bo ten szczyt klimatyczny niedługo i piszą, że przyjęte przez unijnych ministrów środowiska konkluzje odpowiadają polskiej racji stanu, czy ty wiesz, jaki ma rysopis polska racja stanu? No chyba taki mniej więcej, jaki miał Mazowiecki. Czemu miał? No co ty, czemu miał? Miał, bo umarł! Umarł? Kiedy?! No dopiero co, przecież byliśmy na pogrzebie! Jak to byliśmy, przecież pogrzeb dopiero w niedzielę! To ty wiesz, kiedy pogrzeb, kurwa, a nie wiesz, że umarł?!

Wychodzę. Wiatr wieje jak opętany, liście posłusznie szeleszczą, po czarnym niebie sunie kondukt sinych krów.

Kędzierzyn-Koźle

W pociągu, Opole, jeszcze trochę i Ka-Koźle. Przedział pełny, sześć osób. Z których: dwie, ona i on, jedzą, zażarcie. Jedna, on, obcinakiem obcina paznokcie (u rąk), zawzięcie. Następna, ona, rozmawia przez komórkę, za głośno. Następna, on, śpi, z otwartymi ustami, za szeroko. Ostatnia, ja, patrzę: jak do otwartych ust tego, który śpi, wpadają kawałki paznokci tego, który je obcina. Wszyscy jednak tak pochłonięci tym, co robią, że nikt tego nie widzi.

Wychodzę. To ostatni wagon, przez tylne drzwi widać pejzaż, który ucieka. Otwieram piwo, które piję, i słyszę za plecami głos, który do mnie mówi.

– Imię matki!

Dwóch mężczyzn w kamizelkach, rodzaj służby porządkowej, muszą się wykazać, Urząd Zatrudnienia ich tu wysłał, lepsze takie zajęcie niż sprzątanie ulic.

– Za co?
– Pan wie, że picie swojego piwa zabronione?
– Wiem.
– No więc imię matki, ojca, nazwisko i adres.

— Ale ja to piwo kupiłem w Warsie.
— A, w Warsie, to co innego, to przepraszamy.
Odchodzą, ten pejzaż i ja, wracają.
— Imię matki!
— Za co?
— W tym pociągu nie ma Warsu, przeszliśmy do samego początku.
— I z powrotem?
— Żarty jakieś? Z powrotem też, nie widzi nas pan? No i nie ma.
— Nie ma? To skąd ja to piwo mam?! Jak to nie ma? Może go ukradli?
— Wars? Jak mieli ukraść, przecież postoju nie było!
— A przeszliście do samego początku?
— No tak, dalej już tylko elektrowóz.
— No właśnie, trzeba było iść jeszcze dalej.
— Po co?
— No może Wars przed nim.
— Wie pan co? Wystarczy. Imię matki, imię ojca, nazwisko, adres...
Pociąg zaczyna hamować.
— Wysiadam teraz, mój adres jest tu.
Na to nie są przygotowani. Darują mi, mam znać ich dobre serce.

Ka-Koźle, dworzec, centrum. Mężczyźni, ci starsi, jak pojemniki na odzież używaną. Kobiety, te starsze, z włosami pomalowanymi na oberżynę lub mahoń, jak z kępkami waty szklanej na głowie.

Gdzieś z tyłu dworca tartak, przy nim rzeka, chyba Kłodnica, nad nią most kolejowy. Kiedyś miasto chodziło tam się kąpać. Miasto mówiło, w mieście mi za gorąco, biorę kąpielówki i idę na Kolejówkę. I szło.

„Kiedyś", słowo wytrych do zardzewiałych drzwi mojej pamięci, spada mi na łeb coraz częściej. Jak tak dalej pójdzie, w kasku będę musiał chodzić. A tu kiedyś to, a tam kiedyś tamto, opędzić się nie mogę. Kokon pszczół w głowie, wezmę palnik i wypalę toto, z dziurą w głowie będę chodził, lepiej wiatr, przeciąg niż ten bzyk. Kłuje mnie to „kiedyś". Mam ukąszenia z pozostawionym żądłem, które tak głęboko za skórą, że żaden nóż go nie wyciągnie.

Są wakacje, przeszedłem do klasy drugiej lub trzeciej, na Kolejówce jestem pierwszy raz, wzięli mnie z sobą starsi koledzy z podwórka. Stoję na brzegu z gębą rozdziawioną jak pisklę w gnieździe, bo hen wysoko na poręczy mostu skoczkowie, lecą nogami w dół, jeden po drugim, jak bomby samolotowe do celu. I któryś z kolegów mówi, to jeszcze nic, poczekaj, aż przyjdzie Goldmann. I kąpię się, i czekam, aż przyjdzie Goldmann. Z konarów drzew skaczemy do rzeki, małpi raj z dźwiękiem dzwonków orkiestrowych, uderzam pałeczką o metalowe płytki, jedna to piski, okrzyki dzieci, druga sygnał nadjeżdżającego pociągów i stukot ich kół o szyny, trzecia – wycie pił w tartaku.

Goldmann nie przychodzi, małe dzieci płaczą, bo rodzice ciągną ich do domu, a one nie chcą, bo Goldmann, bo Goldmanna nie ma.

Jestem głodny, nie mam nic, nikt nie ma nic, bieda jest, ale jest szczaw, rośnie na poboczu torów, darmowa oferta wczesnego PRL-u. A potem każdy kładzie swoją złotówkę na szyny, i pociąg, i zatykanie uszu, i sprawdzanie, który placek największy, i wtedy krzyk z dołu, Goldmann! Pęd w dół, do rzeki, a przy niej koń, a w wodzie drugi, łeb mu wystaje, a przy nim głowa Goldmanna. Już weszli do wody, przybiegłem za późno. Goldmann jedną ręką obejmuje konia za szyję, drugą trzyma pod wodą i płyną, z prądem w dół rzeki. Koń parska, a Goldmann krzyczy wio! Do dzwonków orkiestrowych, do wariacji goldmannowskich Kolejówki dochodzą dwie nowe płytki, „wio" Goldmanna i rżenie konia. Wychodzą z rzeki daleko, ale jeszcze ich widać, Goldmann ciągnie konia z wody za lejce, dosiada go i wracają brzegiem, i im bliżej są, tym bardziej przecieram oczy, Goldmann trzyma w jednej ręce lejce, a w drugiej nic, bo drugiej nie ma, z ramiona wystaje mu mały kikut. Wraca do drugiego konia, jedną ręką starannie go myje, szczotkuje i wchodzi z nim do wody, tak jak z pierwszym. Goldmann i dwa jego konie, Rozwoziciel węgla, Czarny Jeździec z ciemnego od dymów zakładów chemicznych Kędzierzyna. Pierwszy raz widzę człowieka pływającego z koniem i pierwszy raz widzę człowieka bez ręki, i to jest jeden i ten sam, w tym samym momencie i w czasie takiej właśnie gry na dzwonkach, mylnie nazywanych cymbałkami. I może dlatego też mi się czasami mylą dźwięki, czasami słyszę, że piła z tartaku tnie pociąg i ze strachu dudni o szyny jego parowe serce, a wtóruje temu chór mieszany, nasz, dzieci sopran, i alt, i tenor, i bas koni pod jednoręczną batutą Goldmanna. I to jest dziś, z zataczającej się już, ale stojącej jeszcze na dwóch nogach pamięci moje widzenie nad rzeką Kłodnicą. To jest moje doznanie, silne, tak silne jak uderzenie deską w twarz, na którą sam nadepnąłem. Na deskę, nie twarz, głupi ty, języku polski.

Do mamy, na ulicę Gagarina, z plecakiem i walizką na kółkach. Jak koń, walizka jako furmanka. Co drzewo, stacja męki pańskiej: fale z cementu. Moi zdrowo pojebani rodacy uparcie ignorują korzenie drzew, ich *élan vital*. One prędzej czy później zdeformują, wybrzuszą każdy narzucony im pancerz chodnika. W Niemczech chodnik się nagle urywa, kiedy drzewo. Dwa, trzy metry piasek i znowu chodnik. Oni, Niemcy, wiedzą, że nie ma szans z motyką na słońce. A my nie, my, Polacy, próbujemy okiełznać naturę cementem i wpadamy w dołki, które sami dla siebie wykopaliśmy.

Potykamy się o te korzenie, lecimy na twarz, klniemy. A oni idą po równym. Jedyny ich problem to deszcz. Kiedy mokro, brudzą sobie obuwie. Co z tego, lepiej wycierać w domu podłogę niż własny swój, zakrwawiony pysk.

Wczesne popołudnie. I już prawie ciemno, światła w oknach. Dni jak płomień zapałki made in PRL, ledwo zabłysną, już gasną. Żyjemy jak krety, na głębokościach, w systemie podziemnych tuneli, ale dowodem na to, że być to my (kurwa) jesteśmy, są oświetlone okna naszych kopców. Na głowie mam kaptur, nikt mnie nie zaczepia „cześć-rudnickim".

Mijam pocztę, na górze mieszkał dziadek, był jej naczelnikiem.

Kiedyś tak: leży na łóżku, przy łóżku babcia, mama, brat i ja. Ja trzymający narty, narty od dziadka dla mnie, coś jak rodzinny amulet. Dostał je od ojca, a ojciec od ojca jego i tak dalej, pierwszy król Polski pierwszy na nich jeździł. Dziadek opowiada o swoim ojcu, znowu. Że słuch miał tak słaby, że kiedy Niemcy bombardować zaczęli Lwów i kiedy zaraz obok ich domu wybuchła bomba, i to tak, że można było ogłuchnąć, to tenże krzyknął, „Kto tam?". Za każdym razem, kiedy padało „kto tam?", babcia mówiła cicho do siebie, ale tak, żeby wszyscy słyszeli, „Proszę! Powiedział, proszę!". Kłócili się o to, bombardowali się krótkimi spojrzeniami, obydwoje za swoją wersję gotowi byli umrzeć na polu swojej racji. I o narty, o nie też. Babcia chciała je wyrzucić już dawno, dziadek się uparł, mówił, krzyż mi z nich zrobisz, jak umrę. I teraz, kiedy leży i kończy opowiadać, babcia mówi do siebie, „Proszę! Powiedział, proszę". I dochodzi do krótkiej wymiany ognia. Ostatniej, od teraz babcia zostanie sama ze swoją wersją. A ja z nartami, na których nikt nigdy nie jeździł, a które wkrótce korniki zeżrą tak jak rak dziadka. Mijam górkę, mówiliśmy na nią Polaberg. Moje pierwsze sanki, a któregoś dnia tutaj ojciec.

Kiedyś tak: ciągnie mnie, ślad po sankach mocno krzywy, ojciec mocno pijany. Ciągnie mnie na Polaberg, tak wymyślił, w domu go nie ma i ma wyrzuty sumienia, i teraz jeden z nich ciągnie na sankach. Na górce dzieci, ojciec każe wszystkim się usunąć, bo teraz zjeżdżać będzie jego syn. Robią nam miejsce, rozpędza sanki, do przodu, do tyłu i jadę. Zjeżdżam, z rozwianym szalikiem wyglądam jak ilustracja z książek, na których uczyłem się czytać. Z dołu widzę, jak z górki zjeżdża ojciec, na nogach, po ślizgawce. Upada i zjeżdża na brzuchu, dzieci się śmieją, wszystkie. Na dole podnosi się i idzie do mnie, zatacza się. Bierze sznurek od sanek i ciągnie mnie, pod górę, uparł się, że da radę, chce zatrzeć fakt, że wcześniej się wywrócił. Pada znowu, pokazują nas wszyscy palcami i ciągle ten śmiech. Zjeżdżamy w dół, ja na sankach, on znowu upada, znowu na brzuchu. I podnosi się, zdejmuje płaszcz, rzuca go na śnieg i w samej koszuli jeszcze raz do góry. I jeszcze raz pada, jeszcze raz śmiech, i jeszcze raz zjeżdżamy, ja z dłońmi przymarzniętymi do sanek, on w rozchełstanej koszuli. Prowincjonalny pijak, zginie za parę miesięcy. Spadnie z tylnego siedzenia motoru na ulicę, kierowca samochodu z tyłu, też pijany, rozjedzie mu brzuch dwa razy, cofnie, myśląc, że jeszcze go nie przejechał. Mama powie mi, że nigdy nie widziała go z książką w ręku, nawet z gazetą. Nie sądzę, żeby przeczytał choćby moją metrykę urodzenia, a co dopiero mit o Syzyfie.

Naprzeciwko górki Polaberg restauracja „Kosmos". Wchodzę. Jeszcze trochę za wcześnie, za mało gwiazd, Wielka Niedźwiedzica miasta zbiera się wieczorem. W jednym kącie gruby, łysy jegomość, w drugim dwóch opowiada sobie kawały. Zamawiam piwo (z kija), wchodzi para, wiek podeszły. Suną środkiem. On niewidomy, z laską, ona prowadzi go pod rękę. W telewizji wiadomości, mówią o Pendolino. Tu tandem stopa za stopą, a tam po raz pierwszy w Polsce pociąg osiąga szybkość 293 km/h, rekord pobity został na Centralnej Magistrali Kolejowej. Do rekordu europejskiego (547 km/h, francuski TGV) daleko. Ci od kawałów komentują, co z tego jednak, kiedy w porównaniu prędkości średnich Zachód gonimy na drezynie, pociąg z Katowic do Krakowa nie wygra ze średnią prędkością kolarzy Tour de Pologne. Kelnerka przynosi łysemu rosół, gorący, para idzie, jeden z dwóch opowiada drugiemu kawał. (O ludożercach znasz? Idzie ojciec z synem, wzdłuż plaży, ludożercy, a głodni są, i patrzą, leży taka, no wiesz, raszpla już, a syn pyta, co, ojciec, jemy? A ojciec, no co ty, taką nie, idą dalej, leży taka, wiesz, laska, że aż boli, i syn pyta, ale tą tak, nie? A ojciec, co ty, tą weźmiemy do domu, a w domu zeżremy matkę).

W tym czasie ten od rosołu je, nabiera, dmucha i połyka, a para zdobyła już stolik. Ona pomogła mu zająć miejsce, przeszła na drugą stronę i teraz chce odsunąć krzesło, ale on protestuje, podnosi się, przesuwa do niej, krok po kroku, palcami znajduje poręcz krzesła, odsuwa je szarmancko i ruchem ręki zaprasza ją do stołu. Ona siada wzruszona, on wraca na swoje miejsce, podchodzi kelnerka i podaje karty. Ten od rosołu je rosół, ci od kawałów opowiadają kawały, ten od laski słucha, ta od czytania karty czyta wszystkie dania w karcie, pytająco, od zupy ogórkowej, przez kotlety mielone, sałatki zielone, desery pyszne po napoje bez i alko. On milczy, nie reaguje i kiedy ona kończy, mówi, cóż te wszystkie wspaniałości wobec pani wdzięku? Proszę mnie nie zawstydzać, odpowiada ona.

Dzwoni mama, pyta, gdzie jestem, bo ziemniaki dochodzą, mamo, mówię, taka scena już była w *Trzy razy tak!*, więc nie powtarzaj się, schowaj je pod pierzynę, niedługo będę.

On z nią zamawiają, wino, zupę, dania główne i desery. Ona pyta, jak radzi sobie z drugim daniem, zupa to chyba nie problem, ale drugie, gdzie różne rzeczy na różnych miejscach i... Przerywa jej, mówi, z topografią talerza jest podobnie jak z tą kobiecego ciała. Och, znowu mnie pan zawstydza. Ten od rosołu dalej rosół, ci od kawałów dalej kawały. Przejezdni, bo kiedy jeden pyta, a może udałoby się tu coś zwalić, ten drugi mówi, co ty, tu, na Śląsku? Chyba węgiel, do piwnicy. Kelnerka przynosi wino, on proponuje toast, za przyszłość, wspólną, będą mieszkać jak jajko, w jednym pokoju żółtko, pani, w drugim ja, białko, ona zaskoczona, to zdanie to chyba sobie zamarynuję. Wychodząc, patrzę na talerz tego od rosołu, bo połyka od dosyć dawna w tempie uporczywym, a talerz jakby bez dna. Z czoła padają mu do talerza krople potu, dużo ich, dlatego nie ubywa.

Obok szkoły podstawowej, przystaję i jak zwykle patrzę w okno, za którym kiedyś siedziałem i patrzyłem na ulicę, na której teraz stoję. I jak zwykle to uczucie, ja jako statek widmo, pełen zwłok własnych. Kapitan grobu zbiorowego. W każdej kajucie worek foliowy, w każdym worku foliowym jakiś ja, kołyszący się leniwie w rytm uderzających o burtę fal. Rozepnę jeden zamek, w nim chłopiec w szkolnym mundurku, rozepnę inny, w nim ja inny, i tak dalej, wystarczy. Reflektuję się, cucę: nie poddawaj się wirom, które ciągną na samo dno czasu przeszłego, sentymentalny ośle.

Ulica Gagarina. Moje pierwsze łyżwy, a któregoś dnia ona, w klasie najładniejsza. Kiedyś tak: mały ruch, samochód raz na godzinę, przeważnie żuk, czasami star, takie gwiazdy jak syrenka od święta. Śnieg sypie, ulica, śnieg i latarnie uliczne. Nie każda świeci, cały ten obraz jak szczęka starej góralki, ciemno i gdzieniegdzie złoty ząb. Na ulicy my, chłopcy z bloków i parę dziewcząt. Popisujemy się przed nimi na łyżwach. Chichoczą, wśród nich ona, w klasie najładniejsza. Ja zakochany po same uszy, lodowate, bo czapka w kieszeni, bo uszatka, bo w okularach wyglądam w niej jak peryskop, który wynurzył się z łodzi podwodnej i kręci się wokół na łyżwach. Łyżwy na żabki, spadają i trzeba dokręcać je kluczykiem, palcami czerwonymi od mrozu. I gubią się, i co chwilę jeden do drugiego, masz kluczyk, masz

kluczyk? Ktoś krzyczy, żeby zrobić wyścig, od latarni do latarni, ustawiamy się w szeregu i ruszamy na komendę, one, z najładniejszą w klasie, stoją przy mecie. Jestem na czele, najszybszy, prowadzę, nagle koniec, spada mi łyżwa. Dojeżdżam na jednej. Jestem trzeci. Udaję, że nie słyszę, kiedy jedna z dziewczyn mówi:
– Mogłeś zawołać twojego ojca, żeby cię popchnął.
I udaję, że nie słyszę, kiedy najładniejsza w klasie mówi:
– Dla mnie byłeś pierwszy!
Krzyczę, że jeszcze raz, ścigamy się jeszcze raz. Pożyczam kluczyk i wiem, widzę, że łyżwa się nie utrzyma, że nie ma już miejsca na podeszwie, że same w niej dziury. Wszyscy stoją już na starcie, a ja zdejmuję but i skarpetę, i przykręcam łyżwę do nagiej stopy, dociskam żabki kluczykiem tak, że kość mi trzeszczy, i jestem do startu gotowy i hop, i z bólu wyjąc, wygrywam, a za mną ślad, czerwony szlak, ale to nic dla takiego Romea z krwi i kości.

Pod blokiem mamy, siadam na ławce, zawsze tak. Zanim wejdę. To parter, widzę, jak krząta się po kuchni, jak patrzy przez okno, czeka.

Kiedyś tak: mieszkamy na osiedlu zwanym „Moskwa", prawie wszyscy przesiedleni ze wschodu, pierwsza połowa lat 60., mama wysyła mnie do sklepu, do masarni, która na dole, pod nami, a my mieszkamy nad nią, wysyła mnie po raz pierwszy samego, ma gości i chce popisać się przed nimi, udowodnić, że ma już pomoc, że ja taki samodzielny, i daje mi kartkę, na której co mam kupić, i daje mi pieniądze, dosyć dużo, ale nie wiem dziś, ile to było, sto złotych? Pięćdziesiąt? Nie wiem, nieważne, ważne, że dużo, i ważne, że tak, że idę, schodzę na dół, okrążam blok, bo klatka po drugiej stronie, i biegnę te kilkadziesiąt metrów do sklepu, biegnę, bo zima. Zima, śnieg, wieczór, para z ust, jedna latarnia, typowa widokówka z dzieciństwa, którą pamięć wysyła do nas dzisiaj, no i wpadam do sklepu, stoję w kolejce, przychodzi na mnie, podaję kartkę, sklepowa coś mi tam zawija, pakuje do siatki, chcę płacić, banknotu nie ma. W żadnej kieszeni, nigdzie. Wylatuję ze sklepu, do domu i płacz, mama nie wierzy, przeszukuje mi kieszeń po kieszeni, każdą wywraca na zewnątrz, jej palce jakby się ze sobą ścigały, który z nich znajdzie banknot pierwszy, dostanie nagrodę, żaden nie dostaje, i mama ciągnie mnie, wypycha z mieszkania, goście nieważni, i każe patrzeć na schody, schodzimy, nie ma go, wychodzimy na śnieg. Mama w samej sukience rozgarnia rękami śnieg i mi każe robić to samo, posuwamy się metr po metrze w kierunku sklepu prawie na klęczkach, wieje, zimno, lodowato, i te moje łzy jak sople tego lodu, i mama nie umie otworzyć drzwi, kiedy jesteśmy pod masarnią, nie umie, bo dłoni nie czuje, ja też nie, i otwiera jakoś tak łokciem prawie, i wchodzimy, i banknotu na ziemi nie ma, a sklepowa też nic nie widziała, i mama mówi, że ogrzejemy sobie tylko ręce, na kaloryferze, no jasne, no jasne, mówi ta sklepowa, i grzejemy, moje sine dłonie zaraz koło jej, tak samo sinych, tylko większych.

Podnoszę się, z tej ławki, i wchodzę do niej, mama strapiona jest. Opowiada, tak mniej więcej. Mniej więcej tak: Boguś (brat mój) i Marysia (bratowa) uśpili wczoraj Astę (ich sukę). Nie było wyjścia, duch z niej wyzionął, ciało zostało. Jakby buda sama, bez psa w środku. Może z nudów, cholera wie, no bo co w tym mieście robić, tutaj nawet papugi milczą, ludzie takie głupoty gadają, że aż wstyd powtarzać. Zamówili weterynarza z zastrzykiem, spóźniał się, no to Boguś poszedł do lasu wykopać dziurę, żeby potem jakoś to szybciej wszystko poszło, a Marysia czekała. Weterynarz zadzwonił, że w korku jest, wypadek jakiś, potrącony rowerzysta, chyba śmiertelnie. No i tak: tam Boguś kopie dziurę, a tu Marysia czeka z Astą na to, żeby ją do niej położyć, do tej dziury, ale nie może, bo gdzie indziej leży zabity rowerzysta i weterynarz nie może dojechać ze śmiertelnym zastrzykiem. Boguś wrócił, weterynarz w końcu dojechał, Marysia wzięła jej łeb na kolana, pik i Asta zgasła. Boguś chciał nieść ją na rękach, ale ona ciężka, rasa bokser, wzięli taczkę z piwnicy, psa na taczkę i tak szli, Boguś pchał, Marysia płakała, pies zwisał, taki kondukt, ale już ciemno było, nikt ich nie widział. Przyszli na miejsce i okazało się, że ono nim nie jest, że Boguś zabłądził, że dziura musi być gdzie indziej, dziury przecież same po lesie nie chodzą, czy jak? Ustalają, Boguś pójdzie jej szukać, a Marysia poczeka z psem, bo jak inaczej w tych ciemnościach egipskich, po krzakach z tą taczką. I Boguś szuka, coraz bardziej nerwowy, bo nie może znaleźć tej dziury, a Marysia czeka, coraz bardziej nerwowa, bo Boguś nie wraca. Tak długo, że zostawia Astę i idzie go szukać, chodzi wokół, woła go, on skądś tam odpowiada, ona idzie w kierunku jego głosu i wpada do dziury, i skręca sobie nogę. A Boguś ma szczęście, bo w jednym miejscu znajduje i ją, i dziurę, którą wykopał. No i idą po Astę, Marysia kuleje, deszcz zaczyna padać, i teraz nie mogą jej znaleźć, tej taczki z psem, chociaż martwe psy nie jeżdżą przecież w taczce po lasach, nawet w Kędzierzynie. I coraz mocniej zaczyna padać, i coraz bardziej oni nerwowi, aż Marysia mówi, wiesz ty co, Boguś, to nie jest życie dla mnie, a Boguś mówi, to też nie jest życie dla mnie, Marysiu. I rozeszli się, w dwie strony, dobrze, że pies martwy, bo zdurniałby i nie wiedziałby, za kim lecieć. Ona poszła do domu, ale tylko po to, żeby się spakować i wyprowadzić do siostry, a on do knajpy, gdzie upił się jak świnia, ale już o świcie dzisiaj jakoś wstał i znalazł i Astę, i dziurę. Ale nie może sensu znaleźć, no bo co robić na drugi dzień, kiedy poprzedniego odszedł i pies, i żona? Ja bym tam wiedziała, co robić, gazetę do ręki wziąć. Rubrykę „Sprzedam psa" znaleźć i już.

Mieszkanie siostry Marysi w bloku naprzeciwko, widać klatkę schodową. Z klatki wychodzi Marysia, wołam do okna mamę. Za Marysią wychodzi Boguś, trzyma w ręku smycz. Dobrze, że Marysia kuleje, pies rasy bokser tak mały, że jakby szli normalnie, toby za nimi nie nadążył.

Do brata, następna dzielnica, tylko przejście przez las. Studzieninę mi daje, czyli zimne nóżki, czyli galaretkę wieprzową. Protestuję, w plecaku mam książki, zniszczą się, na nic, miskę zapakuję ci tak, że nic się nie stanie, a poza tym książkami się nie najesz.

Po drodze co chwilę ktoś, najczęściej z czasów podstawówki. (Cześć, Rudy! Cześć, Rudy!). Udawanie, że pamiętam, flaga uprzejmości na maszt cierpliwości i stanie, z głupawo łopoczącym uśmiechem. Trzeba słuchać, co u jednego, drugiego, nie ma końca. Moja broń ostateczna to dwie komórki, w jednej kieszeni niemiecka, w drugiej polska. Jak dwa colty. Ręka w kieszeń i telefon do drugiej, po omacku, wprawę się ma. Teraz z drugiej wyciągnięcie dzwoniącego, wyłączenie go po drodze do ucha i rozmowa, tak, tak, już idę, idę. I pardon do tego lub tej z podstawówki, pardon, muszę iść, czekają na mnie. Jachu, jeśli stanie mi na drodze Jachu i zacznie szczekać, wtedy nie dzwonię, Jachu to wyjątek, mój wyrzut sumienia. On i ja w szkole w jednej ławce, on z fobią, obsesją, wszystko prosto, równo poukładane. Zeszyt, książka na ławce, obok pióro, ołówek, wszystko na baczność. On sam też, maniakalna pedanteria, żaden pojedynczy włos nie mógł mu odstawać od jego wylizanej własnym językiem głowy. I moje tortury, zmiana porządku rzeczy, wystarczało, żebym o centymetr przesunął którąś z nich, z gumką włącznie, trząsł się z nerwów. I moja dzika prawie rozkosz, i fascynacja zagadkowością natury ludzkiej. Jachu dzisiaj rozsypany na pojedyncze bierki. Jachu dzisiaj jakby uciekł ze schroniska dla zwierząt. Jachu głupi Jaś miasta? Tak, gdyby połowa nie była tu taka sama. Jachu nie mówi. Pieje czasami, beczy, chrumka, ale przeważnie szczeka (chce pieniądze) lub miauczy (cieszy się). Widzi mnie i miauczy, i zaraz szczeka. Walka psa z kotem, i jeden, i drugi nie ma gdzie uciec. Jachu byłby szczęśliwy, gdyby umiał jednocześnie miauczeć i szczekać, ale to niemożliwe. Daję mu pieniądze i pędzi do baru, zawsze jest głodny.

U brata. Studzienina, czyli zimne nóżki, czyli galaretka wieprzowa, wyciekła na książki, nie wiadomo, czy jeść je teraz, czy czytać. Plecak niosłem na jednym ramieniu, zapomniałem o niej. Jak to wymyć, usunąć, czym? Mała Asta czuje mięso, patrzę na brata, kiwa głową, wyjmuję tę ołowiowo-wieprzową breję na podłogę i pies liże. Mama dzwoni. Zaczyna jak zawsze, przepraszam, czy to dom dziecka? I dodaje, mojego? I pyta, czy doniosłem, mówię, co się stało. Denerwuje się, sześćdziesiąt lat na karku, a takie durne hryćko! Z Kędzierzyna wyjechać łatwo, wiesz, ale Kędzierzyn nie wyjedzie z ciebie nigdy. Uspokajam ją, to były książki od mojego wydawnictwa, doślą mi nowe, więc się nie denerwuj, co?! To ci książek żal, a studzieniny nie?! Ty wiesz, ile to trzeba się narobić, żeby ją zrobić? Ty wiesz, że i nóżki, i golonkę czyścić trzeba, i nad gazem opalać, żeby galareta bosko czysta była? Że w wodzie trzeba moczyć i zmieniać ją trzy razy trzeba, a na końcu octu dolać, żeby nóżki były jasne? A potem dopiero gotować, wiesz ile? Cztery godziny co najmniej, a ty mi tu o książkach! Potem przyprawiać...

Brat stuka mnie w ramię i pokazuje na książki, pies wylizał je w międzyczasie tak, że moje nazwisko świeci jak... No tak, tu porównanie prosi się samo, jak psu jaja właśnie.

...w gazę owijać, lubczyk bawełnianym sznurkiem zawiązać, żeby się nie pałętało wszystko po całym garnku, potem wywar od mięsa oddzielać, a to dopiero połowa, a jakie to były książki? Co? Powiedz jeszcze raz, jak? *Życiorysta*? Jest takie słowo? A tam, co za różnica, jak nie ma, to będzie.

Spis rzeczy

W STRONĘ BIOGRAFII

Diabelskie nasienie	7
Samobójstwo Hannelore Kohl	28
Portret artysty bez ram	39
Fabryka przetwórstwa bajkowego „Grimmex"	51
Urodzona w czepku (służącej)	70
Jestem grzecznym chłopcem	80
Życie jako spis treści	99
Jak hartowała się rodzina Krupp	118
Mein Kampf. Autor znany	129
O dwóch takich	139
Wina, kobiety i śmierć	151
Rozebrać Angelę Merkel	183
Marka HB	200

W STRONĘ RECENZJI

Stacja numer 13. Strony całe krąży ciepła krew	207
Białoszewski, stacja Chamowo	210
W pociągu z Wisią	220
Adam Wiedemann	226

Nie marudź, Polaku! 229
Palę lektury! 234
Skalanie boskie z tymi Cyganami 246
Mulat w pegeerze 253
Na linii między drzwiami a tradycją 256
Miłość blondyna 262
Jeżeli porno, to takie właśnie! 269
Lot nad czeskim gniazdem 276
Książki najlepiej smakują z dżemem 280
Pietuszki 283
O szczurach i ludziach 286
Zamaskowany demaskator 291
Szekspir? to nie on!!! 297

MIEJSCA

Luksemburg (Rue Jean Origer) 305
Trewir (Porta Nigra) 310
Hamburg (Dorotheenstrasse) 314
Hamburg (Steilshoop) 318
Poznań (Zamek) 323
Warszawa (Powiśle, Wielkanoc) 327
Warszawa (plac Trzech Krzyży i Wiejska) 329
Kędzierzyn-Koźle 333

Grupa Wydawnicza Foksal informuje, że dołożyła należytej staranności w rozumieniu art. 355 par. 2 kodeksu cywilnego w celu odnalezienia aktualnego dysponenta autorskich praw majątkowych do fotografii zamieszczonej na stronie 100.

Z uwagi na to, że przed oddaniem niniejszej książki do druku poszukiwania te nie przyniosły rezultatu, Grupa Wydawnicza Foksal zobowiązuje się do wypłacenia stosownego wynagrodzenia z tytułu wykorzystania fotografii aktualnemu dysponentowi autorskich praw majątkowych, niezwłocznie po jego zgłoszeniu się do Grupy Wydawniczej Foksal.

Redakcja: Maria Karpińska
Korekta: Ewa Waszkiewicz, Małgorzata Denys
Adiustacja: Klaudia Bryła
Redakcja techniczna: Filip Modrzejewski

Projekt okładki i stron tytułowych: Jacek Szewczyk

Skład i łamanie: Tekst – Małgorzata Krzywicka
Druk i oprawa: Toruńskie Zakłady Graficzne Zapolex Sp. z o.o.

Książkę wydrukowano na papierze Creamy 70 g/m², vol. 2.0, dostarczonym przez

Grupa Wydawnicza Foksal Sp. z o.o.
00-372 Warszawa, ul. Foksal 17
tel. 22 828 98 08, 22 894 60 54
biuro@gwfoksal.pl
gwfoksal.pl

ISBN 978-83-280-1420-6